互联网是属于我们所有人的

理想主义者

亚伦·斯沃茨与自由文化在互联网的崛起

[美] 贾斯汀·彼得斯 / 著
by Justin Peters

程静 柳筠 / 译

The Idealist
Aaron Swartz and the Rise of
Free Culture on the Internet

重庆出版集团 重庆出版社

GENERAL PREFACE

知行书系总序

洞察世界
寻路中国

PERCEIVING THE WORLD
QUESTING IN CHINA

陆建德 | 知行书系编委会主编

知行书系缘起于我们对当下中青年知识阶层精神需求的关注。

当下中国的中青年知识阶层深知自身正处在多重维度的过渡与转型中，对于外部世界和内在自我的关照角度也随之变得多维和复杂化：从世界范围来说，全球化浪潮席卷了整个世界，我们身处的社会不再是一座孤岛，而是与地球村中的其他部分紧密相连。不同国家与地区的人们，所面临的问题越来越具有共通性。世界的热点与难题，大多也是中国急需解决的问题。如何打破地域与时代的界限，关照地球的未来、人类的续存、世界的和平、生态平衡、国家发展和人性完善，重新审视人与自然、国与国、人与人之间的关系，是时代的趋势与必然。从个体角度来说，外部世界的每一个变动都会深入到个人的生活与选择中，我们所经历的发展与变化，无论从程度上还是从速度上来说，都是前所未有的。价值多元化，选择多元化，困惑与迷茫在所难免。如何辨识自己的身份认同，寻找到归宿感？如何以自我的小革命为社会添加向上的力量，在世俗层面和精神层面都找到信仰和自在？这些"如何"令我们寻找洞察世界的窗口。

我们发现，当下急需探讨的种种问题，其中很多曾被欧美思想家深入研究过，他们为后世留存了不少传世的著作，给当今中国的读者以重要启示；当今国内思想文化界也有不少活跃的学者，他们探讨的范围涵盖了从社会现状分析到个人精神重建的方法和方向，提出的问题切中社会与个体之关键，不少作者与作品都值得我们参照。

知行书系正是基于上述缘由而生，我们将尽量保有大人文的视野，从国内外学者纷繁复杂的著作中探察真知灼见；我们将不拘学科和作者身份，深入经典与前沿，寻找契合当代中国社会及个体处境的著作。知行书系集思想性和可读性于一身。它们经典，但绝不会面目严肃、高高在上；也许深奥，但绝不枯燥；它们不是对历史与文化的简单描述，而有着更深远的探索；它们会满足追求文明与自由的阅读者对各种根本问题和时代动向的追问，也可满足他们对创新和人生意义的探索。

基于上述的多重维度，我们试图通过三个子系列建构知行书系：

"经典"系列包含中外不同时期重要学人与文化大家的著作；

"视界"系列包含思想学术界紧扣现实意义的各种学术观点的著作，特别是中西方思想文化前沿著作；

"问道"系列涵盖国内外知名学者的论著和小品。该系列遵循不拘于作者专业和身份的原则，无论哲学、历史、宗教甚至自然科学，只要观点和内容在宏观和微观上对当今社会有重要意义即可。

身为编者和深度阅读者，我们能做的是不断发现和深入地阅读，将能够深刻影响和指引我们的好书集结起来，建构成洞察世界的窗口，给予你我以启发和思考。

这或许能现出知与行的真义吧。

目录

自序 《理想主义者》的诞生 / 1
前言 糟糕的事 / 1

第一章 诺亚·韦伯斯特和美国版权运动 / 1
第二章 对知识征税 / 27
第三章 未来的版权，未来的图书馆 / 55
第四章 极限图书馆 / 81
第五章 争取公共领域的官司 / 107
第六章 不合作就干掉他 / 135
第七章 开放存取运动 / 161
第八章 黑客与黑客精神 / 191
第九章 网络属于你们 / 217
第十章 如何拯救世界 / 245

致谢 / 268

自序

《理想主义者》的诞生

本书缘于 *Slate*（美国知名网络杂志）一篇名为《理想主义者》（*The Idealist*）的文章。那是一篇有关亚伦·斯沃茨（Aaron Swartz）生平的长文，其中详细地介绍了他的生活、工作和最后的陨落，此文发表于他去世数周后的2月7日（2013年），也就在同一天，斯克里布纳出版社的一位编辑找到我，建议我将这篇文章加以扩展，写成一本书。我埋头苦干了好几个月，在书稿提纲完成的那一刻突然发现还没有书名。当时天色已晚，饥肠辘辘的我考虑了大约一分半钟，便照搬了杂志上的标题，将书名暂定为《理想主义者》。其实我盘算着过阵子再想个更好的名字，但最后还是选用了《理想主义者》。有时候，人的第一反应往往是最佳选择。

《理想主义者》并不是一部全面展现亚伦·斯沃茨生平的传记，也没有对网络行动主义或美国版权法的发展历程做全面的梳理。实际上，本书一点儿也不"全"。单是被我弃置不用的资料，已经足够再写本书了。也许哪天真的会有读者这么做，那么出版后劳驾送我一本。事实上，本书只是试图以斯沃茨的人生为镜头，一窥数据时代信息分享渐成潮流的过程，同时也对有所牵涉的美国自由文化发展阶段做了简略介绍。

本书的前半部分是版权法发展的历史脉络。在这些章节中，我将笔墨集中在几位比较有趣的代表人物身上，希望他们的故事能让这个多少有些抽象的话题显得生动和直观一些。写到第三章和第四章时，我前往伊利诺伊大学香槟分校，翻阅了大量的图书馆馆藏文档。这里收藏着迈克尔·哈特的个人资料，以及美国图书馆协会的档案。

而书的后半部分主要基于对斯沃茨本人各类作品的仔细研读，辅以一些访谈和公文作为补充。第八章内容多处依据 JSTOR（*Journal Storage*，始于1995年美仑基金会对过期期刊进行数字化的数字典藏项目，而后成为非营利性项目）提供的内部邮件，从中可以了解到斯沃茨在麻省理工学院（MIT）大批量下载期刊的过程和细节。第九章和第十章中有多处内容涉及美国特勤局的数千页机密文件，这些资料是由《连线》（*Wired*）的高级编辑凯文·波尔森通过《信息自由法》（FOIA）帮我拿到的。有时我会从 *Slate* 那篇介绍斯沃茨生平的文章中截取一些内容，当然是在获得允许的情况下，在此要对 *Slate* 表示感谢。

在讲述斯沃茨的故事时，我引用了不少由他本人撰写的文章，期望营造一种由他自己娓娓道来的效果。为了与主题保持一致，也为了叙述的精简，我将笔墨用在了某些观点和人物上，而其他的则一笔带过了。当然，还有许多手法可以呈现斯沃茨的故事，我只期望本书能有些许优点，能够略微弥补其不足之处所造成的遗憾。

对于《理想主义者》的书稿，我已经尽我所能。与参与的其他课题不同，这次我只是抛砖引玉地提出自己的观点以供大家探讨。三年前我开始动笔，如今回头再看，顿觉处处是缺点和遗憾。不过我认为，只要能为当下的争议性话题提供一定的参考，能让书中那些备受尊敬的人物更为大众所知，促使读者因好奇而对相关话题和人物进行深度挖掘，那么我就算成功了。如果做不到，那好吧，这就是生活。

当然，书中难免会有错误和遗漏，但仍希望你能开卷获益，这也是我最大的心愿。

贾斯汀·彼得斯

于纽约市布鲁克林区，2015年5月

前言

糟糕的事

　　2013年1月4日，星期五，亚伦·斯沃茨醒来时心情不错。[1]虽然这一天的纽约布鲁克林区阴云密布。得了流感的斯沃茨，身体正在恢复中，他扭过头自顾自地对女友塔伦·斯坦布里克纳–考夫曼说了句："这将是伟大的一年。"[2]

　　这话说得十分乐观。两年前，在麻省理工学院（以下简称MIT），斯沃茨利用网络从一个叫JSTOR的在线数据库下载了数百万篇学术期刊论文，因此遭到联邦政府起诉并且被捕入狱。下载学术论文本身并不违法，但是下载量如此之大，而且是在没有得到明确授权的情况下——这么说吧，至少位于波士顿的美联邦检察官办公室是以这项罪名起诉他的。斯沃茨被捕并被指控犯下数项与电脑犯罪相关的重罪，因此他正面临最高可达50年的监禁和100万美元的罚款。

　　斯沃茨受到最高量刑裁决的可能性并不大，不过他的朋友和家人想不通：斯沃茨为什么会面临牢狱之灾？斯沃茨的前女友奎恩·诺顿在2011年4月受

1

检察官约见，她问他们为什么执意要将过度下载捏造成一种严重的罪行。"我对他们说这很荒谬，请(首席检察官史蒂芬·海曼)不要这么做，"诺顿记录了这次会面的过程，"但他们光是听，什么也没说。"[3]

检察官按照一贯的做法，利用可能判处长期监禁来向斯沃茨施加压力，迫使他签署认罪协议。不过他们坚持认为，即使签署了认罪协议，斯沃茨仍然必须坐牢，至少得入狱几个月。联邦政府起初提出的处罚相对来说还算仁慈：一项重罪判决，在联邦监狱服刑3~13个月，然后再施行一段时间的监外看管。[4]

但斯沃茨拒绝签署任何会将自己送进监狱的认罪协议。监外看管会限制他使用电脑，他不想这样，也不愿在自己的档案里留下重罪记录。在被捕几个月后，斯沃茨和诺顿去了华盛顿，在经过白宫时，斯沃茨曾经沮丧地说："他们不会让重犯在这儿工作的。"[5]

26岁的斯沃茨个子不高，皮肤有些黑，浓密的黑发长过耳际，有时候还会留点儿络腮胡，比胡碴儿略长一些，但不至于到胡子拉碴的程度。当还是小男孩的时候，他觉得自己"胖得没脸见人"[6]，并为此深感自卑。不过年岁渐长的他成了一个瘦削的帅小伙，与少年时期那个笨拙的电脑奇才相比，简直判若两人。2001年，《星期日泰晤士报》(Sunday Times)刊载了一篇报道，称赞斯沃茨在电脑编程方面具有远超实际年龄的天赋，报道中将当时年仅14岁的他称为是"难得一见的天才"。[7]19岁那年，他参与创建的网站红迪网(以下简称Reddit)被期刊出版商康泰纳仕收购，这位"神童"的风头更是一时无两。这次收购的具体价格虽未公布，但据传为1000万~2000万美元。[8]

斯沃茨未向他人透露这笔收入的具体金额，但金额肯定不小。"他的缄口不语一直是我们两个之间的笑话，"诺顿这样写道，"我时不时连哄带骗地打听，可他始终守口如瓶。"[9]斯沃茨独自守着许多秘密。在与塔伦的第一次约会中，他对自己遭受的法律困境只字不提，甚至连自己曾被捕的事也没有透露。在提到自己的案子时，他只是婉转地用"糟糕的事"来指代。

那件"糟糕的事"始于2011年1月初，当时MIT的网络工程师在一个地下室的网络交换机柜里发现了一台笔记本电脑，它被接入了校园网，在飞速从JSTOR上下载文件，每分钟可达数百份。为此，学校安装了监控摄像头，并于当年1月6日拍到一个长着黑色鬈发的白种年轻人从机柜里取回了电脑。虽然这人试图用自行车头盔遮掩脸部，但辨认起来还是很容易：他就是亚伦·斯沃茨。

事情到这里并未结束，反而产生了更多新问题。亚伦·斯沃茨名声在外，他既不是心怀恶意的黑客，也不是搞破坏的"脚本小子"，而是赫赫有名的程序员兼政治活跃分子。他和互联网名人劳伦斯·莱斯格（Lawrence Lessig）和蒂姆·伯纳斯－李（Tim Berners-lee，互联网之父）都是朋友。此外，斯沃茨还是哈佛的研究员，他的个人博客在全世界拥有大量粉丝。那么他为什么会像翻墙入室的飞贼一样，偷偷摸摸地出现在MIT的地下室里，大量下载晦涩难懂的研究论文呢？他打算拿这近500万篇从JSTOR上下载的论文怎么办？他到底在打什么主意？

即使在斯沃茨被捕两年后，这些问题依然无解。政府认为他企图将从JSTOR上下载的这些文档免费上传到互联网上。从孩童时代起，斯沃茨就投身于"自由文化运动"。这场运动主张，在互联网的世界里应该取消而不是竖起信息分享的屏障；网络应该充当馆藏无限的图书馆，而不是书店，其中的内容应该对所有人开放。

自由文化根植于公共领域，而公共领域的概念则要回溯到最早的版权法。当一件作品的版权到期，它就进入了公共领域，意味着公众既不用付费，也不用经任何人允许，便可以免费使用、修改、随意分享这一作品。1790年，美国通过了第一部版权法，规定版权保护期为14年，可以延期一次，当时留给公共领域的空间是很充裕的。斯沃茨第一次从 JSTOR 上下载文章的时候，美国的版权法对于1978年之前发表的作品的版权保护期限已经延长至作者去世后70年，公共领域也就相应地被缩减了。

许多自由文化的拥护者认为应该缩短版权保护期限，扩大公共领域。"我希望版权法能回归到起初的样子，"斯沃茨在2002年写道，"重新获得这些自由困难重重，肯定很不容易，但我们必须努力争取。"[10] 斯沃茨甚至认为，限制公众获得有用的知识是一种不道德的行为，拥有大量信息的人有义务将自己拥有的知识与信息匮乏者分享。[11]

这样的主张令许多出版商、电影制片厂、唱片公司、软件生产商和其他一些文化相关行业的人感到恐惧。刻意维持信息稀缺是他们的谋生之道，而激进的自由文化运动会让他们破产。对这些行业来说，未经许可便在网上分享文件不是"解放"，而是"盗窃"，像斯沃茨这样的人不是理想主义者，而是盗贼。

"偷就是偷，不管是用电脑命令还是撬棍，不管偷的是文件、数据，还是金钱。"美国检察官卡门·奥提兹在新闻发布会上宣读对斯沃茨的公诉书时说道。[12] 毕竟，不论是从美国的法律还是从常识来说，版权无疑是财产权的一种，而严格执行保护财产的法律显然对整个社会是有益的。

这份公诉书公布几天后，在文化期刊《格尔尼卡》(Guernica)的网站上，斯沃茨的朋友约翰·萨莫斯和乔治·斯拉巴讥讽奥提兹那句道德评价是过分简单的"套套逻辑"。"'偷就是偷'是句空话，它混淆了不同类型的网络犯罪在法律和道义上的区别。比如，盗用信用卡和社会保障卡号的行为的确应该人人喊打，但是像亚伦这样，是在竭力帮助受过教育的公众更容易获得知识，"他们写道，"奥提兹女士却叫公众忽略他行为背后的动机，真是令人难以置信。"[13]

可是，斯沃茨却从未公开透露过自己的动机。他很少谈论此案，哪怕是

4

最亲密的朋友，也不愿提起。部分原因是耻于谈及，另一部分则是因为他性格如此，他习惯自己消化情绪，而且不愿意让朋友搅进这摊浑水中来，以免他们被政府的怒气殃及。正如塔伦后来所说，斯沃茨总觉得"不应该依赖任何人……有能力的人出了事就要自己扛"。[14]

斯沃茨对于请求帮助有一种近乎病态的厌恶，哪怕是向空中小姐要一杯水，也会让他内疚不安。"我觉得自己的存在就是在给这个世界找别扭。也许不算很别扭吧，肯定算不上很别扭，但无论如何就是不合适，"他在2007年写道，"即使是和最好的朋友在一起，我还是觉得自己不合时宜，哪怕仅有最轻微的冲突和迹象表明这种感觉是对的，我也会回到自己的角落里藏起来。"[15]

从某种意义上说，被捕后的斯沃茨一直缩在自己的世界里，似乎再也不打算走出来了。检察官给出的认罪协议一次比一次严苛，双方一直相持不下。随着4月1日开庭日期的临近，首席检察官史蒂芬·海曼已经清楚地表示，如果检方胜诉，会要求按照量刑指南判处斯沃茨至少7年监禁。

不过，新的一年代表新的开始，2013年年初，斯沃茨看到了胜利的曙光。他聘请了新的律师——来自位于旧金山的柯克&文·内丝特律师事务所，这是一家专门针对知识产权法和智能化犯罪官司的公司。他的首席律师艾略特·彼得斯——这位律师与本书作者没有任何关系——认为政府扣押斯沃茨个人电脑的行为不当，希望能说服法官阻止检方使用从这台电脑里取得的证据。如果法官首肯，那么也许检方不得不拿出更好的认罪协议，斯沃茨可能会赢。

"我们会打赢这场官司，然后我就可以开始做自己喜欢的事情了。"斯沃茨对女友说。他的兴趣事项列表排得满满当当的。斯沃茨的兴趣非常广泛，而且每一种都叫他沉迷不已——这一点有时会让希望斯沃茨全身心投入的同事和合作伙伴大为光火。他是个程序员，也是政治活动家，还是一位灵感迸发的作家。他已经开始写作且放弃了好几本书的草稿。近来他又成为一家名为《阻击者》(*The Baffler*)的小杂志的特约编辑。同时，他还开始研究联邦药物政策的改革问题。斯沃茨喜爱小说家大卫·福斯特·华莱士的作品，也看过数量惊人的电视剧，比如，《路易不容易》(*Louie*)、《老板》(*Boss*)和《新闻编辑室》(*The Newsroom*)等。

2006年，斯沃茨曾写过一篇《通才宣言》(*Generalist Manifests*)，倡议读者们对待专业应该富有远见，不要故步自封。比如，软件工程师不应满足于调试计算机程序，更应该想想怎样将自己的才干用于"调试"世界。"人们害怕宏大的理想，因为那是对现状的挑战。但是你们不该这样，"他写道，"博文强识应该成为你们的座右铭，心怀天下应该成为你们的口头禅。"[16]

他也身体力行地承担起"应用社会学家"的责任，积极致力于为改善社会制定合理的策略。"拯救世界"一直雄踞亚伦·斯沃茨愿望清单的首位，这是他的人生志向。2011年，他甚至起草了一份题为《如何拯救世界(第1部分)》的白皮书。为了积聚公众力量，对政策施加影响，从而促使社会发生改变，他在白皮书中提出了八项策略并一一进行了分析，这些策略涉及从公共关系("在一个民主社会里，改变世界通常意味着改变公众的观念")到法律诉讼("诉讼是一种强大的激进策略")等多个不同的领域。[17]

不过在多数情况下，斯沃茨还是倾向于通过提高效率的方法来拯救世界。他贪婪地阅读各类商业书籍，比如，投资者沃伦·巴菲特的自传、沃尔玛的创始人山姆·沃尔顿的自传，以及所有对组织行为和管理策略有所洞见的书籍。2011年年初，斯沃茨为一本有关丰田汽车的书写了一篇简短的书评，他发自肺腑地写道："毋庸置疑，精益生产方式(这是丰田公司的管理哲学：追求完美高效的制造技术)是人类最伟大的艺术形式。"[18]("紧随其后的是'个性'。"斯沃茨进一步解释道。)

斯沃茨对系统很是痴迷，痴迷于对它们进行优化和提高，令它们在从未涉足的领域发挥作用。"改革是一种非 A 即 B 的测试。"斯沃茨常常这样说。他的意思是，高效的系统本身就能辨清成败，并且能从两种结果中吸取经验教训，对战略进行相应的调整。"改革是一种非 A 即 B 的测试"同样适用于他的生活和工作：先尝试这样，再尝试那样，然后把效果较好的那个坚持下来。斯沃茨就是这样对一个又一个的项目进行探究和调整，直到得出答案，达到理想的结果以及得到合理的解决方案。

那件"糟糕的事"之所以糟糕，部分在于它与逻辑分析背道而驰。亚伦·斯沃茨没有任何犯罪记录。他被指控的"罪行"与暴力无关，主观上也没有恶意。斯沃茨交出了下载的所有文档，而 JSTOR 出于自身形象的考虑，也向检察官表达了不希望斯沃茨被判入狱的意愿。可是位于波士顿的美国联邦检察官办公室却递交了 13 项重罪控诉，而且以一种在斯沃茨看来是莫名亢奋的态度紧咬此案不放。这事坏就坏在这里：这是一个靠制造犯人以保证自身永久延续的体制，而且专有一套不透明的司法程序为其保驾护航。

斯沃茨最恐惧的事情之一，就是被一套荒唐僵化的体制所束缚，他害怕体制坚持以其自身的标准来评判他，却不顾及他的个人标准。斯沃茨已经从人生遭遇到的大部分僵化官僚机构中逃离：高中、大学、公司，等等。他一旦发现自己无法接受它们的限制与影响，便会永远地摆脱它们。司法部门同样僵化不堪，抵抗是无效的，迅速逃离才是上策。可是逃离也不是件容易的事，也许 JSTOR 一案中最糟糕、最折磨人的地方就在这里：斯沃茨既无力改善司法程序，也无法逃脱它的势力范围。

几年后，斯沃茨的朋友塞思·舍恩写下了斯沃茨对于"解释"的无限推崇。在舍恩看来，斯沃茨相信"通过向人们做出详细的解释，就能修补这个世界"。[19]斯沃茨坚持不懈地为消除世界的不公和低效而努力（这二者对他而言是同义词）。他总是精力充沛、耐力惊人地提出各种建议，可是有的人并不想听

The Idealist 理想主义者

一个自以为是的年轻人对这个世界的看法，况且这个年轻人似乎还没完没了地想做徒劳的争论。"他是个容易激动的年轻人，"软件工程师戴夫·温纳在2003年写道(他是斯沃茨早期的工作伙伴之一)，"多年来，他对我就像对待废物一样，我受够了。我实在无法忍受下去了，不论他是个孩子还是大人。"[20] 被一些人视作才华的特质，却被另外一些人解读为不成熟。

斯沃茨的言论可能的确有些夸大其词，带有明显的倾向，甚至故意挑衅，有时候还会慷慨激昂地说些惊世骇俗的言论。十几岁的时候，他质疑将传播和持有儿童色情物视为违法的法律，认为它们"逻辑荒谬"。[21] 2006年，他提出，音乐的品质呈现提升趋势，而且巴赫的《十二平均律钢琴曲集》就音乐性而言要逊于艾美·曼恩发表于2005年的专辑《被遗忘的手臂》。[22] 他拒绝穿商务正装，称它们是"权利差距的外化证明，将不平等以特定形式加以巩固"。[23]

"他有些年轻人常有的想法，我觉得很正常，可以说，每次不论他在做什么——或者至少是打算做什么的时候——他总是对其正确性深信不疑，"他的朋友韦斯·费尔特后来说，"但一般人最后往往会摆脱这个状态，但我不知道他是否摆脱了。"[24]

斯沃茨一生中经常因为琐事而引起强烈的反应，小小的冒犯也总是被夸大成道德危机。他对食物的挑剔到了过分的地步。他只吃清淡的白色食物，比如，干麦片、白米饭、必胜客一人份的奶酪比萨，等等。（"在一次参加国际互联网大会时，我对食物的要求简直到了极致：不光所有食物都要白色的，甚至连装食物的盘子都得是白色。"斯沃茨在2005年写道，"后来蒂姆·伯纳斯－李把我妈妈叫到一边，说他为我的饮食习惯感到担心。"[25]）斯沃茨从小就患有溃疡性结肠炎，他对味道的挑剔部分源自于此。不过他也对朋友们说自己"味觉超常"，也就是说对于味道特别敏感，仿佛味蕾随时处于从小黑屋里出来乍见灿烂阳光的状态。他的朋友本·威克勒觉得他还是个"感觉超常者"，因为他总是在极端的情绪中摇摆。[26]

2013年1月11日是个星期五，这天早上斯沃茨的情绪似乎特别低落，与前一周的乐观开朗形成鲜明对比。他慢腾腾地起床，告诉塔伦说自己打算留在家里，不去思特沃克（ThoughtWorks，这是一家全球性IT咨询公司）上班。"我说：'好吧，干脆我也和你一起留在家里，我们去远足怎么样？今天去远足吧。'"塔伦回忆道，"他说不，说他真的很想休息，而且想一个人待着。"[27]

塔伦去上班之后联系了威克勒，两人打算在那晚组织一次聚餐，希望借此机会让斯沃茨振作起来。塔伦和斯沃茨是经由威克勒介绍认识的。2010年年底，斯沃茨和奎恩·诺顿多年的交往几近结束。"我和他开始约会的前两个月之中，他辞了两份工作，和前女友分了手，从剑桥搬到了纽约，还被告上了法庭，"塔伦回忆道，"真是流年不利！"[28]

尽管身处重重逆境，但两人之间的感情还是越来越深厚。开始恋爱不久后，斯沃茨、塔伦和两人共同的朋友还一起去采摘草莓了。这种事，斯沃茨向来是很厌恶的。其中一位叫内森·伍德哈尔的朋友后来谈起这件事时很含蓄地说："摘一下午草莓不是他的风格，他觉得那是在浪费时间。这事儿主要是塔伦的主意。后来我还和塔伦开玩笑说，斯沃茨一定真的很喜欢她。"[29]

2012年春天，他们在布鲁克林区的皇冠高地租了一套小公寓，开始同居生活。"我们开玩笑说，搞人口普查的人会被我们搞晕的，"塔伦说，"我们可能被当成两个同居的高中辍学生。"[30]随着感情的升温，斯沃茨渐渐开始拉近自己与他人之间的距离，不再像以前那样，把身边最亲密的人也拒之于千里之外。"开始交往的时候，他不希望感觉自己在任何事情上对我有所依赖，"塔伦说，"后来他改变了很多，他认为我们两个人能够互补。"2012年年底时，他们的关系已经非常稳定了。

2013年1月11日，周五的晚上，塔伦下班了。在回家之前，她到本·威克勒的公寓待了一会儿。她一边逗着威克勒家新降生的小宝宝，一边说斯沃茨考虑等这个案子结束后就和她结婚。斯沃茨对婚姻一直持反对态度，可是现在他渐渐认为自己也许错了。如果连结婚也有可能的话，那么一切皆有可能。

可是，此时，就在距此3千米远的地方，在那间漆黑的单身小公寓里，亚伦·斯沃茨已经自缢身亡了。

一场旷日持久的诉讼，一位不肯让步的检察官，以及一起自杀——这就是亚伦·斯沃茨案件的事实真相。但这很快就被斯沃茨的家人、朋友和支持者们迅速提出的铺天盖地的问题淹没了。为什么司法部执意要把斯沃茨送进监狱？为什么他选择自缢身亡而不是抗争到底，或是接受认罪协议？为什么学术研究成果被当成了私有财产，而且受到法律保护？为什么在没有得到明确授权的情况下存取这些资料被定性为重罪？即使是事发4年之后的今天，这些问题依旧叫人困惑。我尝试通过本书为这些问题找到答案。

斯沃茨的遭遇和导致他死亡的大环境，正是一场长达数百年的大辩论的拐点，这场大辩论事关信息在全社会的流通方式，事关那些交替加速或阻滞信息流通的法律和技术。亚伦·斯沃茨已经成为这场运动的化身，人们为他的行为和行为背后可能的目的而争论不休。政府是否应该制定法律以促进知识在网络世界的传播，而不是抑制？

这样的争论并不新鲜。信息的传播一直是公共政策关注的焦点，早在远古时代，文字尚未出现之前便是如此。那时候信息和神话依靠口口相传，忠诚或背叛的信念就这样一点点渗入人们的思想。我称之为"文化思维"。文化思维是时代思潮，是一种社会氛围，是公共利益无形的沉积。文化思维也是一种对话。它是因技术进步而出现的新功能。口头传播、印刷术、铁路、电话、无线电、电视——它们给杂散的思想以传播的途径，并且加快了传播的速度；有了它们，全社会对同一件事进行思考和讨论才成为可能。对于文化思维，立法者一直无法确定是该推波助澜，还是痛下杀手。随着通信技术的提高，这种冲突日益加剧。

企业家和未来学家斯图尔特·布兰德在1987年出版的《媒体实验室》(The Media Lab)一书中，里程碑式地提出了"信息共享"这一观点。这个世界上到处都有复印机、磁带录放机、拍立得相机、数字网络等传播工具，想要通过人为设置高价来限制信息流动是不可能的。[31] 布兰德是《全球概览》(The whole Earth Catalog)的创始人，在20世纪六七十年代，这份杂志让嬉皮士们见识了什么叫"道德消费主义"。《全球概览》提醒人们，消费也是一种与身边以及全世界的人产生联系的方式。从20世纪80年代起，布兰德又对数字网络产生了浓厚的兴趣。他认为，这些网络就像《全球概览》一样，有可能沟通不同的文化，为和平、爱与理解的传播消弭界限，以及催生其他类似的颠覆性想法。

"信息共享"带着不经意的必然性，隐约透露出理想主义的论调，它不像是一个论点，倒更像汽车保险杠贴纸上的一句口号。它容易上口，但更容易被人淡忘。也许这句话获得许多人共鸣的原因，就在于它言简意赅而又理直气壮。当然，我们希望信息共享。一条信息被越多的人熟悉，就变得越有价值。但是布兰德关于这句话的下文，却并没有多少人记得：

> 信息传播、复制和重组的成本如此低廉——低廉到根本无法计费，所以信息需要共享。然而，对于信息接收者来说它却是无价之宝，所以信息又是昂贵的。这种矛盾永远存在。每一轮先进设备的问世只会导致矛盾的加剧而非缓解，随之而来的对于价格、版权、知识产权，以及任意传播的道德正当性的激烈争论更是绵绵无绝期。[32]

布兰德这番看似自相矛盾的话恰好描述了我们今天所处的状态，也对驱动20世纪下半叶的数据行动主义的意识形态做了总结。当一帮人为了保证信息能卖个好价钱而制定法律时，工程师和未来主义者也在创造有助于信息共享的媒介。自数字运算伊始，理想主义者们就将网络视作打造终极图书馆的"地基"，这种图书馆的理念一旦实现，人们便能够尽情享受人类知识和创意的成果。"未来图书馆"应该易于建设，全面开放，具有个性化和智能化的特点，能与使用者进行互动；它将属于每个人，也将造福于每个人。

由于这样的梦想似乎太不切实际，所以始终无法达成。在信息学家罗伯·克林和罗伯塔·兰姆看来，计算机技术一直具有成为"诱人梦想的核心"特质，它容许数字预言家们大谈特谈数字乌托邦的可能性，却对可能阻碍乌托邦实现的社会和政治现状视而不见。[33]理论上说，计算机和网络在提高人与人之间的互联互通、宽容和理解，以及提高人类智慧等方面的确有无限的可能。也就是说，它也许能让全世界的人携起手来同唱一首歌。可是，在现实世界里，进步的冲力总是受到社会和政治矛盾的阻滞。同唱一首歌是被允许的吗？歌曲创作者的版权得到保护了吗？狂热的网络斗士们认为通过网络便能得到肯定的回答，哪怕在现实世界中他们向来、一直、总是被否定的答案所限制。

一个多世纪以来，美国国会和内容产业在版权问题上一直保持着相同的立场，他们不断鼓吹应该延长版权保护期限，加强对侵权者的处罚。他们打着保护创作者的幌子，却维护着出版和传播作品的集团的商业利益。他们利用虚伪辞令和法律，对通信领域的重大技术发展进行压抑和遏制。

同时，未经授权而获得思想财产的行为被视为盗版，这叫人联想起一幅场景：戴着眼镜的黑胡子作恶者正在胡作非为，试图破坏文化界的公共福利。版权持有人为了扩张自己的垄断地位，将法律和道义混为一谈；而立法者也做着相同的事情，为的是用法律保证版权方此举的合法性。

互联网是一个信息大杂烩，无穷无尽的数据集、研究报告、论文、新闻报道、说明书、年报，以及各种各样的资料摆在那里，供富有好奇心的人们自由选择，完成自我教育和自我启迪。可是这些资料中的大部分要么被委托给订阅数据库，要么藏在收费墙背后，总之它们的流通受到各种各样的限制，普通人难以获得。通过超级链接和去媒体化的分散信息，网络既限制也拓展了我们的世界。对于那些不懂得众多用户为何一再地公然违抗法律的立法者和资本家而言，互联网让他们感到迷惑，感到挫败。

亚伦·斯沃茨不断以前所未有的方式将规则打破。他从未解释为什么，只管去打破。他的离去让很多人开始质问这些规则，思考它们为何与数字时代的现实如此格格不入。如今信息已经摆脱了物质形态的束缚，要感染文化

The Idealist 理想主义者

思维不过是片刻的事。

亚伦·斯沃茨去世后，他的事迹仍然让许多人难以忘怀。他的肖像被做成了壁画墙点缀在纽约布鲁克林区的一栋楼房外，在这幅大型壁画旁边写着"亚伦·斯沃茨安息"。一位名叫布莱恩·耐本伯格的电影导演把他的事迹拍成了纪录片《互联网之子》(*The Internet's Own Boy*)，在圣丹斯电影节上首映，并于2014年夏天在全美电影院公映。每年斯沃茨的生日来临之际，他的朋友和崇拜者们会在世界各地组织为期一周的黑客马拉松系列活动，为促进斯沃茨曾经感兴趣的、具有影响力的社会项目的发展略尽绵薄之力。程序员与政治活跃分子们所组成的小团体日渐活跃，令斯沃茨的故事和精神得到了传扬。

亚伦·斯沃茨的遭遇并非单纯的个人悲剧，它同样发生在那些正在不寻常的道路上艰难摸索的人身上。他们是守卫文化思维的先驱，有着和斯沃茨同样的精神血统。他们似乎都坚信自己投身于这番事业不仅仅是出于正义感，更是因为这一切是早已注定的。他们的生活、激情与功过成败为斯沃茨的故事提供了背景和注解。如果不明白斯沃茨与先驱们的生活和工作是如何共同作用，创造了这个产生、限制和摧毁他的体制，便无法彻底理解斯沃茨的遭遇。亚伦·斯沃茨想要拯救世界，但这个世界却不允许他自救。

1. 本章部分内容最早出现于贾斯汀·彼得斯（Justin Peters）的报道《理想主义者》（The Idealist）中，发表于线上杂志 Slate，2013年2月7日刊，详见：http://www.slate.com/articles/technology/technology/2013/02/aaron_swartz_he_wanted_to_save_the_world_why_couldn_t_he_save_himself.html. Reprinted with permission

2. 2013年1月对塔伦·斯坦布里克纳–考夫曼（Taren Stinebrickner-Kauffman）的采访

3. 奎恩·诺顿（Quinn Norton），《亚伦·斯沃茨调查案内情》（Life Inside the Aaron Swartz Investigation），《大西洋月刊》（The Atlantic），2013年3月3日刊，详见：http://www.theatlantic.com/technology/archive/2013/03/life-inside-the-aaron-swartz-investigation/273654/

4. 阿贝尔森（Abelson）等人向总统提交的报告：《麻省理工学院以及对亚伦·斯沃茨的控告》（MIT and the Prosecution of Aaron Swartz），39。以下简称为"MIT 报告"（MIT Report）。关于首次给出的认罪协议条款说法不一：美国联邦检察官办公室称给出的条件为3个月监禁，斯沃茨的前代理律师安德鲁·古德（Andrew Good）则声称监禁时间为13个月。

5. 诺顿，《亚伦·斯沃茨调查案内情》

6. 亚伦·斯沃茨，《如何减肥》（HOWTO: Lose weight），2010年3月，详见：http://www.aaronsw.com/weblog/loseweight

7. 丹尼·奥布赖恩（Danny O'Brien），《难得一见的天才》（Teenager in a million），《星期日泰晤士报》（The Sunday Times），2001年4月29日刊，详见：http://www.aaronsw.com/2002/teenagerInAMillion

8. 关于 Reddit 的收购价格，请见克里斯蒂娜·拉戈里奥·查夫金（Christine Lagorio-Chafkin）的报道《亚里克西斯·欧海宁如何建成互联网的头版》（How Alexis Ohanian Built a Front Page of the Internet），Inc. 杂志，2012年5月30日刊，详见：http://www.inc.com/magazine/201206/christine-lagorio/alexis-ohanian-reddit-how-i-did-it.html

9. 诺顿，《亚伦·斯沃茨调查案内情》

10. 亚伦·斯沃茨，《版权恐怖主义》（Copyright Terrorism），2002年5月22日，详见：http://www.aaronsw.com/weblog/000277

11. 亚伦·斯沃茨，《开放存取游击队宣言》（Guerilla Open Access Manifesto），于2015年5月21日存入 Archive.org 网站，详见：https://archive.org/stream/GuerillaOpenAccessManifesto/Goamjuly2008_djvu.txt

12. 马萨诸塞州美国联邦检察官办公室2011年7月19日的新闻发布稿《黑客涉嫌通过 MIT 校园网络盗取超过四百万份文档》（Alleged Hacker Charged with Stealing Over Four Million Documents from MIT Network），详见：http://en.wikisource.org/wiki/Alleged_Hacker_Charged_with_Stealing_Over_Four_Million_Documents_from_MIT_Network

13. 约翰·萨莫斯（John Summers）和乔治·斯拉巴（George Scialabba）的联合声明《约翰·萨莫斯和乔治·斯拉巴：我们支持亚伦·斯沃茨》（John Summers and George Scialabba: Statement in Support of Aaron Swartz），《格尔尼卡》（Guernica）杂志，2011年7月23日，详见：https://www.guernicamag.com/daily/john_summers_and_george_sciala/

14. 对塔伦·斯坦布里克纳–考夫曼的采访

15. 亚伦·斯沃茨，《9号神经官能症》（Neurosis #9），2007年2月7日，详见：http://www.aaronsw.com/weblog/imposition

16. 亚伦·斯沃茨，《心怀天下：通才宣言》(*Think Bigger: A Generalist Manifesto*)，2006年12月14日，详见：http://www.aaronsw.com/weblog/thinkbigger

17. 亚伦·斯沃茨，《如何拯救世界（第1部分）》(*How to Save the World, Part 1*)，20011年7月28日，详见：http://www.aaronsw.com/weblog/save1

18. 亚伦·斯沃茨，《2010年阅读回顾》(*2010 Review of Books*)，2011年1月3日，详见：http://www.aaronsw.com/weblog/books2010

19. 塞思·大卫·舍恩（Seth David Schoen），《我是怎样认识亚伦的》(*How I Knew Aaron*)，"纪念亚伦·斯沃茨"系列文章之一，最后修改于2013年1月16日，详见：http://www.rememberaaronsw.com/memories/How-I-Knew-Aaron.html

20. 亚伦·斯沃茨，"戴夫·温纳说过……"（Dave Winer said...），2003年6月28日，详见：http://www.aaronsw.com/weblog/000988

21. 亚伦·斯沃茨，《比特并不是一种缺陷》(*Bits are not a bug*)，于2015年5月15日存入 http://bits.are.notabug.com/

22. 亚伦·斯沃茨，《古典乐之罪》(*In Offense of Classical Music*)，2006年6月20日，详见：http://www.aaronsw.com/weblog/classicalmusic

23. 亚伦·斯沃茨，《反制服运动》(*The Anti-Suit Movement*)，发表于2010年3月16日，详见：http://www.aaronsw.com/weblog/antisuit

24. 2013年2月对韦斯·费尔特（Wes Felter）的采访

25. 亚伦·斯沃茨，《吃与编程》(*Eat and Code*)，2005年8月2日，详见：http://www.aaronsw.com/weblog/eatandcode

26. 2013年1月对本·威克勒（Ben Wikler）的采访

27. 对塔伦·斯坦布里克纳－考夫曼的采访

28. 引自同上

29. 2013年2月对内森·伍德哈尔（Nathan Woodhull）的采访

30. 对塔伦·斯坦布里克纳－考夫曼的采访

31. 布兰德（Brand），《媒体实验室》(*The Media Lab*)，202。布兰德在1984年的一次计算机会议上首次提出这一说法。

32. 引自同上

33. 罗伯·克林（Rob Kling）和罗伯塔·兰姆（Roberta Lamb），《电子出版和数字图书馆前景分析》(*Analyzing Alternate Visions of Electronic Publishing and Digital Libraries*)，《学术出版》(*Scholarly Publishing*)，编者罗宾·P. 皮克（Robin P. Peek）及乔治·B. 纽比（Gregory B. Newby），马萨诸塞州，剑桥：麻省理工学院出版社，1996年，27

第一章

诺亚·韦伯斯特和美国版权运动

好的信息经过广泛传播后会使整个国家变得愈加强大和自由。
最有价值的信息应该要加以保护。

The Idealist 理想主义者

  一本书和一艘船，在本质上是有所不同的，尽管它们都有着明确的物理特质：能被看见、感知和触摸到，有时还能被闻到气味，甚至可以咬一口尝尝（假如你有这种爱好的话），但是一艘不错的船只对它的主人有益，除非这位主人生性慷慨，喜欢在自己位于格林湖的夏日行宫里举办来者不拒的游船聚会，否则这艘船对整个社会而言毫无价值。可是，人们却能从一本好书中受益良多——或者更准确地说，从包含在书中的奇思妙想中受益良多。立法者一直在二者的平衡中摇摆不定：一方面希望想出好点子的人能从中获利——也许能激发出更多的好点子；另一方面又需要将创新的理念进行广泛传播，造福全社会。

  当然了，思想既能造福社会，也能危害社会。纵观人类文明发展史，可以发现这就是一部权势阶层压迫异端思想的历史，最常见的做法便是把产生新思想的人铲除掉。强权横扫了障碍，但同时也容易造成难以处理的麻烦。被害者若就此升华为殉道者，便会激起民愤，而民愤显然会扰乱商业贸易。从某种程度上说，最早的版权政策便是变相的国家审查制度。

  德国人约翰内斯·古登堡于15世纪50年代首次在美因茨市推出了由他发明的印刷机，欧洲的活字印刷术随即在1450年之后迅速发展，自此版权政策才开始具有现实意义。[1]在这之前，复制书本全靠手工，费时费力，政府根本不用担心煽动性的想法或异端邪说会迅速扩散。当时的民众大都不识字，文明依靠口口相传，但是印刷机的出现改变了这一切。如果说活字印刷术是催化剂，那么被刊印出来的书籍则成了防腐剂。

到了1500年，古登堡的发明已经在整个欧洲大陆普及开来，各国政府意识到这项新技术可能被用来传播新思潮，一旦被广泛推广，他们的统治地位有可能被动摇。很多统治者和阁僚都对这个问题仔细考量了一番，想必也意识到要强迫识字的人变笨太过不切实际，于是，转而决定对印刷内容以及印刷权利的掌控做出规范。

在英国，一个文具商公会在1557年成立了皇家特许出版公司，并被授予皇家特许出版权。[2]公会成员对指定的图书永久性地拥有垄断印制的特权，而非法印制者会受到罚款、监禁、没收和销毁印刷机等不同程度的惩罚，并且在行业宴会上还会横遭白眼。可以说，这些文具商兼具印制方与审查者的双重身份。

第一部著作权法（通常所说的版权法）保障的既不是作家的权益，也不是公众的利益，而是国家利益。这部法律丝毫未考虑作家应当从自己的作品中获利的权利，只是为了对出版物进行控制和审查而已。出版人拥有永久版权，作者只能眼睁睁地看着自己的作品被一再传播，从而获得一点点可怜的且呈边际递减的满足感。[3]正如散文家奥古斯丁·比勒尔在1899年所指出的，一旦作品付印，"英国作家一般就销声匿迹了，就算再次出现，他的作品也已经被控制在别人手里了。"[4]

1688年，英国的光荣革命彻底改变了这种状况。17世纪末，皇家特许出版公司的声望和皇家对印刷品的控制权逐渐被削弱，最后以议会1694年拒绝授予该文具商公会垄断特权而告终。然而竞争日趋激烈，利润不断下降，市场上突然充斥着一本书的不同印刷版本，公会的存在感日益降低。面对这样的境况，他们率先想出一个办法，堪称标准的行业策略：他们试图修改版权法，以使之对自己更为有利。

公会起初的一次次努力都以失败告终。他们曾在1703年、1704年和1706年分别游说议会恢复他们的垄断权，可是每一次，议会都对他们的悲惨遭遇无动于衷。[5]1707年，公会声称制定新版权法不仅对出版商和书商有利，而且还能够使英国作家和其家庭获益——他们被文学市场的放松管制以及接踵而至的混乱市场所累，一直以来生活困窘。这样的说辞似乎略有成效。公会提出这样一个主张是很好的策略。比勒尔发现，他们对英国作家窘境的这一番说辞，"并没有以英国文学生活的事实为基础"。[6]不过，这番说辞显然是相当有说服力的，终于，议会于1710年通过一项法案，至少是部分地恢复了版权界的秩序。

这部法案叫作《安妮法案》(*The Statute of Anne*)，其名称源自当时在位的英国君主的名字。这是近代第一部版权法，也成为英美所有版权法的模板，它反对无期限版权的概念，规定从新书首次出版之日起，版权保护期为14年，可有一次续展。而且，法案规定书籍的版权属于作者，而不是出版商或是印刷商。表面上看，这部法律能够保护作者免受无良出版商的剥削，不再受控于他人，而且对人性本恶的公众具有一定的威慑效果。

这些举措象征着人们在观念上的改变。《安妮法案》指出，版权不是作为一种审查制度而存在的，而是出于对写作的鼓励。这部为版权制定的法案只是一种公共政策行为，并非道德权利的主张。作家不是唯一被授权的一方：这部法案被看作是"为鼓励知识的传播而制定的法案"，意在鼓励能够让整个国家受益的"有用书籍"的出版。版权的概念被重新界定了。

从《安妮法案》通过的时代背景来看，它只是众多妥协方案中的一种，基本上任何一方对其都不太满意——或者说，至少没有让书商满意。"这个善意的法令毁了一切。"比勒尔在1899年写道，因为它竟然违背了大众的普遍观点，即永久版权应是像重力、吸引力或是光学规律一样的自然定律。[7]这项法令几乎没有发挥任何作用，直到利益相关人后来开始对其进行修改。但是无论如何，在人们的不屑和争议当中，它仍然被沿用了一个多世纪。对于英国作家而言，《安妮法案》的利大于弊。

起初，由于《安妮法案》不适用于北美殖民地，所以不论好坏，对美国作家没有任何影响。而且，在制定这项法案的年代，美国并没有值得一提的本土作家。（好吧，好吧，科顿·马瑟算一个……）当时的美国，印刷业刚刚萌芽，本土文学资源很是匮乏。1775年，美国仅有37家殖民地报纸，而且大部分都以大城市为基地。[8]当时最流行的书籍是《圣经》等宗教典籍。即使有本杰明·富兰克林的存在，殖民地时代的美国仍算不上一个高雅的地方，当然也就无法期待这里的人民有自己的主张。

不过当殖民地取得独立战争的胜利后，美国人便觉醒了，他们开始把杂散的想法总结为连贯的国家命题与论证，其中最基本的是关于言论自由的观点：美国人有自由发表言论的自由，不管他们是否有话要说。最终，立法者逐渐发现鼓励美国人将原创的、条理清晰的思想表达出来好处多多，至少人们不再炒英国人思想的剩饭了。这种理性的民族主义进而导致了对国家版权法的激烈争论，在这场争论中，表现最为活跃的就是一个聪明而招摇的年轻人——诺亚·韦伯斯特。

韦伯斯特出生于1758年，如果再早10年，以他的文学天赋，爱国激情，他一辈子好为人师、热衷指点国人怎样为人处世的热情，加上合适的年龄，应该可以成为一个出色的立法者；如果晚出生220年，网络上那些咄咄逼人的网民、不牢靠的书呆子，加上网络对充满争议的学究气的偏好，也可能将他推上网络红人的宝座。但是韦伯斯特生不逢时，虽然他最后为自己在社会上谋得一席之地，却还是将一生中大部分的时间都耗在了追求社会地位上，而他所追求的社会地位，如果时机恰当的话，应该早就属于他了。

韦伯斯特的父亲是康涅狄格州的农夫，他是家中长子。1774年，16岁的韦伯斯特便被耶鲁录取了，因此没有参加过独立战争。（在后来的人生中，每当人们谈起这次战争，韦伯斯特都会无比悲伤地说道：1777年，他曾作为支援民兵，"扛着能找到的最好的毛瑟枪朝着哈得孙河进军"，去增援萨拉托加战役。只是他不会告诉别人，当他到达时，战争已经结束了。）[9] 韦伯斯特在耶鲁学习古典文学和神学，吃着"甘蓝、萝卜和蒲公英叶，喝着装在锡罐里被传来传去的苹果啤酒"[10]。在1778年的毕业典礼上，他作为班级代表发表了演讲，主题是实证调查的价值和自然哲学。韦伯斯特"致力于通过自己的知识性劳动给世界立规矩"，传记作家约书亚·肯德尔写道，"尽管他自己并不清楚那些劳动到底指的是什么。"[11]

韦伯斯特回到家，面对的是贫穷的父亲和渺茫的未来。战争耗尽了老韦伯斯特的积蓄，他无力继续承担儿子的学费了。父亲交给韦伯斯特一张战时贬值的钞票，直截了当地告诉他该自立了。"拿着这个，"老韦伯斯特表示自己已经不顶用了，"你得自己去谋生了，我没法再帮你了。"[12]

韦伯斯特难过了一阵子，然后便像古往今来无数受挫的哲学家一样，在没有更好选择的情况下，去做了一名教师。[13]他先是在康涅狄格州开办了一系列的学校，然后去纽约教富人家的孩子阅读和表达，有时候还教唱歌。当时美国人使用的标准语法教材是《英语发音新指南》（*A New Guide to the English Tongue*），作者是一个名叫托马斯·迪尔沃思的英国人。韦伯斯特很快便对这本书嗤之以鼻，而且有失公允地顺便对其作者也加以冷嘲热讽。

一方面，韦伯斯特觉得用美化前殖民统治者的教材教小孩子读写，是不爱国的表现。"迪尔沃思用了12～15页的篇幅介绍了一连串的英格兰、苏格兰和爱尔兰的城市和行政区。无论这在大不列颠有何意义，对美国来说却是半点儿意义都没有。"韦伯斯特批评道。[14]"这本书每年还要再版上万本，且很快销售一空，但其中一半的篇幅完全没用，而另外一半则错漏百出。"[15]所以韦伯斯特决定自己写一本语法教学书，一本既不说废话也没有错误的，而且专为美国人精心编写的教材。

在韦伯斯特看来，正确的英语发音能拯救这个新生的国家。当时美国处于立国初期，仍有人将这个国家的独立视作一个鲁莽的决定。美国人打赢了独立战争，赶跑了英国人，剩下的是一个州与州所组成的松散联盟，因为地理上邻近、战场上同仇敌忾，以及同一种语言而维系在一起。尽管英语是这个新生国家的母语，但是长期以来形成的方言可谓五花八门。韦伯斯特担心，这些方言可能导致并且固化这个新生国家表面上反对的阶级分化。"人人生而平等"这话说起来很漂亮，可是只要受过教育的美国人说所谓的"纯正英语"，而说话慢条斯理的乡下人硬要把"sparrowgrass"说成"asparagus"，把"ax"说成"ask"，把"chimbley"说成"chimney"，隐性的阶级划分就会一直存在下去。一个被"asparagus"的正确发音所分割开来的国家是经不起风雨的。

语法是国民集体认同的关键因素，这种想法并不只是一个英语老师的痴心妄想。语言学家长期以来主张语言是认知的基础，我们用以对周遭世界进行定义和表达的词语以及词语的结构影响着我们理解世界的方式。韦伯斯特写下了"一个国家的语言对这个国家舆论的影响"，并且雄心勃勃地表示要"尽量使这个国家结束对其宗主国的依赖关系"。[16]如果一个国家的整体语言传统和其前殖民统治者没有区别，这样的国家怎么能真正独立呢？

"美国文学必须取得与其政治一样独立的地位，美国的艺术要与其武器齐名。这并非完全不可能，我们这一代青年人当中也许有人能够在推动文学的兴盛方面发挥一些作用。"韦伯斯特1783年在一封信中写道。[17]美国人民需要怎样正确说话的指导，韦伯斯特决心要做这个指导。

1783年，韦伯斯特撰写的课本出版了。这本书的正式标题是《英语语法原理》(*The English language*)，但是这个标题又长又不好念，所以大家根据它封面的颜色简单称之为"蓝皮拼写书"。[18]课本从音节的层面强调单词的结构，并配上许多故事和句子，希望能够引发孩子们的好奇心。韦伯斯特认为，启蒙书有助于彻底根除美国的阶级差别，使得人们在交谈时专心聆听对方说话的内容，而不是仅凭一个人的说话方式就对他做出评价。如果运气够好，他还可能名利双收，但是这一目标得以实现的前提，是这本书得到了广泛推广。为此韦伯斯特必须做两件事：一是让此书得到美国大人物们的认可；二是获得本书的版权。

因此，美国的版权法从一开始便与诺亚·韦伯斯特扯上了关系——这位惯于自我标榜，却又总是纠结难安的词典编撰人已经打定主意，要利用自己那不为常人所理解的伟大之处为自己创造收益。虽然版权的观念并不新颖，韦伯斯特肯定也不是美国唯一一个提倡版权的人，但他之所以成为版权发展史上的代表人物，并不是因为他为争取版权所做的那些事，而是因为他的身份。他是一个说客和布道者，是个一本正经、一身学究气的奇才，甚至可以说是天才。他结交了许多有影响力的朋友，最后却因为毫无意义的分歧导致朋友们纷纷离去。他的想法不仅激进，而且常常还很荒谬，比如在相当长的一段时间里，他采用一套极其难看的拼写法，将 please 写成 pleez，soup 写成 soop。按照文化史学者蒂姆·卡赛蒂的说法，在韦伯斯特一生的大部分时间里，"他写的很多东西都遭到了来自美国各家报纸杂志的嘲笑和讽刺"。[19]他的满腔热情总是遭到人们的唾弃，不能说他对被诽谤一事毫不介怀——作为那个时代最缺乏信心的伟人之一，他对此还是介意的——只是他没有因为公众的蔑视而停止表达自己的观点。

如果说美国的版权意识发端于诺亚·韦伯斯特，那么接下来的章节便主要以像韦伯斯特这样的人为主角：他们都是野心勃勃而且认真勤勉的年轻人，致力于向冷漠的公众发表慷慨激昂的演说，努力促使公众关心知识产权以及其在社会政治学上的影响。这些人孤军奋战，通过书本、口头抨击、信件、演讲、游说活动、辩论和个人呼吁等形式与跟自己有同样想法的人互相应和，他们各施所长，倡导制定一种法律，能够让写作真正变为一个行业，而不仅仅是有谋生技能的人闲暇时的消遣。他们有时候纯粹是为了自己的利益而提出这样的主张，却常常用道义和爱国主义的辞藻加以粉饰：严格的版权法对于作家和出版商有益，甚至是整个基督教美国的福祉。换言之，宽松的出版法不单能让享受阅读的公众受益，甚至有利于整个人类。

"信息自由传播对于专政来说是致命的威胁。"诺亚·韦伯斯特写道，而且他认为扫盲是接受信息的前提。[20]在所有的美国人里面，韦伯斯特等人首先提出，好的信息经过广泛传播后会使整个国家变得愈加强大和自由。一位为他立传的作家写道，他成了"美国人的校长"。同时，韦伯斯特的丰功伟绩还体现在另一个方面，他教给美国人这样一个观点：最有价值的信息应该要加以保护。

韦伯斯特27岁时就已经编写并出版了一系列的语法课本以及一些政论——这在那样一个时代堪称壮举，因为当时成为"作家"是个相当不明智的理想，其艰巨程度甚至和妄想成为"宇航员"不相上下。虽然不能说美国人在后革命时期对书本毫无兴趣——恰恰相反，独立革命后，从对参与公民生活毫无兴趣的普通人中涌现了一批新的读者——但是独立伊始的美国尚不具备培养本土作家的条件。研究出版业的历史学家威廉·查瓦特曾经写道，即使到了19世纪20年代，美国仍然没有出现全职的文学作家，部分原因是这个新兴国家在版权和出版方面没有打下坚实的基础。[21]

威廉·查瓦特认为在韦伯斯特出版拼写书的时期，美国作家普遍担心自己的作品卖不了好价钱，而出版商"靠一点儿微薄的利润谋生，大部分都维持不了几年"。[22]在作品出版前，穷苦的作家们会恳求富有的"订阅者"承诺并且提前付费购买即将出版的书籍，这简直就是当代社会网络众筹的前身，其状态也和如今的众筹一样低迷。不过，早期的美国并没有多少有钱人，所以对于很多有志向的作家而言，最好的选择还是自筹资金，即便这也是很差劲的选择。学者詹姆斯·N.格林描述了后革命时期的美国作家承销自己作品的境况：他们"希望能赚到钱，甚至希望靠写作谋生，但是绝大多数都以失望告终。比如大卫·拉姆齐，他自己出资打印和装订了两本有关美国独立革命的历史类作品，结果却赔得很惨"[23]。

早期美国出版业的结构性缺陷也是阻碍作家成功的一大因素。当时整个印刷业漫无秩序：作者无法保证印刷出来的版本和自己的原始手稿完全一致，也无力阻止印刷商在没有得到授权的情况下发行同一版本。有的时候，为了迎合市场，或是市场上出现了突发奇想的潮流，印刷商便会在有意无意中嫁接或是篡改作者的文本。在1783年写给大陆会议主席的信中，诗人乔尔·巴尔洛就提到，自己的同行约翰·特朗布尔太倒霉了，亲眼看到自己的史诗作品《麦克芬戈尔》(*M'Fingal*)"以极其错误且廉价的版本进行重印"，因为"书中印刷错误频现，纸质差、字体难看和排版古怪等缺陷致使其名誉受损，这一切都是印刷商为了以较低的定价迎合庸俗大众所采取的必要手段"。[24]巴尔洛认为，完善的版权法是美国作家对抗庸俗的最佳武器。

"我们国家没有绅士富有到可以毕生投入学术研究而衣食无忧的程度，也没人能够资助别人这么做，所以与其他国家相比，美国作者的权利更需要得到法律保障。"巴尔洛在1783年写给大陆会议的信中提出了版权的主张。[25]但是这封信并未顺利催生出相应的法律。当时在海外已有保护作家权利的法律先例，但是尚未制定宪法的美国并不急于通过本国的版权法。如果说英国的法定版权之所以引起争论，是因为他们试图将作品曾经享有的永久所有权改为有限定期限的所有权，那么美国的争议，却是因为要为本国未曾享受任何所有权的作品增加这一权利。

版权学者威廉·帕特里曾经提出，如果将知识产权作为一种"权利"，拥有者便可能"将利己主义粉饰为一种开明的表现"，从而便因政策所引起的讨论导向道德讨伐。[26]在帕特里看来，更为公平与公正的做法，是把版权视作一套原创者、公众和国家之间可转换的社会关系，把各方利益都考虑在内，平等地进行立法和斡旋。比如，廉价的书所带来的公众利益不应该总是自动让步于昂贵书籍所产生的私人利益。

1783年，版权法能够为韦伯斯特这样的作家带来收益已经是显而易见的事了，但是如何或是否能让国家也从中获得好处却并不明确。虽然对于18世纪美国的文盲率缺乏准确的统计数据，但是种种迹象表明这个国家仍然还是有很多读者的。正如朱莉·凯·赫奇佩斯·威廉姆斯在她关于美国早期印刷文字的博士论文中所指出的，"殖民地的美国人渴望并且使用印刷文字。他们依赖它，期待它，会彼此交换和出借印刷品，也把它们作为礼物互相赠予。他们喜欢它，推崇它，也敬畏它产生的能量"。[27]但他们唯一不肯做的，就是花大价钱购买它，而且他们压根儿就没这个打算。版权观念的出现对于许多美国人所依赖的传统的印刷品传播方式是一种威胁。

为了让美国各州都制定版权法，韦伯斯特与志同道合者们必须将版权定位为一个真正的美国观念，通过允许作者控制自己作品的销售并且从中获利的方法，创建一个文学中产阶级并使之稳定下来。为了确保自己的书获得版权，韦伯斯特打算跑遍每一州，游说各州议会。

韦伯斯特的第一次游说有些滑稽。1782年，拼写书尚未出版，韦伯斯特便拜访了新泽西州、康涅狄格州和宾夕法尼亚州的议会，希望说服他们为他——诺亚·韦伯斯特的作品授予版权。[28]但是这一次他无功而返：新泽西

The Idealist 理 想 主 义 者

州和宾夕法尼亚州的议会处于闭会期间，康涅狄格州的议会公务繁忙，根本没时间考虑他的提议。1783年，韦伯斯特再次尝试，向康涅狄格州和纽约州的议会提出申请，将其所创作作品的版权授予他。这次结果有所不同——两个州的议会都有了回应，这两个州都通过了使得全美作者都能受益的普通版权法。[29]

初战告捷，韦伯斯特士气大涨，决定要加大游说力度。于是，韦伯斯特在1785年展开了一次冗长的巡回演讲，为版权，也为他自己，向南部许多州议会和民间领袖进行游说。韦伯斯特的想法很简单。他打算带着介绍信跻身于某个城市，然后去找其中最为杰出的人物；如果没有介绍信的话，就想方设法弄一封，或是与该地区的重要人物先搭上话。韦伯斯特一路上曾在许多地方停驻，并进行了一连串相当枯燥乏味的有关英语的演讲。他明知这些演讲"对于普通观众没什么意思"——这么说已经很客气了——可是来听演讲的人里面很有可能会有愿意帮他的人。[30]韦伯斯特就是凭着这样的好运气，一路走进了州政府。

韦伯斯特早年的种种行为，以及为了自己那古怪的雄心而讨好"有影响力的绅士"的天赋，很容易让人联想到"趋炎附势"这种词。[31]从那个时期开始，他日记里记录的全都是如何与政府官员会面，如何用甜言蜜语哄骗教授，如何向军官溜须拍马，总之是为了拿到介绍信和引荐书竭尽全力，而其最终目标是促进自己作品的销售，以及提升他作为作者的知名度。尽管在韦伯斯特的笔下，他通常受到极大的礼遇，可是这样一个傲慢的年轻人，到处急不可耐地兜售自己对于国民性格与英语以及二者之间相互关系的见解，在可能成为其资助者的人心里究竟是何形象，十分令人怀疑。

韦伯斯特生来不善社交。他第一次去费城时，一个熟人祝贺他来到费城，韦伯斯特却说："先生，此时你应该祝贺费城才对。"[32]年轻时代的韦伯斯特迷恋过的一个女孩曾经憎恶地拿他浮夸的性格与她养的马儿相提并论。("交谈时，他的言语之乏味，甚至比他写的书还要糟糕，如果还能有什么比他的书更糟糕的话。"她补充道。)[33]他因为傲慢与自恋被批评家戏称为"自我感觉良好，好为人师"，一个"无可救药的疯子"。[34]他自称为"诺亚·韦伯斯特绅士"，不过这个称呼并不足以展现他举手投足间表现出的狂妄自大。就连韦伯斯特的朋友也知道，他那狂妄的自负"让听众感到很不满，以至于对他许多的创见听而不闻"。[35]就像一块沾上吐根的松露，一份被有毒的藤蔓包裹的礼物，韦伯斯特的好点子总是毁于不讨喜的外表。

韦伯斯特的傲慢在他拜访弗农山庄的故事中被展现得淋漓尽致。1785年11月，韦伯斯特从巴尔的摩动身前往北弗吉尼亚去拜访伟大的乔治·华盛顿。[36]虽然华盛顿对他的到来并没有什么期待，但也并未拒绝。在独立革命刚刚结束的时期，弗农山庄与其说是一个农庄，倒不如说更像一栋旅舍，许多自视甚高的年轻人为了一睹伟人的风貌，络绎不绝地来到这里。华盛顿当时虽然不再是军事将领，但也尚未当选总统，有的是时间接待这些伸长了脖子的看客，这充分满足了他们的自大心理。仿佛任何一个自由的美国人，哪怕他什么也不是，也可以跑到这个国家最杰出者的家门口跟他握手，然后带着"哪怕再了不起，也不过就是个人而已"的心情离开。

弗农山庄是韦伯斯特前往弗吉尼亚州首府里士满途中的一个驿站，他希望在那里说服该州的议会和领导人开启版权保护机制。韦伯斯特希望华盛顿帮他写几封介绍信，最好是能对韦伯斯特本人及其作品极尽赞扬之能事。尽管华盛顿之前曾拒绝为韦伯斯特的书签名，但是一封出自乔治·华盛顿之手的介绍信可是很珍贵的——韦伯斯特可能觉得不妨再试一次，反正也没什么坏处。

可是，江山易改，本性难移，韦伯斯特一到弗农山庄便犯了老毛病。晚餐结束后，华盛顿说他想为妻子的孙儿们请一位秘书兼家庭教师，希望能够从苏格兰聘一位绅士担任此职。[37]韦伯斯特听到这个消息大为震惊。把一个苏格兰人请到弗农山庄来？请一个英国人为华盛顿家的孩子们启蒙心智？在韦伯斯特的自传中，他劝华盛顿考虑考虑："在争取独立的战争中表现出了如此伟大的才能、取得了如此非凡成就的一个国家，在得偿所愿之后，竟然要到欧洲去请秘书、请欧洲人来为孩子启蒙，欧洲那些国家会如何看待美国呢？"

这个问题问得恰到好处，将军马上回答："那能怎么办呢？这里没有人能够达到我的要求。"韦伯斯特则回答说，他相信北方的任何一所大学都有能够满足华盛顿愿望的人才，于是这场餐桌上的对话便归于沉寂。[38]

在230多年后的今天，我们仍可想象得出餐桌上那浓浓的尴尬气氛。据韦伯斯特所说，这句得体的指责使得将军很快改变了立场，转而支持韦伯斯特的观点。可是华盛顿的真实感受也许可以从他不甚热情的推荐信中窥见几分。他写道，"这本卓越且实用"的蓝皮拼写书已拥有许多"荣誉推荐"，但他却未写任何推荐之语。"这本书的好，"他写道，"是不言而喻的"，或者至少，应该让韦伯斯特本人来"言喻"，这可是他向来就很擅长的事情。

就这样，尽管不能完全归功于韦伯斯特的努力，但美国各州还是一个接一个地通过了各自的版权法。当韦伯斯特结束自己的争取版权之旅，于1786年返回康涅狄格州时，除特拉华州之外的其他州都有了保护本州书籍版权的法律。1790年，随着《邦联条例》（*The Article of confederation*）逐渐消失在人们记忆中，根据《宪法》，由乔治·华盛顿总统领导下的新的联邦政府诞生了。第一届国会通过了联邦版权法，取代了各州版权法。（"国会也有了更大的权力/不仅是调节和维系/从现在起，为了自由的事业/诞生了一部有力的法律。"在新国会成立之际，韦伯斯特感动得写起诗来。[39]）

1790年的美国《版权法》以英国的《安妮法案》为基础，为作者提供了14年的原始版权保护期限，可以续期一次。"以《安妮法案》为基础"只是保守的说法，实际上，法学教授奥伦·布拉查指出："在每一个层面上都存在着相似之处，包括结构、法律的技术性细则，以及特定文本等。"[40]这部美国法律与英国的《安妮法案》一样，并未把版权视为作者的自然权利，而是作为一个公共政策问题、一个激励作品创作的工具。地图、图表和书籍都受到版权的保护，其中"书籍"的范畴非常宽泛，从报纸到日历通通包括在内。[41]作者必须先将作品进行登记才能享受版权保护，但是许多作者觉得这些规定过于麻烦，并未进行登记。

按现代标准来看，1790年的《版权法》所给予的保护不值一提，目前美国的版权法规定，作品的版权期限一直持续到作者去世后70年。威廉·帕特里写道，即使是在那个时代看来，《版权法》也是有缺陷的。版权注册程序非常烦琐，而且"实用类或是经济类书籍，比如，说明书、课本、手册、地理图册和商业目录，也是注册的主体"。[42]但是，这项联邦法律仅仅是一个开始。在它的保护下，韦伯斯特和他同时代的作家们能够理直气壮地要求从自己的作品中获取利益，并且对其作品销售加以控制。这也是美国知识产权概念常态化的第一步。

在之后的日子里，韦伯斯特靠着自己的拼写书和其他作品的利润为生，但经济状况时好时坏；因为不善理财，他终年处于负债的边缘。即便如此，到了1804年，韦伯斯特的拼写书还是成为美国受欢迎程度仅次于《圣经》的书籍，每年售出20万册。[43]按照每卖出1册赚取1便士的版税计算，韦伯斯特每年单从拼写书中就能赚取2000美元。

这部《版权法》并未促进美国文学兴起。研究版权的历史学家梅雷迪思·L. 麦吉尔评论道："美国印刷文化的发展靠的不是版权。国家早期的印刷文化与其说是建立在书籍的销售上，不如说是建立在全国邮政系统发行的没有版权的报纸、杂志和小册子上。"[44]对于美国文化兴盛更有意义的是1792年的《邮政法》(*The Post Office Act*)，它为报纸和杂志确定了低廉的邮资，又在内陆各地区设立了邮局，使得信息的生产和传播的环境更为宽松。（麦吉尔认为，《邮政法》还有助于美国驿马车等基础设施的建设，因为驿车主人能够从政府那里接到利润丰厚的邮件运送合同。）[45]

报纸依旧是这个国家最主要的文化载体。韦伯斯特本人认为，"报纸是人们最热衷于得到也是传播最广的事物"[46]。1790年美国只有92家报纸，到了1800年就增加到了235家。[47]1793年，韦伯斯特本人成为《美国密涅瓦，和平、商业和艺术的保护神》(*The American Minerva, Patroness of Peace, Commerce and the Liberal Arts*)的主编，这是纽约市的第一份日报，每周有6天各发布一份4页的小报。[48]［幸运的是，这份报纸的名字不久就进行了精简，最后定名为《商业广告人》(*Commercial Advertiser*)。］那个时代的大部分报纸新闻都是以贬抑责骂为主，而且带有明显的政治倾向。韦伯斯特也不例外。历史学家盖里·R.科尔曾这样评论道：尽管他宣称拒绝党派主义，但这位韦伯斯特编辑"很快便只容得下自己的政治立场和道德观，而对别人的视而不见"。[49]韦伯斯特的编辑生涯很不平顺，报纸也并非暴利行业。1798年，被这份工作搞得筋疲力尽的韦伯斯特辞职了，社会舆论的敌对态度让他困扰不堪。（"富有荣誉感和情感的人不会愿意负责管理公众报纸——只有冷酷无情者才能够胜任。"韦伯斯特如是评论道。[50]）

在整个独立革命以及其后不久的一段时间里，韦伯斯特一直幻想着前殖民地的开拓者正在创造一个平等社会，没有人为的等级制度和阶级分化，他的语法改革是为这个伟大的事业而服务的。

韦伯斯特是约翰·亚当斯所在的联邦党的支持者，他主张增强联邦政府的权力，最好由像他这样的公民进行管理：有见识、理智，通过论战和通信来解决争端。韦伯斯特惊恐地看着美国人开始分裂成不同的政治派系，并且开始将斗争拔高到公众福利的问题上，他坚信——这么想的人不止他一个——这些纷争全是法国人的阴谋，他们密谋要分裂美国。从这时起，他的信里充满了怀疑论和阴谋论。"先生，妄图拓展版图的法国人只是徒劳，美国人民的独立是不会被他们恶毒卑鄙的方法给骗走的。"韦伯斯特在1798年写给乔尔·巴尔洛的信中如是写道，对方曾在信中轻率地提出也许法国人并没有积极策划分裂美国的阴谋。[51]

1800年，前驻法大使托马斯·杰斐逊当选为总统，这叫韦伯斯特更为偏执和不满。在韦伯斯特和其他联邦党员看来，杰斐逊简直是个笨蛋加恶棍——最糟糕的，他是民粹主义者。韦伯斯特在给本杰明·拉什医生的信中忧郁地写道："政府对宪章和平等原则的滥用，使得老人再无尊严可言，聪明人无处施展拳脚，我们将在很长一段时间里感受到现代政策所带来的恶果。"[52]

韦伯斯特着重批评政治舆论严重主导着国家的文化对话，从而留给学术性辩论的空间所剩无几，他抱怨"大笔的善款被用来支持某个党或是某家报纸——没有一分钱用在有价值的事情上"。[53]1790年的《版权法》预示着文学界即将形成，可是美国人却只对恶意匿名信感兴趣。

在这种情况下，诺亚·韦伯斯特着手准备一项将来可能作为遗产的计划：《韦氏词典》(The American Dictionary of the English language)。和他所有曾经尝试的事情一样，这本筹备中的字典很快便引起了批评家的嘲笑和奚落。但是这一次，韦伯斯特的竞争对象并不是名气相对较小的托马斯·迪尔沃思，而是英国著名词典编纂者塞缪尔·约翰逊博士，他编撰的词典自1755年首次出版以来一直广受欢迎。"荒谬！只有傻瓜才会想出这么一个计划！"韦伯斯特模仿那些批评家嘲笑他编撰这么一本书的口吻，"新单词！新想法！天哪，美国哪有什么新想法！那个人是不是疯了！"[54]

就跟他在汇编那本蓝皮拼写书时对迪尔沃思大加抨击一样，韦伯斯特为了捍卫自己的计划，不断地宣称自己的首要竞争对手，也就是约翰逊的《约翰逊词典》(Dictionary)错漏百出。1807年10月，他言之凿凿地对一个熟人说："约翰逊的《约翰逊词典》里的错谬比人们所知道的10倍还多，人们对其准确性的盲目依赖对当下的语言研究造成了巨大伤害。"[55]（而且，约翰逊的词典还包含了数量惊人的"粗俗的字眼和无礼的脏话"。[56]）而韦伯斯特的词典主要是提供学术和资料上的参考，是反抗民粹主义的学术堡垒。

韦伯斯特的筹备工作花了整整20年，远超他原本的预计时间。（"因为缺乏词源方面的知识，所以他只能将原有的研修计划加以延长。"历史学家金·亚伦·斯奈德用玩笑的口吻评论道。[57]）韦伯斯特工作时坐在一张甜甜圈形状的桌子中间，桌上放满了各种各样的参考书。[58]在他与世隔绝般沉浸在语源学中，两耳不闻窗外事的那些年里，美国开始崛起了。

美国的邮政体系不断扩展，邮局数量从1800年的903家猛增到1810年的2300家。[59]信息媒介随着邮件一道被送往美国各地，报纸的数量与整个邮政系统一起迅速增长。按照历史学家安迪·图赫的话说：19世纪早期的读者"把每一期的报纸都当成打开广阔世界的钥匙和消除孤独的消融剂"。[60]（"我经常被问到手头这本词典进行到什么程度了，什么时候能全部完成，但我无法给出精确的答案。"韦伯斯特在1809年7月25日给托马斯·道斯的信中说道。[61]）英国人于1812年再次发起战争，1815年撤离。（"我查看并且核对了20种语言的根词，包括亚述种群的7种亚洲语言或方言。"韦伯斯特1813年6月写信给约翰·杰伊时说道。）[62]

1815年创立的《北美评论》（The North American Review）是美国第一份文学杂志。（"凡是有审查员的地方，对文学就是一种非难。"韦伯斯特在1816年12月写给约翰·皮克林的信中这样写道。[63]）詹姆斯·费尼莫尔·库柏和华盛顿·欧文成为美国第一批杰出的本土作家，欧文的《见闻札记》（The Sketch）1819年一经问世便热销5000册。（"我进展到了字母H。"韦伯斯特在1821年11月5日写信告诉史蒂芬·范伦斯勒。[64]）

曾在19世纪初推动国家前进的仇外情绪退潮了，并进而转变为对国内现状的不满。（"我的编撰工作受到太多因素的干扰，如果身体允许的话，我明年夏天打算到英格兰去，在那里把词典编完并且出版。"他在1823年12月写信给塞缪尔·L.米契尔。[65]）而此时，在没有诺亚·韦伯斯特指导的情况下,美国文化已经开始寻找自我定位,并且逐渐成形了。

66岁的韦伯斯特终于在1825年1月完成《韦氏词典》的编撰工作,他激动得"浑身颤抖",因为他本来担心"自己可能活不到写完的那天"[66],如今终于大功告成,韦伯斯特备感解脱。自他着手编撰《韦氏词曲》以来,世界已经发生了太多变化,他一定怀疑这个世界是否还需要自己的词典。然而他的担心是多余的。这本词典在1828年一经问世,立刻在国际上取得了成功,第一版在美国卖出2500本,在英国卖出3000本。[67] "我从报纸上得知它受到了文学界人士的褒奖,"韦伯斯特的兄弟亚伯拉罕1830年写信给他时说道,"我衷心希望它能在学术界得到广泛应用,希望你看到自己辛勤的工作如此有意义能够备感安慰。"[68]

《韦氏词典》中的许多定义都具有浓厚的说教色彩。拿单词"财产"(property)为例,韦伯斯特把它当成了一个版权声明的道德宣传,以及为作者所有权做辩护的机会:人类劳动和创造的成果是无可比拟的完美。一个人对自己所创作的文学作品的专有权利,以及利用作品为自己谋取利益的权利,都是完全合理的,正如他用以创作的个人才能和付出的努力完全属于他自己一样。那么,到底是出于怎样的考虑,议会或法庭才认定作家只能在短暂时间内享受自己作品的版权呢? [69](韦伯斯特这个主张存在问题,因为有证据表明,他在编撰《韦氏词典》的过程中从现存作品中剽窃了大量内容。[70])

于韦伯斯特而言,版权不仅仅是个抽象概念。虽然版权法已经给他带来了不少福利,但是其相对简略的条款远远不够填补他经济上的空缺。为了持续从拼写书中获得收入,韦伯斯特不得不在14年之后发行了拼写书的新版本。他写信给马萨诸塞州著名的政治家丹尼尔·韦伯斯特——这两人即使有什么关系,也只是非常拐弯抹角的一点儿亲戚关系——表达了自己衷心希望国会能够承认:"一位作家拥有通过自己的努力获得利益的权利,不论是把这权利

The Idealist 理想主义者

视为普通法的规定也好，或是自然公正原则的规定也好，这权利应当是作者本人独享并且是永久性的，其后代和受让人也应无条件享受此权利。"[71]

与18世纪80年代不同，当时韦伯斯特声称自己是为了刺激书籍的传播而主张版权（说穿了就是他自己的书），是为国家利益考虑；晚年的他考虑的却是为了得到书籍的控制权从而为自己谋利。晚年的韦伯斯特写了很多书，并且在时日无多，生命快要走向终点时，他希望确保自己的家人能够继续从书本的销售中获利。（韦伯斯特特别希望给自己时运不济的儿子威廉提供一些收入，这孩子擅长演奏长笛以及债台高筑。）他的《韦氏词典》一经出版，对美国的版权法进行修订便显得前所未有的重要——即使不为别人，为了韦伯斯特也得改。"国会的人对这项法律没什么兴趣，必须有什么额外的东西，以唤醒他们对这个问题的注意力。"韦伯斯特在当时写道——"额外的东西"指的就是他要亲自出面。[72]于是他准备故技重施，将年轻时使得很溜的那套方法拿出来，在1830年亲自前往华盛顿游说。

国会向来容易被有人脉的名人的主张所打动，当时的诺亚·韦伯斯特正是这号人物。"两院的成员都对我说，他们从我的书里获益匪浅，很高兴见到我，随时会尽力为我提供帮助。"韦伯斯特写道，"他们好像都认为我卓绝的努力值得非比寻常的褒奖。"[73]他的作品本身就能证明自己，而且是相当有说服力地证明了自己。

最后，1831年《版权法》(*The Copyright Act*)获得了通过，可是这场胜利已经打了折扣。版权保护期限依然有限，这说明国会还是不愿意把版权视为可以传给后代的永久权利。1814年，英国《版权法》将版权保护期改为作者有生之年，或作品发表后的28年，以二者中较长的一个为准。美国的版权法并没有走那么远。[74]即便如此，国会最终仍将现有的版权保护期限增加了一倍——从14年增加到28年——且规定原始有效期过期后，可以申请一次14年的延长保护期。并且，如果作者在原始有效期到期之前过世，其在世的配偶或是子女也可以申请延长保护期。梅雷迪思·L.麦吉尔认为，国会此种做法"将版权重新定义为接近个人物权的权利，版权被家庭化并且变得可继承，虽然只能继承一代"。[75]

韦伯斯特满足了。他在给妻子的信中写道："我有理由认为我这次前来对此事作用重大；这个结果让我欣喜若狂。"[76]他当然应该高兴：新的版权法能够在他死去多年之后依旧为其家人提供生活保障。

韦伯斯特对1831年《版权法》的支持，不论好坏，至少让这样一种观念得到了普及：一本书和一艘船一样，都是产品，是拿出来售卖的，应该受到法律的保护，而且文学创作应该是种专业，而不仅仅是拥有谋生手段的人闲暇时的消遣。虽然在当时并没有多少人从事这项职业。

美国的作家数量和读者数量都没有英国多。1831年，如果你随便问一个美国人，请他列举出10位本土作家，他的大致反应应该是：先说出诺亚·韦伯斯特、华盛顿·欧文和詹姆斯·费尼莫尔·库柏的名字，然后是长长的停顿，最后突然话题一转，说起别的事儿来。作家戴维·莱韦伦茨评论道："对于出版商和作家，特别是那些创作了明显'不合乎道德的'或是'无用的'文本的作家，经济窘迫是种常态。然后，大部分作家尝试过，失败了，便放弃了。"[77]

事实上，美国读者普遍更喜欢欧洲作家们有见地、有远识的作品，而本土作家那些稍显稚嫩的作品自然就不太能入他们的眼了。究其原因，部分是因为欧洲的书籍和作家本来就更好，至少是更有名：对大部分人来说这根本就是一回事；而另一部分原因则是因为在内战之前，美国出版业未能起到培养本土作家的作用。

美国版权法不保护作品创作于美国之外的作家权益，所以出版商会把外国书卖得比国内的便宜，这导致了美国本土书籍的购买和生产价格变得更高。出版商一般会尝试用半合法的办法得到书的印本，也就是通过给相关英国公司付款从而得到其在美国的印刷权。但是如果谈判破裂，美国出版商便转而求助于别的方法弄到这些手稿。（有些美国出版商甚至在英国的出版机构设有自己的代理人。）不同的出版商往往会为同一部作品发布不同的版本，而最早将书籍付印并出版发行的公司，自然竞争力更强。

于是，当时的出版商常常像夺得了爆炸新闻的报纸一样，每当船只靠岸，出版商便带着刚下船的英国书稿匆忙赶回自己的印刷室，那儿有一队又一队的排字工人不停地工作，将手稿打印出来。一旦印刷成书，用不了多久——几天，有时候仅仅是几小时——竞争产生的第一个美国版本就会生产出许许多多并未得到授权的书籍，再以低廉的价钱出售。总之，欧洲的书比美国本土的书更好、更便宜、更多，美国作家根本无法与之抗衡。

不过重要的是，正是因为这些盗版书籍购买途径多，价格低廉，所以在19世纪的美国催生了一大批读书的民众，而他们最后反过来又会催生出更加成熟的出版业。如此看来，什么样的版权法对美国和美国人更好呢？是给作家处理自己作品的权利，使得他们能够通过自己的灵感获益，还是放松对信息传播和流动的限制，从而在整个国家培养喜爱阅读的民众？版权到底是一套社会关系，还是不可剥夺的物权？虽然1831年的《版权法》已经获得通过，但美国的立法者们对此依旧不太确定。

尽管韦伯斯特的信中没有记录他对于版权争议的立场，但我们可以试着做出推测。韦伯斯特将毕生心血用于建立美式英语的规范，这套规范甚至影响了国家传统、惯用语和人们的热情。但是，如果作家们不能通过自己的作品获得利益，美国文学便无法真正对滋养自己的这个国家产生影响。时间的车轮滚滚向前，在19世纪，这一思路越来越成为主流，美国版权法的不足也越来越明显了。

1. 亚洲的活字印刷术比古登堡印刷术早400年

2. 布莱格登（Blagden），《书商公会》（*The Stationers' Company*），28

3. 而且，大部分情况下，作者的名字甚至都无法出现在书籍封面上。直到1710年，《安妮法案》规定印刷商在出版时不得单方面将作者名字删除

4. 比勒尔（Birrell），《有关书籍版权发展历史和法律的七次演讲》（*Seven Lectures on the Law and History of Copyright in Books*），22 — 23

5. 帕特里（Patry），《英国与安妮法案》（*England and the Statute of Anne*），《版权法及其实施》（*Copyright Law and Practice*），详见：http://digital-law-online.info/patry/patry2.html

6. 比勒尔，《有关书籍版权发展历史和法律的七次演讲》，94

7. 引自同上

8. 约翰·L. 布鲁克（John L. Brooke），《出版与政治》（*Print and Politics*），编者格罗斯（Gross）及凯丽（Kelley），《广泛的共和国》（*An Extensive Republic*），180

9. 米克列维（Micklethwait），《诺亚·韦伯斯特与美国词典》（*Noah Webster and the American Dictionary*），12

10. 福特（Ford），《诺亚·韦伯斯特的生活略记》（*Notes on the Life of Noah Webster*），1：16 — 31

11. 肯戴尔（Kendall），《被遗忘的创建者》（*The Forgotten Founding Father*）

12. 福特，《诺亚·韦伯斯特的生活略记》，1：38

13. 他后来自学了法律，并于1781年成为康涅狄格州的一名律师

14. 《诺亚·韦伯斯特自传》（*The Autobiographies of Noah Webster*），75

15. 引自同上

16. 韦伯斯特1807年11月写给乔·巴尔洛（Joel Barlow）的信，详见福特的《诺亚·韦伯斯特的生活略记》，2：81

17. 韦伯斯特1783年1月6日写给约翰·坎菲尔德（John Canfield）的信，详见福特的《诺亚·韦伯斯特的生活略记》，1：57 — 58

18. 米克列维，《诺亚·韦伯斯特与美国词典》，5

19. 蒂姆·卡塞迪（Tim Cassedy），《我们不需要的字典：反对诺亚·韦伯斯特定义美国，1783 — 1810》（*'A Dictionary Which We Do Not Want': Defining America against Noah Webster, 1783 — 1810*），《威廉玛丽季刊》（*The William and Mary Quarterly*），71卷，第二期，2014年4月，229

20. 诺亚·韦伯斯特，《关于美国年轻人的教育》（*On the Education of Youth in America*），收于《道德、历史、政治和文学话题漫谈选集》（*A Collection of Essays and Fugitiv [sic] Writings on Moral, Historical, Political, and Literary Subjects*），24

21. 查瓦特（Charvat），《美国1800至1870年写作行业发展状况》（*The Profession of Authorship in America 1800 — 1870*），29

22. 查瓦特，《美国1790至1850年文学出版状况》（*Literary Publishing in America 1790 — 1850*），41—43

23. 詹姆斯·N. 格林（James N. Green），《书籍出版的兴起》（*The Rise of Book Publishing*），编者格罗斯及凯丽，《广泛的共和国》，78

24. 乔尔·巴尔洛1783年1月写给大陆会议的信，《有关版权的原始文献（1450—1900）》（*Primary Sources on Copyright 1450 — 1900*），编者L. 本特利（L. Bently）及M. 克雷齐默尔（M. Kretschmer），详见：www.copyrighthistory.org

25. 引自同上

26. 帕特里，《道德恐慌与版权战争》（*Moral Panics and the Copyright Wars*），192

27. 朱莉·凯·赫奇佩斯·威廉姆斯（Julie Kay Hedgepeth Williams），《印刷文字对早期美国的意义：以出版的形式表达开拓者的思想》（*The Significance of the Printed Word in Early America: Colonists' Thoughts on the Role of the Press*），博士论文，阿拉巴马大学（University of Alabama），1997，43

28. 米克列维，《诺亚·韦伯斯特与美国词典》，75

29. 目前，尚不清楚韦伯斯特的游说对于康涅狄格州制定版权法是否有所贡献以及贡献多少。米克列维表明，康涅狄格州收到韦伯斯特的申请之前已经在开始考虑制定州立版权法。

30. 《诺亚·韦伯斯特自传》

31. 米克列维，《诺亚·韦伯斯特与美国词典》，75

32. 瓦尔费（Warfel），《诺亚·韦伯斯特：美国人的校长》（*Noah Webster: Schoolmaster to America*），136

33. 史密斯（Smith），《殖民时代的生存之道》（*Colonial Days and Ways*），284

34. 《诺亚·韦伯斯特自传》

35. 福特，《诺亚·韦伯斯特的生活略记》，1：103

36. 米克列维，《诺亚·韦伯斯特与美国词典》，76

37. 1759年，乔治·华盛顿和玛莎·卡斯蒂斯结婚时，卡斯蒂斯带着前一段婚姻留下的两个孩子。两人婚后并未生育。

38. 《诺亚·韦伯斯特自传》，143—144

39. 诺亚·韦伯斯特，《报童对买报人的演说》（*The News-Boy's Address to His Customers*），《诺亚·韦伯斯特诗集》（*Poems by Noah Webster*），露丝·法科·瓦尔费（Ruth Farquhar Warfel）和哈利·雷德凯·瓦尔费（Harry Redcay Warfel）编辑，马里兰州大学帕克分校：哈如斯·勒弗劳出版社，1936年，9

40. 奥伦·布拉查（Oren Bracha），《安妮法案的无限可能性：嫁接的法律》（*The Adventures of the Statute of Anne in the Land of Unlimited Possibilities: The Life of a Legal Transplant*），《伯克利技术法杂志》（*Berkeley Technology Law Journal*），第25卷，第1427期，2010年，1453

41. 帕特里，《第一部版权法》（*The First Copyright Act*），详见：http://digital-law-online.info/patry/patry5.html

42. 引自同上

43. 昂格尔（Unger），《诺亚·韦伯斯特》（Noah Webster），245

44. 梅雷迪思·L.麦吉尔（Meredith L. McGill），《版权》（Copyright），详见格罗斯及凯丽编著的《广泛的共和国》，199

45. 理查德·R.约翰（Richard R. John），《扩展通信领域》（Expanding the Realm of Communications），详见格罗斯及凯丽编著的《广泛的共和国》，216

46. 盖里·R.科尔（Gary R. Coll），《诺亚·韦伯斯特：新闻从业者（1783—1803）》（Noah Webster: Journalist, 1783—1803），博士论文，南伊利诺伊大学，1971，177

47. 马卡斯·伦纳德·丹尼尔（Marcus Leonard Daniel），《污言秽语：共和国早期的大众通俗新闻、政治文化和公共领域》（'Ribaldry and Billingsgate': Popular Journalism, Political Culture and the Public Sphere in the Early Republic），博士论文，普林斯顿大学，1998年，1

48. 科尔，《诺亚·韦伯斯特：新闻从业者（1783—1803）》，174

49. 引自同上，190

50. 诺亚·韦伯斯特写于1798年6月6日的信，详见柯贝特（Cobbett）编著的《豪猪的作品》（Porcupine's Works），49

51. 韦伯斯特1798年11月16日写给乔·巴尔洛的信，《信函》（Letters），192

52. 韦伯斯特1800年12月15日写给本杰明·拉什（Benjamin Rush）的信，《信函》，228

53. 韦伯斯特1807年6月18日写给小奥利弗·沃尔科特（Oliver Wolcott, Jr.，）的信，斯奈德在《定义诺亚·韦伯斯特》（Defining Noah Webster）一文中引用了此信，352

54. 昂格尔，《诺亚·韦伯斯特》，251

55. 韦伯斯特1807年10月写给大卫·拉姆齐（David Ramsay）的信，《信函》，287

56. 引自同上

57. 金·亚伦·斯奈德（Kim Alan Snyder），《诺亚·韦伯斯特其人：共和国早期的头脑与道德》（Defining Noah Webster: Mind and morals in the early republic），博士论文，美利坚大学，1989年，354

58. 福特，《诺亚·韦伯斯特的生活略记》，2：116

59. 约翰，《扩展通信领域》，216

60. 安迪·图赫（Andie Tucher），《报纸与期刊》（Newspapers and Periodicals），详见格罗斯及凯丽编著的《广泛的共和国》，395

61. 韦伯斯特1809年7月25日写给托马斯·道斯（Thomas Dawes）的信，《信函》，318—319

62. 韦伯斯特1813年7月9日写给约翰·杰伊（John Jay）的信，详见福特编著的《诺亚·韦伯斯特的生活略记》，2：121

63. 韦伯斯特1816年12月写给约翰·皮克林（John Pickering）的信，《信函》，393 — 394

64. 韦伯斯特1821年11月5日写给史蒂芬·范伦斯勒（Stephen Van Rensselaer）的信，《信函》，406

65. 韦伯斯特1823年12月12日写给塞缪尔·L. 米契尔（Samuel Latham Mitchill）的信，《信函》，411

66. 福特，《诺亚·韦伯斯特的生活略记》，2：293

67. 引自同上，304 — 305

68. 亚伯拉罕·韦伯斯特（Abraham Webster）1830年1月26日写给诺亚·韦伯斯特的信，详见福特编著的《诺亚·韦伯斯特的生活略记》，2：313

69. 昂格尔，《诺亚·韦伯斯特》，307

70. 见"米克列维"项。

71. 韦伯斯特，《文献集》（A Collection of Papers），175 — 176

72. 韦伯斯特1831年1月26日写给威廉·昌西·福勒（William Chauncey Fowler）的信，《信函》，425

73. 引自同上

74. 凯瑟琳·塞维利亚（Catherine Seville），《安妮法案：19世纪的官腔与公会》（The Statute of Anne: Rhetoric and Reception in the Nineteenth Century），《休斯敦法律评论》（Houston Law Review）第47卷，第4期，2010年，819 — 875

75. 梅雷迪思·L. 麦吉尔（Meredith L. McGill），《版权》，详见卡斯珀（Casper）等编著的《工业书》（The Industrial Book），159

76. 昂格尔，《诺亚·韦伯斯特》，316

77. 戴维·莱韦伦茨（David Leverenz），《共和国早期的作家》（Men Writing in the Early Republic），详见格罗斯及凯丽编著的《广泛的共和国》，365

第二章

对知识征税

国家对版权的态度与当时的社会状态息息相关,一个处于新兴时期的社会和一个处于稳定时期的社会,对待版权的态度是截然不同的。

The Idealist 理想主义者

　　1837年，风靡一时的英国航海冒险小说家弗雷德里克·马里亚特上校到美国打击盗版。马里亚特在英国皇家海军服役24年，并以自己的实际经历为蓝本，撰写了一系列以海上生活为主题的故事。这些情节曲折、动人心魄的小说在英语国家很受欢迎，作者也因此获得了相对不菲的收入。1836年，凭借小说《海军候补生伊齐先生》（*Mr Midshipman Easy*），马里亚特上校获得了约1400英镑的版税，大约相当于今天的16万美元。[1]这个数额并未达到马里亚特的预期，他责怪自己的出版商抽走了销售收入的"大头"。"每个人都对天堂有所期待，"他写道，"如果所有作家都跟我有着一样的想法，那个让人向往的极乐之地，就是没有出版商。"[2]

　　马里亚特的美国出版商几乎不花分文便可以弄到他最新的作品，然后再以极低的成本将这些作品进行再版，难怪在他构想的末世论里，必须有一个特别的地狱是专为这些美国出版商而设的。马里亚特这样的英国作家无法在美国提出任何赔偿有求，但他们却成了当时撑起整个美国出版业的顶梁柱。正如美国出版商 J. 亨利·哈珀在撰写家庭创业史时所说："哈珀兄弟在一个廉价文学泛滥的国家里看到了大量读者，在英格兰看到了大量比美国小说更丰富且引人入胜的文学作品，所以他们想方设法将二者结合在一起。"[3]

　　他说得很简单，但是对一个外国作家而言，这事足以叫人抓狂。沃尔特·司各特爵士的哥特式小说被美国出版商印刷了大约50万册，可是作者未从这笔利润中分得一分一毫。司各特爵士于1832年去世时仍背负着债务，他的同辈人都认为，"如果美国出版商能够付给他一笔公正合理的报酬，也许能救他一命，至少能够让他在生命的最后几年里不必为了偿还债务而拼命工作"。[4] 查尔斯·狄更斯的书也在美国销售，但1840年他估算自己从中赚到的钱不过50英镑。在谈到美国人对赔偿的漠然态度时，狄更斯写道："我对天发誓，一想到这种行为，我周身的血液都要沸腾起来了，似乎整个人都在膨胀，我感觉自己足有6米高。"[5]

愤怒归愤怒，外国作家对于被美国人侵犯著作权的行为仍旧无能为力。他们尝试过优先购买的方法，马里亚特甚至提前给一个波士顿出版商提供了《海军候补生伊齐先生》一书的书稿，只是为了换取版税。不过他这一方案最后以失败告终，因为另一家更有来头的美国出版商突然发行了此书未经授权的版本。[6]

马里亚特被这种肆无忌惮的做法彻底激怒了。他的传记作家大卫·汉尼写道："对于马里亚特来说，钱是非常重要的，有时候甚至是一种异常迫切的需要。"由于这位小说家有购买奢侈品的爱好，加之投资轻率，"因此若猜测他常常处于入不敷出的状态，并不算是贸然和刻薄"。[7] 如果能从美国出版商那里获取一些报酬，将有助于减轻他的财务负担。所以在1837年春天，马里亚特效仿霍尔船长、特罗洛普夫人等英国文人的做法乘船前往美国，主要是为了游历，并对其社会风貌和国家机构进行考察，同时，他也期待着能从美国读者那儿听到一些忏悔之词。

然而现实却令马里亚特大失所望。他到华盛顿特区是为了推进版权的国际化，其间与一位推行民粹主义的民主党议员进行的一场谈话让他清楚地意识到，这个问题可能无法以对英国人有利的方式解决。"你们的作家多如牛毛——而我们却不是。"这位民主党议员这样对马里亚特说。[8] "没错，你们可以窃取我们的版权，我们同样也可以偷你们的。但是如果你们偷10本书的版权，我们就偷100本的。你难道不觉得你是在让我们放弃自己的优势吗？"[9]这套盗版实用主义令人无法反驳，更无言以对。马里亚特离开华盛顿时信心全无，他认为"我们永远也无法让公众懂得一个人用智慧创造出来的产品只能属于他自己，也不能指望其他国家采取任何措施保护英国作家的版权"[10]。

显然，对于马里亚特来说，解决问题的唯一方法是假装成为美国作家。当时的美国版权法规定，版权仅且只授予身为"美国公民或美国居民"的作家，只是并未对"居民"这个词做出定义。于是，马里亚特试着为自己的新作，小说《斯那里约》(Snarleyyow)争取美国版权，理由是他是到美国旅游的游客，目前居住在美国。可是这本书很快就被盗版了，出版商们根本无视马里亚特那似是而非的论点。"马里亚特上校对这部作品所拥有的权利并不比我们多一丝半毫。"一个大胆的辛辛那提出版商写道。在美国，版权不是自然产生的权利，而是由法律赋予的，如果《斯那里约》不符合受法律保护的条件，那么任何人都可以对其进行处置。至少，出版商不会因为"一个企图阻止我们生产被视为公有财产的书籍的外国人"[11]的恐吓而却步。

然而马里亚特有一种越挫越勇的精神。他沿用上次的理由，再次为两部作品争取版权。为了让理由显得更为充分，这一次他正式宣称自己打算成为美国公民。但是法庭质疑马里亚特做出这一决定的诚意，因为一个诚心诚意的美国公民不会像马里亚特那样，如此自豪地一再宣称效忠于那个自己打算抛弃的祖国。（在一次宴会上，马里亚特曾为不久前击沉一艘美国战舰的英勇的英国海兵举杯致意，将他那颗诚心所向表现得淋漓尽致。[12]）不仅马里亚特的版权申请遭到驳回，而且还被扣掉了50美元的诉讼费用，真可谓是雪上加霜。[13]

马里亚特这趟美国之旅的其余行程同样不顺。在为马里亚特1960年版本的《美国日记》(Diary in America)撰写风趣的前言时，朱尔斯·藏格尔就说道，这位"笨拙而浮躁"的小说家在返回英国之前,"被一群暴民威胁。他还看到过自己的书被公众付之一炬,并且至少有两次亲眼看着自己的肖像被愤怒的人群吊起"。[14] 就跟这个国家的立法者不想听到马里亚特抱怨他们版权法的不公一样,这个国家的人民也不愿听到别人对自己的家园横加指摘,比如,市容不佳、不讲究餐桌礼仪、争强好斗,等等。"马里亚特上校何许人也?"《巴尔的摩纪事报》(*The Baltimore Chronicle*)问道,答案他们早已了然于胸,"他根本不是人……而是一头野兽。"[15]

更确切地说,论国籍,论倾向,他都是个英国人,这便是其中的矛盾所在。1837年的英国是一个稳定的帝国,社会阶层已然形成,并具有成熟的出版机制,并不需要通过文学促进社会阶层的流动。而处于杰克逊时代中期的美国仍是一个粗野且贫瘠的国家。按照历史学家雷金纳德·麦格雷恩的说法,在杰克逊总统的继任者马丁·范布伦任职期间发生的1837年的金融恐慌导致了一场长达7年的经济衰退,"这期间美国的所有阶层和经济生活的各个方面都受到了严重影响"。[16] 美国的城市尚显简陋,国家边界仍有许多蛮荒之处。自从运输公司在1830年开始铺设美国的第一条铁路开始,美国人花费数年铺设了一个可靠的铁路交通网和用几十年的时间修建了一条横贯北美大陆的铁路。在此之前,人们出行一般依靠骑马、乘马车和内陆水道等运输方式。

就在马里亚特这样的英国作家怒斥美国盗版猖獗时,美国人仍然在与野狼、天坑、疾病、充满敌意的土著、饥荒、大萧条和边界地区的各种天灾人祸苦苦搏斗,努力要在这片广袤的土地上扎下根来。内战前的美国人毫不关心国际版权的道德问题,尤其当他们意识到这是由刚刚烧毁美国政府大楼,并且曾向美国征收茶叶税的那个国家的公民提出来的。对于手头不宽裕的美国百姓而言,便宜的书籍是他们唯一能读到的书籍。

"渡鸦把偷来的肉一口吞下时的满足远不及美国人从不花钱的英国书中得

到的多。"查尔斯·狄更斯如是说——但是我们很难对这种满足提出非难。[17]如果把版权视为作者、读者和国家之间的一种社会关系,英国人对这种关系的理解恐怕与美国人大不相同。如同马里亚特在《美国日记》里记录的那样,"在美国人自己眼里,他们哪方面都很好。"[18]狼吞虎咽的吃相,廉价的书籍,动辄恶言相向的习惯,这个国家中种种难登大雅之堂的习惯让19世纪早期到美国旅行的英国人看不顺眼。他们像是大兴土木后留下的垃圾,是杰克逊时期民众觉醒的副产品(他们宣称再也不会心怀感激地静候大老爷们帮自己做决定)。[19]可关键是,国家对版权的态度与当时的社会状态息息相关,一个处于新兴时期的社会和一个处于稳定时期的社会,对待版权的态度是截然不同的。

"成百上千个像我们这样的人,花50美分就能买到布尔沃·利顿、詹姆斯·费尼莫尔·库柏或弗雷德里克·马里亚特的最新小说,如果要像伦敦人那样花上1英镑11先令6便士,甚至是7美元才能买本书,我们当中有几个买得起?"美国出版商乔治·帕尔默·普特南在1838年写道。[20]没人买得起。而且,没错,书价之所以这样低廉,是因为布尔沃、詹姆斯和马里亚特这些作家没能得到应有的回报,但是许多美国人认为他们的同胞需要文学更甚于英国作家需要钱。在《美国日记》中,马里亚特试图描画出1837年前后美国立法者看待版权国际化的立场:"只有对人民进行启迪和教育,各州才能够凝聚在一起。你要我们向自己征税,控制廉价小说的流通,几个英国作家的利益就那么重要吗?重要到需要牺牲千千万万美国人民的福利?"[21]总之,这位立法者认为,作家在道义上对自己的作品的确享有版权,但若是为了公众福祉,这种权利是可以而且应该放弃的。

从当代社会的角度来看,官方对于知识产权的这种矛盾心理很不可思议。现行的版权法规定了很长的版权保护期,承认作者拥有自己的作品是其自然权利,并且即使没有法律规定,这种权利依然存在,总的来说,这对内容提供者非常有利。虽然美国的法院并未正式承认作者在道德上拥有版权，立法者却是按照这样的原则去做的，毕竟，只有承认这一点，法定版权期限远远超过作者可能的生命长度这一条款才能够成立。

但是在19世纪的美国，知识产权概念并非如此神圣——读者的利益与作者的利益并未紧紧捆绑在一起。在国会两院中，立法者公开质疑版权国际化是否等同于对知识征税，并且将著作权和工业专利进行比较。美国的立法者拒绝对知识征税，避免牺牲劳动民众的利益来养活那些靠版税为生的人。19世纪是共享内容的第一个黄金年代——如今身处数据时代的我们不妨仔细研究一下这个时代，看看它为何会没落，又是如何走向没落的。

马里亚特不是第一个竭力在美国公众那里寻求版权公平的英国文人。早在他乘船前往美国的前几个月，就有一群著名的英国作家向美国参议院提交了一份请愿书，其中历数了美国出版业给他们造成的"广泛而深刻"的打击。"对于公平的坚守，是两国友谊唯一的坚实基础。"请愿者们提醒参议院，没什么比版权国际化更公平的了。[22]

1837年，这些争端由辩才过人且行事高效的肯塔基州参议员亨利·克莱负责处理，马里亚特对他赞许有加，他表示："克莱先生始终如一地引导着一切开明而具绅士风度的事务。"[23] 亨利·克莱随后向国会提交了一份代表英国人利益的国际版权法草案。他在参议院会议上说道："在我们各阶层的同胞当中，作家和发明家的权利最有赖于政府的仁慈、同情心和保护。"[24] 作为回应，他的同僚、未来的詹姆斯·布坎南总统则提出了一个更需要立法者恻隐之心的群体，那就是"美国读者"。[25] 布坎南请与自己同一战线的立法者考虑国际版权法可能对"这个幅员辽阔的国家获取知识的途径"所产生的影响。而布坎南的观点最终被认为是不可逾越的。就这样，克莱的提案就这样被忘却了，不了了之。[26]

布坎南对美国读者的一番苦心固然值得赞美，可是他的这番话却似乎动机不纯。费城是美国最主要的"盗印商"聚集之地，他们都是版权国际化的坚定反对者。布坎南作为宾夕法尼亚州的参议员，不得不维护自己选民的利益。在19世纪关于国际版权法的争端中，"美国读者"常常被人信口提起，实际上这不过是一个起修饰作用的简称，它所代表的是"通过生产廉价书赚取利益的出版商和销售商"。他们虽然打着为美国读者谋福利的幌子，但实际却是为出版商和销售商服务的。

虽然布坎南的论据并非出于真心，但他的这番话仍有可取之处。尽管英国作家因为美国缺少国际版权法愤怒不已，许多普通美国民众却认为这不是缺点，而是一个特点，一个偶然存在的法律空子，让人们得以轻松享受世界文学中的精华——或是糟粕，反正他们爱怎么说就怎么说。盗印本质量不佳，但胜在价格便宜、数量多，而且印刷还算清楚，能够有效地培养起一批新兴的读者。从诺亚·韦伯斯特的时代开始，美国人就很珍视这样一个理念：普通人能够通过努力工作和学习从而提高自身的社会地位。教育是穷人向上攀爬的阶梯，对于许多人来说，廉价书便是那阶梯上的一个个台阶。

刊物也是如此：报纸一如从前，仍是最受欢迎的读物。《美分报》（Penny Press）的出现告诉美国人，这是他们买得起的报纸；秘闻报道和现代采访技术的发展则让公众大开眼界：原来报纸也可以如此有趣。利用新的印刷技术，如采用可重复使用的金属板刻板印刷术和蒸汽印刷机等，这些报纸得以降低成本，提高产量。

但是，这个时期的报纸充斥着片面的批判和语焉不详的资讯。作家肯布鲁·麦克劳德就把19世纪中期称为"报纸恶搞的黄金年代"。有时候，为了促进报纸的销售，美国的廉价报纸出版商会明目张胆地捏造种种异想天开的故事。比如，1835年《纽约太阳报》（The New York Sun）宣称在月亮上发现了长角的山羊和"蝙蝠人",并且因为刊登这个荒谬的故事而成为美国乃至全世界最受欢迎的报纸。[27]历史学家安·K.约翰逊在最近发表的论文里写道:"这个时期的信息准确性极差,因而人们迫切需要权威的说法。"[28]相对于报纸、期刊下里巴人的粗俗风格,文学作品和历史作品则要严肃真实得多。

对于19世纪中期的美国民众而言,阅读不仅是教育工具和公民参与事务的工具,而且正如历史学家路易丝·史蒂文森所说的,它"对于社交联系很重要。阅读在提供共有词汇、编织典故和意象世界的同时,还起到了娱乐家人和朋友的作用"。[29]而共同的文化典故则对构建文化思维很有帮助。

版权在美国仅仅是一个法定权利,它自《宪法》衍生而来,并非传统的约定俗成。在一个不将版权视为自然权利的国家,使用不受保护的英国作品时,是没有道德限制的。实际上,很多美国人认为放着这样的便宜不占才是不对的。1842年,作为对克莱议员最后一次构建国际版权法努力的回应,费城的谢尔曼&约翰逊出版社向国会提交了请愿书,其中写道:"与必不可少的空气一样,英国人的著述就这样无偿地来到我们身边……难道我们应该对它征税,并从此为这智慧和德行之光的流通设置一道阻碍吗?难道我们应该建起一座大坝,阻挡知识之河的流动吗?"[30]

对权利受到侵害的英国作家而言,答案当然是愤慨不已的:"没错,应该。"查尔斯·狄更斯妙趣横生的小说在当时的美国拥有大量读者,读者们爱屋及乌,认为作者或许也是十分幽默风趣的。在美国人民热情的邀约下,狄更斯于1842年来到这里。他刚到波士顿,人们便举行盛大的庆祝活动以示欢迎。在其中的一幕幽默短剧里,由一位著名的戏剧演员扮演的"狄更斯"对美国人的盗印活动表现出十分亲切的态度,他说:"算了吧!我不能与'生意'吵架,看到读者们灿烂的笑容,比拿到钱还要开心。"[31]

狄更斯本人对此的态度却是截然不同的。在这次美国之行中,他曾多次斥责东道主们的偷盗行为。狄更斯在中途写了一封信，嘲弄美国人竟然认为他们的笑脸比钞票更值钱。"美国人读他写的书哪！美国人喜欢他！他来到这儿，美国人多开心！"狄更斯模仿美国读者的腔调，取笑他们幻想着某个英国作家知道自己在美国如何受捧之后该有多么兴高采烈和受宠若惊，"连美国人都读他的书，那可是自由的、有见地的、独立的美国人哪！他还有啥不满足的？不管是谁，获得这样的殊荣都该心满意足了"。[32]美国人不仅日复一日地骗取英国作家应得的报酬，而且还巴望着他们因此而感激涕零。

英国作家煞费苦心地把这种让人不快的做法诉诸直白的道德术语，将这种未经授权而出版外国文学作品的行为比作在公海上抢劫。作者们认为，美国盗版商就像海盗一样靠着抢占别人的财产发家致富。提出海盗这一比喻的前提，是假定作者对自己的智力劳动成果有着天然的权利，而不经作者同意便摘取这些果实，从根本上来说是错误的。

从19世纪40年代开始，这样的观点常常受到具有恻隐之心的美国作家的回应，而且他们在重申同行的主张时，往往也会补充一些自己的观点。美国作家认为，国际版权法不仅是出于道德上的选择，还是一个对美国大有裨益的选择，因为它能够提高本土书籍的质量和数量。廉价书只会削弱美国人的创作欲望，并且将美国文学市场的主导地位拱手让给可憎的英国。美国的文学之所以潦倒不堪，缺失的国际版权法便是罪魁祸首。

以曼哈顿为大本营而短暂兴起的文化运动"年轻的美国"便反复重申这一点，他们认为国际版权法有助于形成高质量的美国本土文学。内战前，"年轻的美国"领军人物科尼利厄斯·马修斯于1843年声称："在当今社会，作家是异类，是自然进化产生的多余的瘤子，是制造麻烦的家伙。作家唯恐天下不乱，目中无人，傲慢无礼。"[33]一个不能提升本土文学作家地位的社会，根本不能称其为社会。

马修斯抱怨，因为国际版权法的缺失，出版商便"将邪恶奉为天神，将谦和的美德抛向暗处""作家必须讨人欢心，被大型出版社吹捧……他那一本正经的说教或演讲必得印在发行量超过4万份的报纸上，一遍一遍地强塞给公众"。[34]他认为，作者不得不迎合大众的口味，随意拼凑粗制滥造的恶俗作品，却无法创造真正值得称赞的、具有审美意识的美国人愿意阅读的文学作品。无论是作为消费品还是艺术行当，美国的文学都因为国际版权法的缺失而受到了抨击。

马修斯在人们的印象中是个很不受欢迎的家伙。佩里·米勒以幽默风趣的笔法撰写了一部有关内战前美国文学名人的研究作品《乌鸦和鲸鱼》(The Raven and the whale)，其中将马修斯描述为："浑圆身材，戴一副银边眼镜，边说话边动个不停。他走在纽约街头，带着一股势不可当、勇往直前的劲儿，一脸的高深莫测，好人一看到他，要么忍不住去喝几杯，要么忍不住骂脏话。"[35]身为一名非职业律师和文笔拙劣的小说家，即使在存在大量反证的情况下，马修斯仍对自己的天分深信不疑，而且在19世纪40年代他花费了大量时间为自己露骨地唱颂歌。他的另一个关注点所在便是国际版权法，遗憾的是，他的掺和反而影响了国际版权法的名声。马修斯在艺术上是一个直率的民族主义者，深信国际版权法对于美国文学的繁荣必不可少，但是他不停地对于这个话题进行道德说教，最终激起听众们对文学和国家的强烈抵触心理。

"年轻的美国"认为国际版权法的缺失是阻碍美国文学健康发展的主要原因，但这种说法并不可信。美国的文学创作在19世纪四五十年代萎靡不振的状态，是众多因素影响的结果。首先，在一个地区冲突不断，经济常常濒临崩溃的新兴国家里，文学是很难有发展前景的；另外，销售网络的不发达也常常使优秀的文学被局限在某一地区范围内。不过需要重点提出的是，在这个时期内的确出现了一批重量级的作家，只是其数量和方式不符合马修斯和

The Idealist 理想主义者

他的支持者们的设想而已。埃德加·爱伦·坡、纳萨尼尔·霍桑、赫尔曼·梅尔维尔和哈里特·比彻·斯托，他们都在内战前出版了自己的第一部作品。他们的处女作是发表在诸如《格雷厄姆》(Graham)、《戈迪》(Godey)、《哈珀》(Harper)和《普特南》(Putnam)等杂志上的短篇故事，等到吸引到一定的读者群后才扩展为小说，而其小说作品往往不如他们发表在期刊上的作品报酬丰厚。

这些19世纪中期的美国作家虽然被铭记至今，但是还有许许多多的作家被人们淡忘了，有人可能指责他们的作品一味地迎合大众的口味，有人甚至说"人们想读什么，他们就给人们写什么"。内战前大部分美国人生活艰难，情绪普遍低落，"年轻的美国"所捍卫的写实文学对美国国内和海上前线的严苛现状进行了精妙的描写，但是奋斗中的美国人民——真正为生存而挣扎的人们——不希望在难得的休闲时光里再次重温自己的艰难岁月。他们需要有人编织虚幻的故事，带自己远离现实，假如纽约那些讲究审美的作家不肯提供这样的故事，自有其他人来做。

大约自19世纪60年代开始，比德尔公司开始发行通俗廉价小说，主要是民族主义色彩浓厚的探险小说。这些小说用连载的形式印刷在劣质纸张上，售价10美分。出版商弗兰克·莱斯利建立了一个庸俗杂志的王国，用一系列配有插图、具有震撼视觉体验和"逼近尊严底线"[36]（历史学家约书亚·布朗语）的报纸吸引大众。用专攻出版业的历史学家马德琳·B. 斯特恩的话说："人们对方便携带的、具有娱乐和教育意义的廉价读物有着无穷无尽的需求。"[37]具有进取精神的作家和出版商在19世纪的美国是可以取得成功的，只要他们愿意迎合公众口味，而不是试图支配公众。

与老派英国人一样，"年轻的美国"运动提倡"尊重作者"。可是这一口号到底有何含义？究其根本，它意味着美国读者需要别人告诉他们，读什么有益、什么样的书应该被列入藏书范围。"我警告你们，警告你们不要阻碍国际版权法。"马修斯于1843年在纽约社会图书馆做演讲时这样告诫自己的听众，如果国会拒绝制定国际版权法，将会产生无法避免的恶果，而且"凶兆已经出现了"。[38]在马修斯看来，这些所谓的恶果便是美国作家将继续写烂书，读者继续读烂书——或者毫不客气地说，像马修斯这样的人将再也无法对公众的阅读品位施加影响以及制定标准。

一切争论最后都会归为阶级之争，国际版权法也不例外。偏向普通民众的法律和文学与为精英阶层服务的法律和文学，哪个真的能够更好地服务于国家？内战结束后的数十年间，在争取国家版权法的斗争接近尾声之际，这个问题甚至变得更具现实意义。

1879年3月，美国出版商乔治·黑文·普特南在《出版人周报》(*The Publishers' Weekly*)上发表了文章称"凶兆乍现"，预测这个行业的未来将会是一片黑暗。"在去年一年中，"普特南写道，"一些'文库'和'系列'大量涌现，最新的英文佳作以廉价印刷的小册子形式出现。"[39]这些伟大的书籍被人以极其恶劣的方式发行：穷凶极恶的新式盗印商充分利用国际版权法缺失的空子，用无法长期维持的低廉价格，售卖未经授权的英国作品。普特南写道，这些新公司"完全没有把国际惯例或老一代出版商的行规放在眼里"。他们的行为给这个行业带来了巨大的灾难。

像普特南这样公开表明对出版行业健康状况担忧的出版商不多。他表示在这样不择手段追逐利益的时代里，自己仍要做一个品行端正的人。普特南是一个孝顺的儿子，他放弃在自然科学领域做出一番事业的雄心，到父亲的出版公司工作。他很爱国，参加过内战，从普通士兵一路晋升到陆军少校，并曾在盟军战俘营被关押过5个月。他积极参与各种专业组织和公共事务，并坦言他深信自己的工作是为了崇高的目标：为更美好、更高效的社会和国家而奋斗，这是相当荣耀的事业。如果你希望在他的自传《一个出版商的回忆》(Memories of a Publisher)中读到有关19世纪后半期的出版行业的情况，恐怕只会大失所望；如果你想看到普特南用沉闷的文字长篇累牍地描写自己担任纽约市大陪审团成员的事迹，那么一定会喜出望外。

在美国东海岸，一个带着英国做派、自视高贵的家族控制着一种新型的专业化出版行业，普特南便是这一行业的新领袖之一。他们都是像普特南这样的公德说教者和公益志愿者，自诩为共和国出版业的管理人，用司各特爵士的话来说，他们是"行业先锋"。他们认为，出版商应该发行好书，也就是让读者有所收获的书、对国家有利的书。尽管他们在名义上是竞争关系，但这些公司的领袖们都把出版业当作绅士们的消遣以及其文化道德上的实践。

由于国际版权法迟迟未能制定，东海岸出版行业的主要成员间形成了一套非官方系统。在这个系统内，出版某位外国作家某部作品的第一家美国出版商将来便独享这部作品的专有权，且这家出版商会对外国作家进行补偿，从而不用担心自己的所有投资会输给竞争对手的盗版书。出版商称其为"行规"，但是也有人怀疑这更像是某种私下的交易。

在1879年写给《出版人周报》的一封信中，狂妄自大的新人出版商约翰·W. 洛弗尔驳斥行规概念是一个阴谋，策划这一阴谋的公司企图借此而置身于竞争之外。[40]这种做法至少会让书价呈现出虚假的稳定性，但这也将导致出版商无法将节省出来的生产成本分享给读者。

要知道，这笔节省出来的费用是相当可观的。伴随着一系列的全国金融恐慌，木浆造纸法的出现使得纸张的价格降至自1870年以来从未有过的低价。1866年，质量优良的印书纸每磅需要40美分。[41]到了1871年，每磅价格下降到17美分，新闻纸的价格还要更低。在之后的几年中纸价继续下跌，产量则随之升高。1867年，速度最快的美国造纸厂每分钟生产纸的长度为30米，在接下来的30年中，这个速度增加了4倍。[42]

纸张产量的提升也促进了书籍的传播。尽管断断续续地发生了一连串的全国性经济恐慌，遏制了铁路的扩张，但美国人的铁路还是以"连最热情的支持者也会震惊的速度铺满了整片陆地"，作家菲利普·S.方纳写道，投入使用的铁轨长度比19世纪五六十年代期间建设长度总和的3倍还要多。[43]铁路运输的兴旺不仅便利了出行，促进了工业发展，而且带动了印刷文化的传播。随着报刊亭在全国火车站开始营业，美国新闻公司通过销售网不断向报刊亭供应一次性的，而且经常是非常花哨的读物。小说《小妇人》(Little Woman)的作者路易莎·梅·奥尔科特于1862年乘火车旅行后，描写了火车车厢里的印刷制品与其他商品一样被叫卖的场景："火车刚刚驶离波特兰，就有一个大嗓门的男孩在车厢里一边到处走动，一边吆喝着'卖报纸、玉米、书、水、止咳糖、三明治、橘子啦'。"[44]

占据特权阶层的东海岸（英国）出版商们并未从铁路文学的崛起中感到过多的威胁：弗兰克·莱斯利和乔治·黑文·普特南吸引的读者除了在财富和文化品位上有着天渊之别外，在其他方面更是没有任何相同之处。如同劳伦斯·帕克·墨菲所言，廉价书出版商"只是强化公众的口味，并未起到引导作用"。而普特南等人却有着更高的追求。[45]19世纪70年代，美国再次爆发了一场全国性金融恐慌，导致廉价书出版商再无利润可赚，不得不重新投向趣味高雅的——且未经授权的——英国文学作品的怀抱。直到这时候，正统出版商才开始将他们视作竞争对手。只是，东海岸出版商们虽然想要击退这场进攻，却因为国际版权法的缺失而有心无力。

就像内战前的盗印商一样，这些初来乍到者也号称为公益事业着想，要向位于美国腹地不识字的民众传播价格实惠且质量上乘的文学作品。这些出版商专门生产新的和经典的英语文学作品的廉价盗印版本。他们的书一般都是些简装书，虽然做工粗糙，价格却便宜得惊人，而且通过火车运输和邮政

The Idealist 理想主义者

传播。他们对自己和消费者忠诚有加，却无视同行的存在。而且，他们丝毫不打算尊重一个将他们排挤在外的集团所制定的规矩。

白手起家的加拿大出版商约翰·W. 洛弗尔突出表现了这种威胁。洛弗尔的印刷厂因高产而闻名，号称"每日一书"。他会耐心等待大出版商拿到一本英国作家的新书并且进行推广，一旦市场被打开，洛弗尔便会盗印此书，并且以非常低廉的价格售卖。

尽管全世界的普特南们都在声讨这些不守行规的家伙，但洛弗尔却对他们自私自利的抱怨冷嘲热讽。"我以亲身经验告诫新出现的小出版商，假如你饿着肚子，诚心诚意地遵守所谓的'行规'，"他在一封写给《出版人周报》的信中断言，"你会发现自己被要求做这做那而最终却一无所获。至于我，我喜欢效仿过去的成功案例，而不是现在这些阻止人们成功的条条框框。"[46]

行规的破坏，以及像洛弗尔和奥尔登这样的廉价书出版商的出现，与内战后美国社会的全面转型有着紧密的联系。快速的机械化和工业化使得探索新兴生产方式的商人们一夜暴富。同时，快速的城市化使得大量没有受过教育的体力劳动者搬迁到像纽约这样的城市里来，而城市的原居民则备感沮丧。城市负荷沉重，到处是"垃圾、寄生虫、最糟糕的是试图不劳而获的犯罪团伙"。普特南刻薄地刻画了这些城市的新居民。[47]初来乍到的新市民需要融入城市生活，这便导致了所谓的政治机器和党魁的产生，他们用种种优惠和好处从这些新进市民处交换选票获得支持。

在那个时代，普特南这样的道德卫士认为政治机器必定导致贪渎横行，同时将"城市中诚实和聪明的人"排挤在外。[48]他的看法并非全无道理。像威廉·特威德的坦慕尼大厦（译者注：坦慕尼协会本是美国一个爱国慈善团体，后来逐渐沦为以权谋私的政治机构，其大本营坦慕尼大厦也逐渐成为该组织的代名词。党魁特威德是坦慕尼大厦最臭名昭著的人物）这样的政治组织至今依旧是贪婪和腐败的代名词，因为他们过去的确

42

是非常贪腐。

但是腐败中往往孕育着机遇。政治机器和党魁们剥夺移民们为自己争取社会地位的机会，阻塞他们传递呼声的途径，导致他们所担心的问题得不到解决。但是特里·格尔威在自己的新书《机器制造》(Machine Made) 中，对纽约市的坦慕尼大厦重新进行了评价，作者认为，在坦慕尼大厦的控制下，"投票权在某种意义上是一种终止手段，而非公民道德的践行"，而那种终止又可能开启一个机会，这是全世界的普特南们都认为理所应当存在的机会：比如，体面的工作或是没有生命危险的工作，以及会聆听选民心声而非把他们当成垃圾对待的领袖。[49]

廉价书的出版很像另一种形式的坦慕尼政治机器。洛弗尔这样"一日一书"的出版商就像是引领镀金时代政治机器的移民，他们不属于精英阶层，为精英阶层不熟悉的群体服务。他们从事出版业，不是资助和维护文学工作者这一特殊阶层，而是将其作为一种手段，既是为了他们自己，也是为了贫穷的美国读者。与此同时，他们似乎也让传统出版商之间多年的默契走到了尽头。

1937年，雷蒙德·肖夫就美国廉价书交易撰写了一篇重要的硕士论文，其中简要介绍了一个最为极端的廉价书商：一个名为约翰·贝里·奥尔登的爱荷华州书商，他被《出版人周报》戏称为"盗版界的弥赛亚"[50]。奥尔登吹嘘说他卖书的价格低到"史上最便宜的书也无法与之相比"。这并未夸大事实，刊登于1880年6月《出版人周报》上的一份广告写道：相同的书，我们的价格只是传统出版商的1/30～1/20。约翰·班扬的《天路历程》(Pilgrim's Progress)6美分一本；戈德史密斯的《韦克菲尔德牧师传》(Vicar of Wakefield) 5美分一本；卡莱尔的《罗伯特·彭斯的一生》(Life of Robert Burns) 3美分一本。[51]价钱如此低廉，令人无法拒绝。

"在读书这件事上，穷人现在和富人平起平坐了。"奥尔登在杂志广告里吹嘘道。他把自己的行当称为"文学革命",并将自己视为运动领袖,目的是推翻长期以来剥削普通人、为精英谋福利的出版商联盟。文学革命是"19世纪最成功的革命",奥尔登在广告里扬扬自得地说,"而且,是对于美国读者而言最重要的一场革命"。[52]

很明显,奥尔登的生意模式是无法持续的。其书的售价比成本还低,说得好听一点儿是毫无竞争力,说得难听一些则是江湖骗子。奥尔登的公司注定只是昙花一现,但是他愿意把这个行业的从业者一起付之一炬。这种同归于尽的行为让因循守旧的传统出版商们更加明确:如果要逃过这场火灾,必须借助新的手段。

19世纪80年代初期,大部分美国人对国际版权法都毫无兴趣,更不可能赞同。"国会对这个问题视而不见,不大有兴趣,"普特南写道,"对一般民众而言,文学作品的物权理念是一种很难理解的概念,所以也不太关注。"[53]

美国依旧处于相对贫困的状态,19世纪上半期那样摧毁性的经济恐慌依旧时常发生。普特南写道,舆论认为,"国家教育的发展或多或少地依赖于以小成本获得的最佳的文学作品"。[54]工业的不断发展为美国人带来了曙光。纸张价格持续下降,像油印机、轮式印刷机这样的新式机械技术使得印刷速度增快,故而书籍的成本则不断降低。但是,子承父业的普特南嘲笑美国人竟然认为"通过大肆占邻国书籍的便宜,就能够促进国民道德和心智的进步"。[55]听凭人民肆意而为是不可取的,得由像他这样的道德卫士来教导他们分辨对错,以及怎样才是对自己负责任的做法。

"如果说历史给过我们教训,那就是,在处理国家事务的过程中,诚信是无价的,即使是从最狭隘和最自私的层面来看,也只有诚信是无价的。"普特南谈到国际版权时这样说,[56]这是一个无知和疯狂的自私自利的声明。他极为准确地抓住了传统出版商的盲目,体现了一种家长作风。他们迫不及待地试图制定所谓对民众最好的政策，凑巧的是，那也是对他们自身最好的政策。"我喜欢国际版权法吗？"出版商 O. J. 维克多在1879年4月的《出版人周报》里反问道，"你是在暗示诚实的人都不爱国际版权法吗？不喜欢它，不对它提出要求，就等于是在默许一种错误的做法，将对商业道德造成致命伤害。"[57]

由于不能或是不愿与新势力展开竞争，他们反过来给自己的问题裹上了道德的外衣。传统出版行业为了自保结成了同盟，开始打着国际版权法的幌子，试着利用法律进行亡羊补牢，反对看似不公平的竞争。为了取得成功，他们不得不努力让公众相信国际版权法对他们大有裨益——只是好处暂时还未显露出来而已。

"我们的想法是，尽量让这个问题引起公众注意，特别是从道德层面，将舆论引向诚实和公平交易的方向。"《世纪杂志》(*Century Magazine*)的编辑理查德·沃森·吉尔德在1883年写给朋友的信中说道。1883年，美国版权联盟成立，这个组织由当代最为赫赫有名的作家和编辑组成。[58]他们积极招募了许多著名的作家和编辑——马克·吐温（原名萨缪尔·兰亨·克莱门）、路易莎·梅·奥尔科特、威廉·狄恩·豪威尔斯和詹姆斯·拉塞尔·洛威尔等人——然后鼓励他们就这个话题多多写作和发表言论。

在联盟和其下属组织成立之前，普特南已经在源源不断地发表有关国际版权法的文章和意见。美国出版商版权联盟是美国版权联盟的姊妹组织，成立于1887年，普特南任秘书，他不知疲倦地发表各种正义凛然的宣传书籍、小册子、文章、社论和演讲等。（"普特南先生的问题，"一个与他意见相左者后来说，"就是他写的东西太多了。"[59]）

当他自己不写作时，就不停地推荐别人的作品。当时，在一些气氛沉闷的小镇上，许多美国小报习惯于购买报业预先编辑完好的豆腐块文章，这些文章从纽约或芝加哥运来，可以很方便地用来填充报纸版面。[60]这叫作"样板

The Idealist 理 想 主 义 者

文章"或"新闻内页资讯",辛苦的编辑们很喜欢这种方式,因为有了它们,工作会变得相对轻松一些。普特南及其同人们策划在样板文件中插入国际版权法的宣传内容。结果,成千上万的美国内陆读者在不知不觉中连续阅读了许多有关国际版权法的内容,要不是通过这种方式,他们根本不会与之接触。普特南回忆道,这一举措还带来一个意想不到的好处:这些偏远地区的立法人员"产生了一种深刻的印象,那就是家乡报纸上的文章中一定会或多或少地反映了选民的意见"。通过这样的伎俩,普特南从民众和立法者两个方面为自己的立场增加了砝码。[61]

由于将版权看作是一种坚定的道德信念,联盟成员们一点儿也不会因为将这些道德观念强加于公众而感到内疚。他们联系了很多牧师团体,希望说服其成员将版权保护的信息加入他们周日布道的内容里。[62]其中,有关版权法最著名的布道集是由长老派牧师亨利·范·戴克宣讲的,后来这些内容被集结为《盗版的国家罪恶》(*The National Sin of Literary Piracy*),由查尔斯·斯里克布纳的儿子出版。"'南达科他州孤独的牧场工人,南部谦卑的自由民,也许真的有阅读廉价书的渴望,'范·戴克说道,"问题是,他们打算怎样满足自己的渴望,采取公平的方法,还是恶毒的方法?但我的邻居无论多么热爱光明,也无权拿走我家里的蜡烛。"[63]

尽管如此,国际版权法仍然没有在美国取得成功。整个19世纪80年代,每一次的立法提案均以失败告终。坚决反对的出版商担心这个法案会让美国人失去工作,让他们的生意一蹶不振;还有人将这个法案视为垄断,将严格的版权条例称为"对知识征税"。克利夫兰担任过两届任期不连续的美国总统,在第一届任期当中,他鼓励国会修订国际版权法,但却遭到否决。理查德·沃森·吉尔德在1889年写给亨利·亚当斯的信中说道:"有些事情让我时常为自己是个美国人而感到羞愧,版权法的缺失就是其中之一。"[64]

终于在1890年，有一项提案获得了关注。[65]它严格规定只有在美国生产的外国作家的书籍才能在美国获得国际版权法的保护，这便解决了美国生产商所担心的利润下降问题。经过一番艰苦卓绝的努力，国际版权法的拥护者们终于在国会的共和党成员中建立了后盾，这个法案似乎终于引起了一部分人的注意。可是灾难却接踵而来：在11月的国会选举中，共和党人失去了多数议会席位。

1890年12月，长期以来支持国际版权法的共和党议员亨利·卡波特·洛奇给吉尔德写了一封信，直截了当地指出："下届国会不会给国际版权法提案任何机会，成败在此一举。我促请你和所有联盟成员尽一切努力马上推动参议院采取行动。再晚就来不及了。"如果国际版权法想要取得成功，必须在这一届国会期满，而新一届成员上任之前获得参议院的通过。1891年3月4日是最后期限。

洛奇和其他同盟者一起将这一议案提上参议院的议事日程，与此同时许多版权联盟的成员匆忙赶往华盛顿特区，展开疯狂的紧急游说，尽量争取立法成功。这其中的核心人物是美国出版商版权联盟的秘书——罗伯特·安德伍德·约翰逊。自从1889年以来，他几乎完全放弃了作为《世纪》(*Century*)杂志副主编的职责，全身心地投入促使国会通过国际版权法的工作中。

约翰逊于1891年冬天到达华盛顿时，已经是一位经验丰富的说客了，他对于手头的任务胸有成竹。"我马上针对每一位摇摆不定的参议员，通过他所属州的报纸或是选民，或其他我们觉得可能会产生影响力的途径，组织了一场有条不紊的申诉。"约翰逊在自己那引人入胜的自传《往昔追忆》(*Remembered Yesterdays*)里写道："针对每个人、每个不同的侧面都进行了细心的调查，他的同学、牧师、前生意伙伴等，全都参与到这项了不起的事业中来了。"[66]约翰逊的确非常精于此道：一位叫作弗兰克·希斯科克的纽约参议员、共和党人，铁了心地要反对这项法案，约翰逊和代表纽约州印刷联盟的一位同行煞费苦心地叫排字工人炮制了许多电报堵住了希斯科克的办公室，电报上都是要求他改变立场的愤怒字眼。这个计策成功了。"从那以后，我们在希斯科克参议员那儿再没遇到过麻烦。"约翰逊满意地写道。[67]

最终，在历经了多次迟疑和挫败之后——很大程度上应该归功于约翰逊的努力——法案终于在最晚期限，即3月4日当天，于接近凌晨1点时在参议院获得通过，此时距立法会会期结束仅剩几小时了。法案被匆忙送往众议院以争取获得最后的批准，最终在约翰逊和同伴们艰苦的努力下法案顺利通过。约翰逊回忆起对国际版权法案进行最终讨论时的场景，说道："最聒噪的反对者是伊利诺伊州的佩森，我们发现他在会议室最后面的一张长椅上睡着了，盖在他脸上的报纸随着他洪亮的鼾声一起一落。当最后开始唱名时，我们非常担心他会醒过来搅局。"[68]但是佩森一直没醒，法案在众议院获得了通过。

接下来又是一场灾难。凌晨2点25分，来自佛罗里达州的参议员塞缪尔·帕斯科突然提出要重新审议国际版权法议案，理由是它被提交给众议院时过于匆忙，以至于未经过充分审议。参议院陡然间乱作一团；约翰逊等人的心跳几乎停止了。"如果提案不能通过，"洛奇说，"我就要躲到角落里去哭一场了。"[69]

最终，5点时，在立法会会期就要结束、帕斯科的动议依旧悬而未决的情况下，筋疲力尽的参议员们决定暂时休会。会议将于9点继续召开，届时将对帕斯科的动议做出决议，彻底解决国际版权法的问题。"颤颤巍巍的杯子再次凑到了我们嘴边。"约翰逊写道。[70]

那时的参议院议会厅几乎空空如也。国际版权法的支持者们个个累得目光呆滞，精疲力竭。只有不到4小时的时间了，为了打败帕斯科，他们必须尽量拉拢友好的参议员，请他们回到议事厅，才能让法案获得通过。约翰逊和出版商威廉·W. 阿普尔顿、斯里克布纳拿到参议员们的家庭地址，便冲进了天色渐明的街道。

"我们每个人都不会忘记那个不眠之夜，"约翰逊写道，"我从未见过那样肆虐的暴雨。大雨倾盆，狂风呼啸，雨水冰凉。"[71]雪上加霜的是，由于时间太早，而且天气恶劣，叫车极为困难，因此约翰逊等人不得不徒步前往。

尽管困难重重，但是当参议院会议在9点重新开始时，支持国际版权法的朋友们还是非常给力地尽数出现了；最终帕斯科的请求失败了。在立法会会期还剩下75分钟时，本杰明总统拿起一支鹰羽做成的羽管笔，在国际版权法议案上签下了自己的名字，美国的国际版权法就此诞生。[72]约翰逊马上发电报给《世纪》杂志社在纽约的办公室："总统在法案上签字了！庆祝吧！"[73]

美国终于有了一部自己的国际版权法。这部法律并不完美，因为在立法过程中需要做出种种妥协，最终通过的法案并不完全是普特南等人心目中理想的国际版权法。但是，这部法律意义非凡。这是美国主流出版商第一次团结一心，为保护自己的行业和尊重知识产权而进行立法游说的成果。这一次的成功鼓励了他们继续倡导更完备的版权法的信心。诗人埃德蒙·克拉伦斯·斯特德曼——美国版权联盟的主要负责人之一，在1891年4月的一封信中说得很好："我们的新版权法就算不完美，也取得了九分的胜利，这一点无可否认；如果相当完美，我们可能也不会相信这场革命永远不会倒退。"[74]

国际版权法的出台的确改变了美国的出版行业，尽管不是以其支持者所希望的方式。在《词语的应用》(The Labor of Words)中，文化研究学者克里斯托弗·P. 威尔逊描述了自1891年之后，美国出版行业如何成为"一个畅销书体系，开始激励本土作家不断赶超他们的欧洲同行"。[75]出版商们开始为了得到作家书稿而竞争，并积极地将出版物向成长起来的新一代美国读者进行推广，出版业的旧规陋习崩溃了。严肃作家的人数迅速增加，远远超过了创作脱离

The Idealist 理 想 主 义 者

现实的爱情小说的作家人数。作家洛拉·多丽丝·加里森曾说过，爱情小说"对美国女性读者有莫大的吸引力，导致她们闭目塞听地沉溺在阴柔的氛围里，一味追求阅读时的轻松愉悦，想方设法逃避心中的孤独和颓废"。[76]美国的印刷文化已然成为一种大众文化。

  国际版权法的捍卫者们曾经希望——至少曾公开这样表示过——写作的专业化能够催生更多好作品。实际上，好处远不止于此。威尔逊在评论写作这一行业的专业化时说道："关键是作者的知识产权得到了法律上的承认，同时出版商也有追求更好的市场预期和更大支配力的动力。"[77]如今的出版商开始扮演起雇主而非出资人的角色，出版业也从民间机构演变为一个行业商会。出版商花更多的资金买书稿并进行推广，因此更渴望保护自己的投资。在一次又一次的重申后，有关国际版权法的争议培养起人们的版权观念：将版权视为物权，将文学作品视同财产。与此同时，拥有这类财产的人则开始关心如何保护的问题。

1. 汉尼（Hannay），《弗雷德里克·马里亚特生平》(Life of Frederick Marryat)，77。当时与现今的英镑—美元换算关系请见：http：//www.measuringworth.com/calculators/exchange/result_exchange.php

2. 引自同上，76—77

3. 哈珀（Harper），《哈珀出版公司》(The House of Harper)，89—90

4. 克拉克（Clark），《美国19世纪国际版权法运动》(The Movement for International Copyright in Nineteenth Century America)；《有关版权法的原始文件（1450—1900）》(Primary Sources on Copyright 1450—1900) 中《英国作家的请愿》(Petition of British Authors, Washington D.C. 1837)，详见：www.copyrighthistory.org

5. 克拉克，《美国19世纪国际版权法运动》，62

6. 阿诺·L. 巴德（Arno L. Bader），《马里亚特上校与美国盗印者》(Captain Marryat and the American Pirates)，《图书馆》(The Library)，1935，328

7. 汉尼，《弗雷德里克·马里亚特生平》，59

8. 纽约民主党激进派曾经在19世纪三四十年代间在全国产生过短暂的影响力。

9. 马里亚特，《美国日记2：对美国社会风气的评述》(Second Series of A Diary in America, with Remarks on its Institutions)，76

10. 引自同上，70

11. 马里亚特，《马里亚特上校的生平与往来信函》(Life and Letters of Captain Marryat)，2：19

12. 这艘美国战舰是"卡罗琳号"汽船，当时的任务是为抵抗英国的加拿大提供增援。英国军队俘虏了"卡罗琳号"，并把它送到了尼加拉瓜瀑布。

13. 巴德，《马里亚特上校与美国盗印者》

14. 马里亚特，《美国日记》(Diary in America)，朱尔斯·藏格尔编辑，布鲁明顿：印第安纳大学出版社，1960年，9

15. 马里亚特，《美国日记2》，65

16. 麦格雷恩（McGrane），《1837年金融大恐慌》(The Panic of 1837)，1

17. 福斯特（Forster），《查尔斯·狄更斯生平》(Life of Charles Dickens)，1：409

18. 马里亚特，《美国日记2》，65

19. 引自同上，64

20. 格林斯潘（Greenspan），《乔治·帕尔默·普特南》(George Palmer Putnam)，65

21. 马里亚特，《美国日记2》，77

22. 《有关版权法的原始文件（1450—1900）》中《英国作家的请愿》，详见：www.copyrighthistory.org

23. 马里亚特，《美国日记2》，71

24. 1959年，波士顿大学研究生院的华莱士·普特南·毕夏普（Wallace Putnam Bishop）在博士论文"美国争取国家版权法的抗争"（*The Struggle for International Copyright in the United States*）中引用了这句话，104

25. 布坎南（Buchanan）议员来自宾夕法尼亚州，而费城在当时是全美出版行业的中心，布坎南自然代表着本选区的选民站在反对克莱议案的立场。

26. 毕夏普在《美国争取国家版权法的抗争》中引用了这句话，105—106

27. 麦克劳德（McLeod），《恶作剧者》（*Pranksters*）

28. 约翰逊（Johnson），《往昔追忆》（*Remembered Yesterdays*），32

29. 路易丝·史蒂文森（Louise Stevenson），《家庭、书籍和阅读》（*Homes, Books, and Reading*），编者卡斯珀等人，《工业书》，327

30. 索伯格（Solberg），《1837—1886年美国国会的国际版权法》（*International Copyright in the Congress of the United States, 1837—1886*），10

31. 克拉克，《美国19世纪国际版权法运动》，60

32. 福斯特，《查尔斯·狄更斯生平》，1：409

33. 马修斯（Mathews），《尼利厄斯·马修斯随感》（*The Various Writings of Cornelius Mathews*），364

34. 《国家版权法和狄更斯先生》（*The International Copyright Law, and Mr. Dickens*），《大角星》（*Arcturus*）第3卷，第16期，1842年3月，247

35. 米勒（Miller），《乌鸦和鲸鱼》（*The Raven and the Whale*），80

36. 约书亚·布朗（Joshua Brown），《镀金年代美国人的暴动及种种怪现状》（*The Great Uprising and Pictorial Order in Gilded Age America*），《1887年大罢工》（*The Great Strikes of 1877*），编者大卫·O. 斯托尔（David O. Stowell），厄巴纳：伊利诺伊大学出版社，2008，20

37. 斯特恩（Stern），《为大众娱乐服务的19世纪美国出版商》（*Publishers for Mass Entertainment in Nineteenth Century America*），第9卷

38. 马修斯，《尼利厄斯·马修斯随感》，363

39. 乔治·黑文·普特南（George Haven Putnam），《国际版权（第6部分）》（*International Copyright.—VI*），《出版人周报》（*The Publishers' Weekly*），1879年3月22日，351

40. 约翰·W. 洛弗尔（John W. Lovell），《印第安人的诅咒》（'*The Canadian Incursion*'），《出版人周报》，1979年4月19日，470—471

41. 维克斯（Weeks），《美国造纸业历史》（*A History of Paper-Manufacturing in the United States*），287

42. 引自同上，294

43. 方纳（Foner），《1877年劳动者的伟大觉醒》（*The Great Labor Uprising of 1877*），13

44. 马德琳·B. 斯特恩（Madeleine B. Stern），《中西部与远西部地区的畅销书》（*Popular Books in the Midwest*

and Far West》,《书籍的扩散》(Getting the Books Out),编者哈肯伯格(Hackenberg),83

45. 劳伦斯·帕克·墨菲(Lawrence Parke Murphy),《比德尔公司》(Beadle & Co),《为大众娱乐服务的19世纪美国出版商》,编者斯特恩,49

46. 洛弗尔,《印第安人的诅咒》

47. 普特南,《一个出版商的回忆(1865 — 1915)》(Memories of a Publisherr, 1865 — 1915), 169

48. 引自同上,170

49. 格尔威(Golway),《机器制造》(Machine Made), 156 — 157

50.《我们"道德上的盗版者"》(Our "Moral Pirates"),《出版人周报》,1881年6月25日,693

51.《出版人周报》刊登的广告,1880年6月26日,666

52. 引自同上

53. 普特南,《一个出版商的回忆(1865 — 1915)》,366

54. 引自同上,366 — 367

55. 普特南,《国际版权(第6部分)》

56. 乔治·黑文·普特南,《国际版权(第4部分)》(International Copyright. — IV),《出版人周报》,1879年3月8日,284

57.《版权问题——出版商和作者的意见(第7部分)》(The Copyright Question — Opinions of Publishers and Authors — VII),《出版人周报》,1879年4月19日,469

58. 吉尔德(Gilder)1883年5月8日写给詹姆斯·布赖斯(James Bryce)的信,《理查德·沃森·吉尔德信函集》(Letters of Richard Watson Gilder),117

59.《版权法的修订:参议院与众议院专利委员会对于修订与加强尊重版权法案的待定议案举行听证会》(Revision of Copyright Laws: Hearings Before the Committees on Patents of the Senate and the House of Representatives on Pending Bills to Amend and Consolidate the Acts Respecting Copyright),第60届国会,1908年,威廉·亚伦·詹纳的陈述,1909年3月27日

60. 普特南,《一个出版商的回忆(1865 — 1915)》,374

61. 引自同上,376

62. 引自同上,380

63. 范·戴克(Van Dyke),《盗版的国家罪恶》(The National Sin of Literary Piracy),9

64. 吉尔德1889年1月8日写给享利·亚当斯(Henry Adams)的信,《理查德·沃森·吉尔德信函集》,202

65. 外国作家的作品若需要在美国得到国际版权法的保护,则必须在美国进行生产,通过这一制度,有效地缓解了美国生产商对于生意机会减少的担忧。

66. 约翰逊，《往昔追忆》，246

67. 引自同上，254

68. 引自同上，257

69. 引自同上，259

70. 引自同上，258

71. 引自同上

72. 引自同上，259

73. 引自同上

74. 斯特德曼（Stedman）和古尔德（Gould），《埃德蒙·克拉伦斯·斯特德曼生平及往来信函》(*Life and Letters of Edmund Clarence Stedman*)，2：417

75. 威尔逊（Wilson），《词语的应用》(*The Labor of Words*)，2

76. 洛拉·多丽丝·格里森（Lora Doris Garrison），《文化传教士：1876—1910年公共图书馆的领导者》(*Cultural Missionaries: A Study of American Public Library Leaders, 1876—1910*)，博士论文，加州大学欧文分校，1973，204

77. 威尔逊，《词语的应用》，2

第三章

未来的版权，未来的图书馆

信息化时代一旦真正到来，就意味着旧时代的消亡。信息分享变得更方便快捷，可是控制起来也就越发困难了。

The Idealist 理 想 主 义 者

　　1895年，波士顿市民为了给美国最好的公共图书馆命名而齐聚一堂。41年前，也就是1854年，波士顿建起了美国第一所借阅图书馆——利用地方税收维持运营，免费向所有人开放。如今，新落成的图书馆再次重申它一直以来秉承的理念，即如图书馆的信托人所说的："常规信息应该被扩散传播，使尽可能多的人能够阅读和理解与社会秩序息息相关的基础性问题。"[1]

　　新落成的波士顿公共图书馆耗资250万美元，由建筑设计师查尔斯·佛伦·麦基姆设计建造，是一座文艺复兴时期风格的宫殿式建筑。图书馆带有一个很大的内部庭院，主阅读室是一个宏伟的半圆拱形的建筑，主入口处刻着"对所有人免费"。图书馆33岁的赫伯特·普特南馆长在一篇论坛文章中，解释说这座图书馆的宏伟外观体现了"美国人十足的信心，他们相信公共图书馆也是教育的一种手段"。[2]

　　随着国际版权法的通过，供应廉价英国小说的美国出版商已经越来越少，但美国人对免费文化（或廉价书籍）的热爱仍旧位居世界前列。免费的公共图书馆满足了美国人在自主学习方面长期以来的需求。就像廉价图书的泛滥曾经促使美国出版商联合起来为推进国际版权法而努力一样，公共图书馆的出现——以及它们所代表的一切——有效地推动了版权法的修订。

　　美国的公共图书馆在19世纪90年代和20世纪初得到了迅猛发展，其中部分得益于实业家安德鲁·卡内基等富豪们的赞助和捐赠。专栏作家芬利·彼得·邓恩借自己塑造的角色"杜利先生"之口说过，有些有钱人希望"在这个国家的镇子上用棕色石头建造一座大楼，把自己的名字镌刻其上"，以此对自己的资产进行洗白。

一方面，公共图书馆运动是一种家长式的社会改革，其意图是训练底层人民为富人阶层卖力，并按照富人的规则行事。比如，卡内基捐出数百万美元为美国的底层人民修建图书馆，可是就在不到10年前，他曾雇用"平克顿"警卫暴力镇压了自己位于宾夕法尼亚州的一座钢铁厂——霍穆斯德钢铁厂的工人罢工。当卡内基捐出那座位于霍穆斯德的图书馆时，他说希望此举能够有助于教导人们"构建更高的行为法则，更为严格地恪守生活中的规矩和章法，以及培养出无任何不当行为的社会阶层"，也许他指的就是那些罢工的工人。[3]

捐赠者的动机虽然不见得那样完美，但他们的善举却实实在在地帮助了很多人。在美国星罗棋布的城镇当中如雨后春笋般地冒出来的公共图书馆似乎证明了这样一个理念：当信息得以免费传播时，整个国家都会从中受益。1895年，赫伯特·普特南写道，美国民众相信"文学是不可或缺的，但书籍数量不可能爆炸式增加，或者从读者的角度说，能够免费读书是再好不过的事了"[4]。在机械发明日新月异的时代，免费图书馆的出现堪称一项技术革新：美国人在图书馆自由地阅读书籍，这提高了他们的生活质量，这样的提高跟交通工具和电灯对生活的改善一样，真切而实在。

在19世纪与20世纪交替之际，美国图书的增长速度之快，恐怕连数学神童也算不过来。版权法规定，新书出版前必须先递送两份复制品到美国国会图书馆，才能获得版权法的保护。图书馆中保存的各类书籍的资料增长速度过快，以至于只能在地板上成摞地堆放着。研究图书馆的历史学家约翰·Y.科尔写道："到了1897年，图书馆已经在国会大厦里占用了十多处不同的空间，包括阁楼和地下室。"[5]

　　这是一个文化极为丰富的时代。就受欢迎程度和流通速度而言，报纸杂志继续领先文学作品。出版商不断尝试新的印刷技术，在降低生产成本的同时成功地提高了产能。从1850年的2500家报纸杂志开始，到了1898年，整个美国已经拥有将近2万家报纸和杂志。[6]文学世界的边界迅速扩展，将新的商业和艺术科技也囊括在内。诸如电影、录音技术等形式已经形成全新的艺术媒体，有的科技则被用来改变当时现存的艺术形式——电灯的发明不仅改变了实况演出的形式，还让恋家的人养成了看书入睡的习惯。有的技术，例如电话和滚筒印刷机，它们的出现让文化传播的媒介发生了巨大的变化。所有这些科技革新都出现在20世纪到来之前的10年当中，无比清晰地预示了美国大众文化的产生。

　　"在这个全新的国家舞台上，需要一支同样全新的骨干管理人员和专家，对产品的生产、销售和配送进行管理，"文化研究学者卡尔·F. 凯索和珍尼丝·A. 雷德威认为，"为了创建和训练这样一支骨干，相关行业的资本家们几乎创造了一个新的社会阶层，一个马克思没有预料到的阶层。"[7]这些管理者靠专营媒介为生，而他们本身却很难算得上是创造者。按照克里斯托弗·P. 威尔逊所说，这是一个文学作品"被理解为劳动产品，而不是浪漫灵感"的时代。[8]劳动产品即为财产。信息当然希望卖个好价钱了。

　　但是，美国公共图书馆的兴起已经将"信息共享"这一概念进行了实践，而且从国家层面来看，同样也倾向于"免费"。图书馆"代表着人类长久积累的经验，应该用以服务全人类"，1898年，普特南在《北美评论》(The North American Review)发表文章写道："这些经验也许不能为某某机构带来收益，却能触动我们整个社会。"[9]当图书管理员们尝试着用新的方法对这场文化盛宴进行保存和分享时，这个新兴的中间商队伍却在想方设法地对信息加以控制。

1905年12月5日，罗斯福总统向国会提交了一份冗长的年度咨文，其中提到为了反映机械时代的技术现状，应该对美国的版权法进行全面修订。负责主持这项修订工作的是赫伯特·普特南，他是波士顿公共图书馆前馆长，自1899年以来一直担任国会图书馆馆长。普特南是一位受过专业训练的律师，也是一个天生的文人。他出自纽约有名的出版世家，是"那些普特南"当中的一员。这个家族数十年来一直以促进文学发展、使其成为公众心灵的"维生素"为己任。在孩提时代，普特南被长辈形容为"普通但挺有趣"，长大后的他起初似乎有些抗拒出版。[10]

"我没有沉溺于在'这个或那个国家'进行探索的欲望，"1886年，当时24岁的普特南写道，"也没有一本书、一个小册子、一篇文章、一场演讲，或任何文学上的成果是因为我的良心发现而问世的。"[11]相反，他选择一辈子坐在借书台后，专心致志地管理别人的作品，以此使我们的世界变得更好。历史学家珍·艾金写道，普特南敞开了波士顿图书馆的书架，允许读者们尽情浏览、寻找自己想看的书籍。他首创了儿童阅览室，任命女性担任重要的行政职务，并实施业绩评估政策，"他奖罚分明，鼓励员工积极上进，施展才华"。[12]这个行业变化多端，但一丝不苟的普特南是一位天生的领导者。

"一个谨慎而稳重的人，"华盛顿《晚星报》(Evening Star)在普特南出任国会图书馆馆长那天盛赞道，[13]"他说喜欢有挑战性的工作，并且知道在华盛顿一定有许多工作正等着自己来挑战。"普特南来到美国的首府，计划将国会图书馆进行现代化改造，并且扩展馆藏——除了文学作品，图书馆中还应该收藏更多种类的资料。"书不是唯一的，也不一定是最有效的知识传播工具，"普特南写道，"如今照片和录制品也是公共图书馆收藏的一部分，几乎和书籍一样常见。"[14]照片、版画、唱片、伴奏音乐卷带等都是文化元素，都在现代图

The Idealist 理 想 主 义 者

书馆的馆藏范围内。1904年，美国国家图书馆得到第一份唱片，那是记录着德国皇帝威廉二世声音的圆柱形唱片。[15] 后来，更多种类的资料陆续被国会图书馆加以收藏。

有慧眼的观察者可能已经意识到，文字很快将不再是最主要的文化表达形式。随着新颖的艺术形式频频出现，问题也随之而来：版权的保护范围应该扩展到多大为宜？版权法应该保护谁的利益——消费者还是生产者的？哪种生产者的？版权应该着重于鼓励新行业的产生，还是注重对已有行业的保护？问着问着就会发现，这些问题虽然单调沉闷却相当复杂——这也是在漫长的一个世纪之中，版权法只得到一两次修订的原因。如果有人提出一个新的版权法议案，国会将很乐意进行审议，但他们自己可不愿意动手去写。幸运的是，在牵涉到版权法的问题时，还有普特南会挺身而出。

专利委员会主席告诉管理版权登记办公室的普特南："如果你能让利益代表方，让切实牵涉到相关利益的人对修订方案达成共识，我们将会努力地推进此方案。我们可不想参与一场又一场的听证会，不想看到不同的利益方彼此冲突，吵个没完没了。"[16] 为了制定出既能够让国会满意，也能令各方的商业利益得到满足的综合型版权法议案，普特南决定请利益方聚到一起，在华盛顿特区开会进行商讨。会议的地点设在位于曼哈顿地区的城市俱乐部，这里也是昔日国际版权法支持者的大本营，只是时过境迁，如今支持版权法的已不再仅仅是作家、编辑、出版商和一些上流社会的文学创作者了。

在会议正式开始前，普特南对与会者进行了点名，他听到了代表着各种各样创造性职业的回应：版画家、摄影师、剧院经理、广告人、电话名目出版商，等等。在这些代表中，本人积极参与艺术创作的却寥寥无几。品行高洁的公共道德家和公众活动家曾经成功策划了国际版权运动，可是这些新兴行业的从业者和他们在个性上没有任何共同之处。新来者的代表人物之一是固执的乔治·弗尼斯，他来自音乐出版商协会。"能和这些显赫的人共聚一堂，对我们来说具有不同寻常的意义。"说完这句后，他便继续用直言不讳的风格在大会上发言，证明自己所言不虚。[17]

普特南一生都在兢兢业业地为了公众利益而收藏和传播图书，但也不得不与弗尼斯这样的怪人合作。弗尼斯最为关心的是如何确保本协会成员的作品版权不受侵害，尽管他们的作品都很普通，算不上经典，而且他动辄就要把盗版者关进监狱。"我们刚刚把一个家伙送进了你们这儿的监狱，"弗尼斯发言时说，"这人可能被判上1年。等他出来，我们也许会把他弄到新泽西，再关上10年。"[18]

这次会议追求简单而积极的对话。早期版权运动的道德诉求已被完全放弃了。在第一次会议开始时，普特南就指出："在这次提出的版权议案中，我认为道德上的诉求最好留给下一代人，或者至少是下一届国会。"[19]所以，这一次修订的重点是要确定"版权是一种毫无争议的物权"这一概念。会议中争议不断，其中还曾因为有人提出一个怪异的限制性条款而长期偏离主题（有人提议要让画家们把版权符号添加在自己的画作上——真是谢天谢地，这条提议最后没有被采纳），但是与会者在几个基本问题上的观点是一致的：版权期限应该延长，且容易续展；盗版者应该严惩不贷；版权的公众利益与作家的版权利益是一致的；凡有异见者，均有可能是侵权者。

最终，这次会议拟定了草案，并且做好了呈报国会的准备。各领域的文化名人纷纷开始为这个草案充当起说客来。马克·吐温就延长版权保护期限的好处做了一番漫无边际、含糊却又饶有趣味的讲话："应该把期限扩展到作者终身及死后50年。从现在起再过上50年，人们就会发现世界并没有因此而天翻地覆，旧金山没有变得百孔千疮，也没有大地震发生，除了让作家那饥肠辘辘的孩子吃上饭之外，谁也没有因此而改变。"[20]

The Idealist 理想主义者

作曲家兼乐队领队约翰·菲利普·苏萨认为，唱片的销售影响了活页乐谱的销售，而且作曲家从中收不到任何版税，生活因此变得艰难。苏萨的旁征博引、幽默风趣让他成为听证会上风头最盛的人物。他声称，如果不制定新的版权法，人类的声带很快将会萎缩，最后会像人类残留的尾巴一样消失不见。[21] "这些会说话的机器将会破坏我们国家音乐艺术的发展，"苏萨提出了警告，"我出生在这个城市，孩提时代，每到夏天的夜晚，每栋房子前面都能看到年轻人一起唱着或时兴或古老的歌曲。可是现在，只能听见这些讨厌的机器不分白天黑夜地闹腾。（笑声）再说一次，我们人类的声带将会消失。"（笑声）[22]

不过苏萨那夸张的颠覆性观点没能打断有关"讨厌的机器"优劣性的讨论。乔治·W. 庞德是两家留声机公司的代表，一家在俄亥俄州的克利夫兰，另一家位于纽约州的托纳旺达。庞德说："实际上，这块土地上的所有作曲家和音乐出版商都乐于见到自己的作品在进行机械复制之后得到推广。在所有推广方式里，这是业内公认的对音乐作品的销量最有促进作用的方式。"[23]

还有人说，有些作曲家一方面赞成制定新的版权法来保护版权；另一方面又请唱片公司为自己最新创作的活页乐谱进行录音。[24] "苏萨先生换上另一副面孔的时候，可不会嘲笑'讨厌的说话机器'。"美国留声机公司的 S. T. 卡梅隆反驳道：

> 如今他按照合同，让"讨厌的说话机器"为他和乐队录音，所以引用几天前他的原话，导致"那些年轻优美的歌喉从美国的城市和大地上逐渐消失"的元凶也包括他自己。（笑声）他这么做是为了钱。他就是这么唯利是图，而且已经向你们坦白过了。
>
> 苏萨先生，至少我很诚实。（笑声）[25]

独立发明人和创业者纷纷从全美国各地赶赴华盛顿，抵制这项议案。他们认定这是有钱人策划的阴谋，其目的是为了在新兴行业的竞争中取得先机。这种看法在当时极为普遍。进行版权法修订的时候，恰逢解散托拉斯（译者注：托拉斯是垄断组织的高级形式之一）呼声最为强烈的那几年，罗斯福总统朝实业家们的膝盖挥舞大棒，美国公众看报纸时觉得每个头条背后都隐藏着居心叵测的阴谋。在这种环境下，新版权法难免会被看作是垄断者的诡计。"我想我们就不要期待这项举措受到民众的欢迎和赞美了，"普特南在听证会伊始便有预感，"让支持者失望，受反对者斥责，被民众厌弃，甚至遭受委员会的怀疑——这就是我们面对的形势！"

普特南真是先知先觉。独立创业人反对搞他们这样的"星室法庭（译者注：英国史上最重要的专制机器，特别是在惩治出版商方面）"进行版权法修订，并且从他们对独立企业主和圈外人士的排斥中嗅出了胡作非为的味道。作为版权垄断阴谋的强大证据而被人频繁提及的"艾奥利安公司"，是康涅狄格州梅里登市的一个自动演奏钢琴生产商，人们认为其目的简直与标准石油公司（埃克森美孚公司的前身）一样邪恶。艾奥利安公司说服了数家钢琴自动打孔纸卷出版商，让他们同意如果钢琴打孔纸卷被列在新版权法的保护范围之内，就授予艾奥利安公司拥有对纸卷进行复制和传播的特权。当然，这些纸卷必须仅与艾奥利安生产的自动演奏钢琴相匹配，如此便可以迫使其他自动演奏钢琴生产商倒闭，抑制自动演奏钢琴产业的创新。

最终，在这场版权听证会上，人们不但对艾奥利安公司的商业行为怨声载道，连新版权法倡导者的殷勤态度也遭到恶意揣测。"如果美国所有的发明人都知道这个法案意味着什么，他们一定会将这栋大厦里的房间全都填得满满当当，可实际上，他们对此一无所知。"一个叫作G. 豪利特·戴维斯的发明人说道。律师约翰·J.奥康奈尔坚持认为，如果法案不经修改就通过，"艾奥利安公司与其附属公司会将数百万美元收入囊中，唯一付出代价的只会是美国用户。"庞德则说，虽然版权倡导者"自称非常重视公共事务和音乐教育，但是在我看来，他们在考虑问题时唯一忽略的就是普通民众"。[26]

普特南虽然早有心理准备，但还是被公众的怨声吓了一大跳。自己的一片赤诚之心换来的却是咄咄逼人的责问，普特南忍不住反问："版权局怎么可能策划出这样的阴谋？"[27]没有阴谋——或者可以说，至少，没有迫害妄想狂以为的那种阴谋。事实上，虽然立法者对于公众利益的理解如此狭隘，却并不一定说明他们心怀着恶意或是有阴谋诡计，而只是群体思维和选择偏差。普特南从一开始就承认，参与新版权法构想和起草的是"我们所能想到的最具代表性的组织，或是引起我们注意的密切关注版权法改良的组织，当然，特别是正面的关注，也就是说从保护权利这一角度的关注"。只不过，一个人所认为的权利，在另一个人看来却可能是罪恶。

版权委员会希望听证会短小精悍，结果却事与愿违。会议一开就是好几年，最后终于在1909年做出了决定。1909年的版权法将标准版权期限增加为28年，允许续展28年，而且会将更多的载体形式纳入版权保护范围。最值得一提的是，音乐家和音乐录制公司之间达成了妥协，达成了所谓"强制性授权"，即录制公司和发行公司要为自己曾经录制和销售的每一首歌曲向作者支付一笔小数额的版税。

这部法律在之后的70年之内都没有进行大幅度的修订。"我们需要一部可以一直用下去的法律。"苏萨在谈到如何保护作者的权益时说道，他希望这部法律对书籍和音乐唱片一视同仁。他和音乐家同行们终于如愿以偿了。不过让人无奈的是，时光飞逝，将来很快就成了过去。

在接下来的45年间，赫伯特·普特南继续担任美国国家图书馆馆长，即使在1939年退休后依旧在华盛顿担任荣誉馆长。他眼看着默片被大型电影工作室出品的有声电影代替，钢琴纸卷和蜡筒唱片让位给黑胶唱片和自动点唱机，继收音机之后又出现了电视机。美国的工业越来越发达，版权法却几乎没有变化。

普特南于1955年在马萨诸塞州伍兹霍尔的家中去世。世界再一次进入了社会和技术转型期，正如普特南第一次到达华盛顿时一样。1957年，苏联成功发射人造卫星，让美国朝野为之震惊，并制定出在40年内赶超赫鲁晓夫的计划。在这段时间内，美国联邦政府向部分大学、实验室和研究机构投入大量资金，希望他们能够研发新技术，帮助美国赶超苏联。1961年，美国终于将宇航员亚伦·谢泼德送到了外太空——比苏联宇航员尤里·加加林的星际之旅仅晚了一个月。

虽然美国在航空方面的成就无法与苏联相媲美，但地面上的优势还是很明显的。1962年3月13日，约翰·肯尼迪总统在众议院宣布了举行世界博览会（主题为"太空时代的人类"）的消息。1964年，在纽约世界博览会到来之际，肯尼迪总统批准建设一座美国馆，场馆的主题定为"伟大的挑战"，以纪念美国为未来世界所做的贡献。在国会发表的讲话中，肯尼迪总统解释说这个场馆"并不是对我们取得的骄人进步自吹自擂，而是向全世界展现一幅民主图景，展现机遇和困难，启迪和自由"。

1964年世界博览会开幕前，在活动组织单位和赞助商的改造下，遍布垃圾的法拉盛草地公园焕然一新，成为一个展示美国工业成就的理想场地。一个理想化的不锈钢制成的未来世界图景伫立其中（译者注：1964年纽约世博会的标志性建筑，一个巨型不锈钢地球仪），以它为蓝本的会徽很快便出现在各大百货公司的柜台上。美国公司的展馆成了博览会的主角，为了体现博览会的子主题：人类在宇宙时代的成就，他们使出了浑身解数。杜邦化工的场馆每天上演48场

The Idealist 理想主义者

"精彩的化学世界"音乐剧,紧接着是20多次令人目瞪口呆的杜邦产品功能展示。²⁸ 福米加世博会馆向主妇们承诺,只要在家里的墙壁上贴上层压塑料膜,干起家务来就会像做梦一样美妙。²⁹

就像每一个伫立在法拉盛草地公园里的场馆一样,"伟大的挑战"也是一个广告——但它宣传的不是家用化学品或是塑料墙,而是美国式的生活方式。参观者来到"伟大的挑战"馆的那一刻就会被恰如其分的标志物所震撼。在入口处,迎接他们的是艺术家约翰·哈利·贝拉米的作品,一座巨大的秃鹰雕像,它高高在上地俯瞰着超过185平方米的大厅。然后人们会欣赏一部赞颂移民精神的短片《驶向美国》(*The Voyage to America*)。而核心项目则是一次富于教育性的主题公园短途游览,名为"美国之旅",一位来自电视节目《蓬车队》(*Wagon Train*)的明星煽情地朗诵着著名小说家雷·布拉德伯雷的文稿,鼓励游客们"随着自己的心意和目标,朝着自己选择的明天进发"。³⁰

"美国人可以自由选择自己的明天"这一理念进一步凸显了"伟大的挑战"这个口号。与韦伯斯特那个时代一样,1960年的美国依旧强调人民要依靠自己的力量奋发向上,对于美国的发展而言,才识的流动能力如同物质的流动性一样重要。入口处的秃鹰象征着美国人冲破一切束缚的精神,而图书馆则是这一精神的另一个象征。也许人们的美国馆之旅从秃鹰开始,在图书馆结束,是再合适不过的了。

1895年,普特南写道,美国公共图书馆的兴起已经催生了"一个新的理念:书籍既要被动尽责,也要主动尽责;它不应仅仅等着人们来找,更应该自己走上前去,找到需要自己的人"。³¹ 从那时起,开明的图书馆馆长们就开始朝着这个目标努力:建立一所能让知识主动寻找读者的图书馆,或者至少是一所不分性别、种族、宗教、财富,知识永远并随时可供其驱使的图书馆。

20世纪中期,随着可无限存储和对所有类型数据进行快速无差别扩散的计算机的出现，未来派理想主义者的勃勃雄心似乎有了实现的可能。"伟大的挑战"馆中醒目地展示着肯尼迪的一句名言："书籍和图书馆，以及使用书籍和图书馆的意愿是我们国家赖以传播知识和发展创造性智慧最重要的工具。"实现这个理想本身就是伟大挑战的一部分。

美国图书馆是游客们世博之旅的终点站，这是一个占地约560平方米的展馆，由美国图书馆协会赞助修建。组织者认为，"在游览博览会各个场馆的途中，有许多地方可能会激起游客们强烈的好奇心"，而美国图书馆这处场馆就是为了满足这些好奇心而建的。馆内安排有一组咨询馆员负责回答游客的问题，还设有一间多功能的儿童图书馆——"孩子的世界"（"爱读书的孩子长大后就是爱读书的大人"）。美国图书馆还还原了总统图书馆的内部陈设，并提供了许多有关的书目信息。

图书馆的宗旨是为游客呈现未来图书馆的风貌。展厅的墙上写着："过去的20年里，人类获知的科学信息比历史上所有阶段的总和还要多。"但是这些资源并没有平等地传播给每个人。"好的图书馆并不是所有人都能得到的，"负责人评论道，"更多的人需要更多的知识。"他们认为自动化的图书馆能够促进信息的无障碍流动，从而带来一个更智能与更美好的世界。

然后游客们可以参观伊士曼柯达公司的北极星微缩胶片阅读器（打印机），浏览各种报纸和杂志期刊的档案。如果需要书单推荐，在"打给一本书"报刊亭拿起电话听筒，就能听见图书管理员精心编写和录制的口头推荐。（"您所阅读的这份小册子，是我们编写的那些值得一读的新书评论。我们将之录制成音频，为光顾我们这座现代化图书馆的顾客提供最及时的新书资讯。"展览组织方承诺道。）最有趣的当数展览中的一台UNIVAC490实时计算机，它能够在数秒内为读者提供与之前展览相关的关键话题的深度资讯。

离开图书馆的时候，游客们会看到一份标题为"伟大的挑战"UNIVAC计

The Idealist 理想主义者

算机打印稿，组织方认为它足以作为"持续为民众争取更多信息资源这一挑战的象征"。若要为旅游留下一份回忆，一份最能体现肯尼迪总统所提倡的主题的回忆，这份打印稿是最合适不过的了。它就像是对未来的惊鸿一瞥，代表着美国迎接未来挑战的方式之一。

纽约世界博览会召开一年后，即1965年8月，为了让"未来图书馆"的梦想照进现实，MIT将全校最聪明的人召集到了伍兹霍尔。微缩胶卷和数字计算机的发明为信息的存储、提取和转移提供了新的技术，MIT想要将这些技术整合成现代图书馆的基础设施。在接下来的5个星期中，MIT的学者们与许多游客和特邀嘉宾一起讨论了建立数字图书馆系统的计划，并将其称为"Intrex项目"。

Intrex这个名字是"信息传输复合"（英文 information transfer experiments）的缩写，听起来挺像冷战时代的某部谍战电影，其实也的确和这个主题有关联：伍兹霍尔会议是由独立基金会赞助召开的，而这个基金会是由美国中央情报局（以下简称CIA）投资组建的。Intrex项目的总部位于MIT，那儿实际上已经成为联邦政府工作的科研机构之一。MIT顶尖的科研人员已经为政府赞助的研究机构工作多年，比如，林肯实验室、美国国防部高级研究计划署和兰德公司。为美国研发出能够击溃苏联威胁的技术，这已经成为该项目不言自明的目标，而图书馆能够帮助科学家们快速找到更好的武器，当然也相当重要。

如果将当年发起Intrex会议的主题报告人称为"大科学之父"，也是实至名归的。万尼瓦尔·布什对于政府与大学的这种合作模式并不陌生。他负责美国学术科学的军事化工作，在第二次世界大战期间，先是担任了罗斯福总统的科学顾问，然后又成为创建美国国家科学基金会背后的推动力量。1965年，75岁的万尼瓦尔那漫长而复杂的职业生涯接近了尾声。他在伍兹霍尔对自己的团队发表了伤感而简短的临别感言："我真希望自己能够更年轻一些，能继续与你们一起面对和解决那许许多多奇妙而棘手的问题。"[32]

"万尼瓦尔"这个名字念起来与"信徒"这个词刚好韵脚一致（译者注：原文指的是这两个词所对应的英文：Vannevar 和 believer 念起来是押韵的），说到政府对科学研究的资助，万尼瓦尔的确是个不折不扣的"信徒"，而且他终其一生都对图书馆以及图书馆自动化将带来的好处深信不疑。1945年，他在《大西洋月刊》(the Atlantic Monthly)上发表了一篇文章，提议建立一个叫作麦克斯韦（以下简称 Memex）的初级自动化图书馆。他设想这应该是一个建立信息之间联系的检索系统。Memex 差不多和一张桌子一样大，相当于速记员、文件柜和咨询员的合体："这种装置里面可以储存书籍、唱片和信件，经过自动化之后就能接受咨询，并且能用极快的速度和灵活性做出反应。"[33]万尼瓦尔的目的是打造一台机器，它能够捕捉用户的思维模式，汇集并组织他的读物和往来信件，将产生的"联想性轨迹"记录下来，这样用户就可以将自己的最终见解追溯到概念上去。打个比方，想象一下世界上发明了口哨的人，他那兴奋的神经网络是怎样一步一步回溯"口哨"这个概念的发展过程，最终回到他发现可以把嘴里发出的"嘘嘘"声加以优化的神奇时刻。

在1945年，世界还没有为 Memex 存储器的到来做好准备，也还没有能力制造这样的机器。但是其后的20年间发生了巨大的变化，到了1965年，Memex 的梦想似乎终于可以实现了。万尼瓦尔在 Intrex 会议的介绍性发言中表示，他认为自动化图书馆能够造福于社会。"它将影响，甚至是彻底变革每个专业团体的工作方式，无论是法律、医学，还是人文科学，并且满足大众对于各种文化的需求，"万尼瓦尔坚称，"今天还没有多少学者真正意识到它的作用。而广大民众，他们绝对想不到这个项目一旦成功，其所带来的好处将能够跟抗生素的好处媲美。"[34]每当谈到图书馆，谈到它们改变世界的能力时，即使最讲求实际的人也会在不知不觉中变成陷入梦幻的理想主义者。

第三章　未来的版权，未来的图书馆　　　　　　　　　　　　69

The Idealist 理想主义者

就在图书馆馆长和科学家们憧憬着依靠科技的力量放宽信息传播的限制，提高信息传播效率的同时，一群版权律师正在华盛顿特区召开会议，讨论如何才能遏制信息的传播。美国的版权法从1909年以后再也没有经过任何修订，早已远远落后于时代发展了。默片和钢琴纸卷之类的娱乐方式已经让位于唱片公司、自动点唱机、3D 电影以及其他上百种层出不穷的新技术，但同时也产生了无穷无尽的版权问题。[35] 人造花是否应该获得版权保护？"嗅觉电影"呢？（指的是在播放电影过程中，朝电影院喷洒相关气味的一种影片播放方式，存在时间不长。）还有机对机通信，或是超感觉的直觉呢？

"我每天都面对所谓的'信息爆炸'和'通信爆炸'。"美国国会图书馆馆长 L. 昆西·芒福德在1965年说道："在我看来，这些革命性的进步同时也对创造力带来了非比寻常的挑战，为了应对挑战，我们国家那古老的版权法必须进行修订。耽误得越久，这项任务做起来就会越艰难，带给子孙后代的损失也越大。"[36]

芒福德请为人和善的版权登记官亚伯拉罕·卡明斯坦召集一些出色的版权律师，为将来的美国起草另一份版权法。当然，他们决心避免错误，以免重蹈覆辙。

这个工作小组的目标首先是要延长版权期限，同时还试图将版权保护范围扩大到所有的新媒介。"这是很要紧的事，"来自美国作曲家、作家与出版商协会的赫尔曼·芬克尔斯坦说道，"斯克鲁顿20世纪写了一本有关版权的书，里面有'当心哪，那些中意短期版权的人也许会导致我们走向大锅饭'之句。"[37] 这种文化围城的心态似乎让着手起草新版权法的支持者们大受刺激。美国作家联盟的代表欧文·卡普说出了很多人的心声，他说："我们是在起草一部能够再维持50年的法律。虽然所有的罪恶和危险如今已不会存在太长时间，但5年之内我们仍无法将之消灭。"[38]

所以，该小组面临的挑战就是，要起草一部法律，它既能充分保护既得利益者，覆盖面还得够大，能够将尚未问世的技术发明也涵盖在内。其中，一位参与者律师约翰·舒尔曼直言不讳地指出了一个和版权有关的明显事实，从一开始就给会议定下了基调："一个作家，写课本也好，写其他书也好，如果不能通过写书提高收入，那还写个什么劲儿？我们明明就是在谈论作家谋生的权利，有什么好遮掩的？我们就是要光明正大地谈。"[39]

这就是在小组讨论以及之后的国会陈情中所表达的普遍观点。版权被刻画成美国生活方式的一个典范，就像所有和美国有关的事物一样，它似乎也遭到蓄意排斥美国价值观的人们的攻击。1965年5月，87岁的词曲作者威尔·狄龙，即理发店的标配曲目《我想要一个嫁给老爹的那样的女孩》(*I Want a Girl Just Like the Girl That Married Dear Old Dad*)的词作者，主张国会应该将版权期限延长。他做了一番简短的陈述，极尽煽情之能事，又是引用温斯顿·丘吉尔的名言，又是谈到阿灵顿国家公墓，甚至还搬出自己的外孙女格鲁吉亚·安·默多克来帮忙。他请格鲁吉亚读了一份预先准备好的陈述词，兴许是因为他感觉从外孙女嘴里说出来的话更具说服力吧。[40]格鲁吉亚念道，老祖父几乎没有几首歌"能够历经时间洗礼和公众口味的变化而经久不衰"，如果"这首歌的版权也会过期，狄龙就会失去他赖以生活的支柱。让旧书和老歌进入公共领域，只会让上了年纪的写歌人和他们可爱的孙女饱受穷困之苦"。

但是并非所有人都会被这些观点所左右。耶鲁大学的法学教授拉尔夫·S. 布朗也参与了议案的评审和起草，不过他却是寥寥无几的持温和反对意见者之一，"我们不断听取各方意见，包括作者、制片人、广播员，等等。我们试图给'公众'下一个定义。就在刚才，我突然从这些讨论的立场中想到一个定义：所谓'公众'，就是任何一个可能会被版权所有者榨取利润的人"。

版权会议上，布朗反对的声音为冷酷的商业氛围注入了一股清流。在他

The Idealist 理想主义者

之前，一个又一个的与会者轮番对公共事业、公共利益，实际上也就是对公共领域的合法性发出质疑。"我不认为，仅仅因为一部作品落入公共领域，公众就能受益，"来自美国律师协会的约翰·彼得森宣称，"美国宪法表明，最根本的公众利益是刺激他们的创造力。我并不认为告诉人们可以随意复制别人的作品可以刺激创造力。"[41] 他认为，当一部作品进入公共领域只能表示其作者失去了非常宝贵的权利，但并不能说明公众得到了宝贵的权利。

如此看来，如果公众不能从版权期限中获利，创作者也不能从中获利，那么真正的获利者是谁呢？一如既往，答案就是盗印者。没有人喜欢海盗，他们在文明社会里没有立足之地：他们胡作非为，烧杀抢掠，一边纵酒狂欢，一边命令受害者走木板。（译者注：指海盗强迫被劫掠的船员们依次"走木板"蹈海的残忍行径。）最重要的，也最糟糕的是，海盗通过暴力得到别人的财产。"盗印"这个词将侵犯版权的人比作黑胡子、基德船长、胡克船长等臭名昭著的海上恶霸。一旦勾勒出出版商、磁带和照片盗印商组成的抢劫团伙游荡在版权的海洋中，为一己私利残忍对待无辜者的样子，公众便很难再从这种联想中摆脱出来了。

在1976年版权法制定之前，盗版日益猖獗。在教室里，它们伪装成无害的老师，将不必尊重私有财产的观念一点点渗入学生心中；在公共图书馆，它们掌握当地教育电视台的控制室；它们还潜伏在存放录放音座的地下室，违法地复制着受版权保护的音乐作品，随意进行传播并且从不向著作者支付费用；它们化身为阴郁的吉格舞曲调和自动点唱机里播放的音乐，频频出现在街角的小酒馆里。

为了解决作曲家和"讨厌的说话机器"经营者之间的争端，1909年的版权法添加了一条公开表演条款，规定音乐作品一旦进行公开表演，作曲家便可以得到相应的补偿。但是立法者却认为投币点唱机播放的歌曲不算公开表演。1909年的投币点唱机使用时需要戴上耳机，更像一个个人立体声系统（如一位观察家描述早期的投币点唱机时所言：9个人在一台机器旁，看看唯一一个能听到音乐的人脸上露出的笑容，另外8个人就够开心的了）。

可是从那时候开始，技术革新让投币点唱机发生了巨大的变化。美国的每家酒馆和汉堡店都有这种点唱机，投入5美分就能播放歌曲，截止到1960年，全美共计将近50万台自动点唱机，每一年它们都赚着一笔又一笔小额的零钱，但其中没有一分一毫交给歌曲的创作者。[42] 版权人认为自动点唱机没有理由继续获得公开表演条款的豁免。1909年的立法者虽然没能预料到沃利策集团（译者注：沃利策是美国最大的乐器生产商之一，曾生产大量的投币点唱机）的兴起，但这不意味着艾佛利兄弟应该因为前辈们的短视而失去版税。该小组决定把这个漏洞堵上。

对于未来新技术侵犯版权的担忧并不是杞人忧天，利用现实存在的技术——特别是复印技术——造成的侵权行为已经引起了众怒。尽管机械化文件复制设备在20世纪20年代就已经问世，但是1959年出现的现代一体化复印机，也叫"施乐机"，才让复印成为名副其实的乐事，而不是叫人火冒三丈的杂活儿。现在，即使是受到版权保护的内容，人们也能轻松将其中喜爱的部分进行复制。会议中有很大一部分讨论都集中在如何阻止施乐机的大规模普及上。

有一部分与会者替教育机构说话，他们说文章在经过复印和传播后，复印者反而可能会产生订阅相关期刊的需要，如此一来便能够为著作家及出版商带来利润。这样的说辞与几十年前关于钢琴纸卷的争论如出一辙，只是这一次引发问题的根源是复印机。《芝加哥论坛报》(*Chicago Tribune*)刊登文章称："学校使用的复印版本不应被看作出版商的盗版侵权，从长期来看，它们能够有效促进出版商的销售业绩，所以应被视作免费的宣传手段。"[43]

这个观点没能获得认同。复印技术为信息的快速传播提供了便利，仅仅

第三章　未来的版权，未来的图书馆

印证了版权持有者所称的"知识产权与普通物权之间区别不大"说法的脆弱性。"我们知道信息能够被储存在微缩胶卷和磁带里，我们一直在关注信息检索系统。"前参议员肯尼思·S. 基廷1965年在国会发言时说："有个问题是不可避免的——人们越来越频繁地利用复印技术、信息储存和检索技术，长此以往便会导致著作家的收入下降，那么最终会带来怎样的结果？作者还会继续写作吗？出版商的市场被稀释、消减，如果牟利的动机完全不存在了，他们还会干这一行吗？这些问题的答案显而易见。"

科瑞尼·麦克谢瑞写了一本很有趣的书，《学术作品属于谁？》(*Who Owns Academic Work?*)，书中将客观事实和人造物做了区分。[44]按照麦克谢瑞的说法，客观事实是没有归属的知识或数据，属于公众所有，比如元素周期表。化学元素之间的表格关系是普通知识，不属于某人所有，大家都可以自由提取和加工。人造物则是衍生于事实的专利：对事实特别的、独一无二的表达。所以，一张设计得非常花哨和醒目的元素周期表海报就是一件人造物，海报设计者拥有将其复制品进行出售的权利，并且有权禁止他人在未经许可前复制。事实是客观存在的，你无法阻止人们拥有它们——它们属于每个人。人造物在博物馆里最常见，它们被保护在天鹅绒围栏的警戒线后面，想碰它一下，你必须先得到授权。

在理解关于版权和知识产权问题的各种不同观点时，尝试套用礼物经济与市场经济的区别也是个不错的方法：这二者与事实和人造物的区别正好相互呼应，能够解释诸如学术工作和非学术工作之类的区别。在礼物经济里，一个人是通过送出和收到礼物的技术获得影响力和名望的；被免费送出的礼物则主要是交换媒介，并不附带任何回馈和物质回报的期望。

大学校园里盛行礼物经济。有的人做研究，并且把研究成果当作礼物免费传播给大众；送礼者的理论和发明被接受和采纳的时候，他便受益了。接下来他人使用他的研究成果，做出新的发明，反过来也令初始的送礼者受益。大学教授被授予终身教授的荣誉，享有名望，是因为他们有着较好的学术声誉，而学术声誉的评估则部分来自他们的学术成果被传播和采用的程度。非学术工作则不同，它们存在于市场经济中，文化人造物在市场经济中进行买卖，创作者从作品的售卖中收获经济回报。创作者并非是给大众送礼，准确地说是向大众兜售作品，因为他需要钱作为回报，和学者不同，他的薪水一般不是由大型学术机构承担的。

显然，图书馆和大学对于版权捍卫者是一种威胁，因为它们明显是支持礼物经济的。它们鼓励为了促进整体国民进步而进行信息传播，并不会为了作者的利益而控制信息流动。知识产权的概念是市场经济的基石。要把本就属于公众且自由传播的东西卖出去是很难的；相反，有必要说明创意作品属于并且由个体创作者控制。创作者有权控制他们作品的传播，因为他们原本就是为了自己的经济利益而写作的，并非以公众的利益为出发点。商品主义者对无法把自由市场原则运用到文化创造上的人总是抱着怀疑的态度，因此他们才轻易地把持不同意见者划归到盗版或小偷这一类别里。

所有版权法的重点或多或少地都限制着文化礼物的馈赠：它鼓励人们将作品转化为人造物，为创作者提供了大量的天鹅绒绳索，好规范试图接近他们作品的人们。这种现象并不完全是负面的，因为人造物有助于传播作品。但是，最终成文的1976年版权法却清晰地表明了该法律所保护的利益方。版权期限从原来的28年且可续展一次，改为延长至作者身后50年。它明确地将版权保护范围扩展到一系列的新兴的作品形式上，总的来说，美国人任何形式的创造性表达，自从它诞生的那一刻起，就受到新的版权法保护，不论是否进行过正式登记。

"事实上，在这个议案的最终版本中，几乎所有的争议点都偏向了版权方。这难道不是显而易见的吗？"1965年提案第一次被呈交国会时，罗伯特·卡斯塔米代表就这样评论道。在11年后的1976年，他的这番话依旧适用：无论从哪个角度来看，最终的提案都倾向于创作者和他们的公司盟友，都在为他们抓住一切控制自己的作品并从中获利的机会创造条件。

1976年版权法的立法过程与同一时期内自动化图书馆的发展过程，恰好代表了人们对于版权的两种截然不同的态度。对于新兴技术以及它们可能给知识产权所带来的影响，有的人满怀憧憬，有的人则充满恐惧。技术让人们得以便捷地分享信息，但同样也会让人轻易封锁信息。向伟大发起挑战，这完全要视"伟大"是怎样被定义的，而且要看这定义是谁下的。

1965年，Intrex和UNIVAC带来的变革似乎近在眼前了。一位名为沃森·戴维斯的图书馆馆长发表了一篇论文，谈到即将出现的被他称为"共同大脑"的新事物：一个机械化的图书馆，能够储存和管理人类积累的所有知识。能够实现共同大脑的技术已经出现，戴维斯热切地表示，唯一的阻力来自社会冲突。"图书馆长们和社会组织之间就不能合作起来实现'大图书馆'的目标吗？"戴维斯问道，"一个规模不大的组织，愉快的争论，以及用户和政府或基金会这样的赞助方所施加的轻微压力，有了这些就能成事。诀窍已经知道了，只差行动了。"[45]

可是，行动向来正是问题所在。是的，世界正立于崭新的信息化时代的边缘。信息化时代一旦真正到来，就意味着旧时代的消亡，包括其中所有依附于旧时代的财富和利益。至少，它会使长期以来适用于创作者和消费者之间的信息分享的交易关系变得更为复杂。信息分享变得更方便快捷，可是控制起来也就越发困难了。

至于Intrex项目，由于实施的动力不足，最终没能实现。"这个项目简直像个深不见底的财务亏空。"历史学家科林·伯克说道。[46]伯克同时也认为，"技术还不够成熟，无法提供他们实现目标需要的那种高能信息引擎。像Intrex这样的项目，过于依赖科技的快速发展，所以不得不花上许多时间等待新技术的出现"。1972年，Intrex项目组解体了，除了已经多少有些过时的"两个特别的'结合'终端之外，这个项目没有什么值得炫耀的地方。不过，也许会有学生和员工受到鼓励，继续投入自动化图书馆的相关研究中去"。[47]随着Intrex的解散和1976年版权法的日渐成形，双方的组织者都隐约意识到，世界上最大的图书馆恐怕很快就要出现了，那就是互联网。

The Idealist 理 想 主 义 者

1.《波士顿公共图书馆董事会报告》(Report of the Trustees of the Public Library of the City of Boston)，15

2. 普特南，《美国图书馆之重要性》(The Great Libraries of the United States)，492

3. 琼斯(Jones)，《建造大众的图书馆》(Constructing the Universal Library)，130

4. 普特南，《美国图书馆之重要性》，493

5. 科尔(Cole)，《为了国会与国家》(For Congress and the Nation)，54

6. 赫伯特·普特南(Herbert Putnam)，《免费公共图书馆与公众的关系》(The Relation of Free Public Libraries to the Community)，《北美评论》(North American Review)，166卷，第499期(1898年6月)，667

7. 卡尔·F. 凯索(Carl F. Kaestle)和珍尼丝·A. 雷德威(Janice A. Radway)，《1880—1940年美国印刷与阅读历史概述》(A Framework for the History of Publishing and Reading in the United States, 1880—1940)，编者凯索与雷德威，《变化中的印刷业》(Print in Motion)，10

8. 威尔逊，《词语的应用》，3

9. 普特南，《免费公共图书馆与公众的关系》

10. 美国国会图书馆，《赫伯特·普特南，(1861—1995)》(Herbert Putnam, 1861—1955)，9

11. 劳伦斯·路易斯(Lawrence Lewis)，《向国会图书馆馆长赫伯特·普特南博士的致敬》(A Tribute to Dr. Herbert Putnam, Librarian of Congress)，4

12. 珍·艾金(Jane Aikin)，《拥有行动权的图书馆馆长：赫伯特·普特南和波士顿公共图书馆》(Referred to the Librarian, with Power to Act: Herbert Putnam and the Boston Public Library)，详见《温莎、杜威和普特南：波士顿经验》(Winsor, Dewey, and Putnam: The Boston Experience)，27—37

13.《新官上任：图书馆馆长》(The New Librarian)，华盛顿《明星晚报》(The [Washington] Evening Star)，1899年4月5日刊

14. 普特南，《免费公共图书馆与公众的关系》

15. 科尔，《为了国会与国家》

16. 布赖劳斯基(Brylawski)与高曼(Goldman)，《1909版权法立法过程》(Legislative History of the 1909 Copyright Act)，2：199；出处相同：4：3

17. 引自同上，1：170

18. 引自同上，2：167

19. 引自同上，1：3

20. 引自同上，4：116

21. 引自同上，4：23

22. 引自同上，4：24

23. 引自同上，4：311

24. 引自同上，4：321—333

25. 引自同上，4：141

26. 引自同上，4：315

27. 引自同上，4：33

28. "杜邦……位于 nywf64.com"于2015年5月20日存入以下网址：http：//www.nywf64.com/dupont01.shtml

29. "福米加……位于 nywf64.com"于2015年5月20日存入以下网址：http：//www.nywf64.com/dupont01.shtml

30. "美国……位于 nywf64.com"于2015年5月20日存入以下网址：http：//www.nywf64.com/dupont01.shtml

31. 普特南，《美国图书馆之重要性》，488

32. 奥弗哈吉（Overhage）与哈尔曼（Harman），*INTREX*，145

33. 布什（Bush），《诚如所思》（*As We May Think*），详见科亨（Kochen）编著的《知识的增长》（*The Growth of Knowledge*），32

34. 奥弗哈吉与哈尔曼，INTREX，144—145

35.《版权法案修改（第3部分）》（*Copyright Law Revision Part 3*），48

36.《版权法案修改：3号小组委员会听证会》（*Copyright Law Revision: Hearings before Subcommittee No. 3*），28

37.《版权法案修改（第2部分）》（*Copyright Law Revision Part 2*），97

38.《版权法案修改（第3部分）》，177

39.《版权法案修改（第2部分）》，153—155

40.《版权法案修改：3号小组委员会听证会》，228—229

41.《版权法案修改（第2部分）》，100

42.《版权法案修改：3号小组委员会听证会》，197

43.《芝加哥论坛报》，1964年8月18日刊，第24版

44. 麦克谢瑞（McSherry），《学术作品属于谁？》（*Who Owns Academic Work?*），163—164。麦克谢瑞是在专利法领域内做出这样的区分，不过我认为它同样也适用于版权法。

45. 沃森·戴维斯（Watson Davis），《共同大脑：知识的集中式储存与检索是否可能、可行及可取？》（*The Universal Brain: Is Centralized Storage and Retrieval of All Knowledge Possible, Feasible, or Desirable?*），

详见科亨编著的《知识的增长》，62

46. 科林·伯克（Colin Burke），《崎岖难行的信息高速路：从 CLR 档案的角度来看 Intrex 项目》（*A Rough Road to the Information Highway. Project Intrex: A View from the CLR Archives*），《信息处理与管理》（*Infor mationProcessing&Management*）第 32 卷，1996 年第 1 期：19 — 32

47. 引自同上

第四章

极限图书馆

利用计算机创建了一个自己心目中的理想世界,一个免费传播而不是售卖知识、鼓励利他主义而不是为自己追名逐利的世界。

The Idealist 理想主义者

1970年年底，桀骜不驯的浪子迈克尔·哈特终于回到了家乡。[1]像许多同龄人一样，23岁的迈克尔·哈特觉得人一辈子应该做些有意义的事，却不太确定应该做什么。"人们短视＋浅薄＋世界正遭受痛苦，"他在纸上随手写道，"A. 不知道能做些什么。B. 找出答案。"[2]

自从1968年离开军队以来，哈特一直在追寻答案，虽然百般努力却一无所获。[3]他花了几个月时间在美国州际高速公路上搭便车到处游荡，但是条条道路并未让他找到答案。[4]有一阵子他跑去当民谣歌手，试图通过演唱教化歌曲影响社会变革，但是"世界根本不听我的"，哈特后来写道，"我最终决定，既然迪伦、克里斯特和西蒙尔加芬克尔二重唱都不能带来我所期待的那种影响，我这一套应该也做不到。"[5]

可以这么说，迈克尔·哈特承认，耶稣基督没干成的事，他也干不成。但这是他唯一愿意承认的自身局限。从孩提时代起，哈特就笃定地相信自己有不寻常的天赋。"我常常怀疑他是不是以为自己是超人，总是高高在上地俯视着我们这些普通人。"哈特的母亲，爱丽丝·哈特在1967年写给世交老友的信中说道，当时哈特只有19岁。[6]1964年，身为鹰级童子军候选人的少年哈特让面试官们大吃一惊，因为他竟然警告他们不要把自己错当成只具有普通公民意识的大孩子。"我告诉他们，"哈特后来回忆道，"我是革命者。"[7]

如果"革命者"的定义能够宽泛到等同于"颠覆者"的程度，那哈特的确算其中一员。虽然缺少真实的统计数据，但他大概算是20世纪60年代美国最叛逆的年轻人之一。幼年的哈特第一次来到伊利诺伊州中部的一所新学校上学，就威胁要对校方的着装规定提出控诉，大秀了一把存在感。[8]他两次被伊利诺伊大学香槟分校录取，却两次愤愤不平地退学，因为老师们无法或不愿与这样一个需要精神支持的天才打交道，这让他感觉自己受到了怠慢，因此愤慨不已。[9]（"我在这个体系里无法保持完整。"后来他解释道。[10]）1966年，哈特应征入伍，却很快就因为拒绝对宪法宣誓效忠而引起祸端。[11] "我能搞定军队。"当时的哈特写信对家人说道。[12]实际上他做不到，也的确没能做到，但是他不断尝试，以至于当他1968年退伍时，五角大楼里的某处有些人高兴地频频举杯以示庆祝。

哈特不是反战分子，应该说不完全是。（他对外宣称自己是出于道义原因而拒绝服兵役，不过他母亲怀疑这不过是他摆脱军队的小伎俩。[13]）更准确地说，是因为哈特无法忍受听命于人的军队生活。"我长这么大，从没盲目听信过任何人的命令，更别提是一个陌生人发出的命令了，再有权有势的人也不行。"哈特解释道。[14]不论是教授、行政官员，还是军官，只要倚仗年龄和地位要求别人听话的，且动不动就甩出"因为我是这么说的所以你得乖乖照办"，都会让哈特火冒三丈。"我真不能理解，有的人为了不用学新东西，就抱着一种做事的方法不撒手，坚持用那一种方法，拼命维护它，还不准别人用其他方法。"哈特后来写道。[15]他开始按照自己的意愿生活，形成自己的观点，而且为了坚持自己的观点不惜和全世界作对。他的个人文档里有一张纸，上面完整地抄写着那个时代的两首流行歌曲，这两首歌似乎正是他的人生写照：一首叫"游荡"（*Drifting*），另一首叫"不同的鼓"（*Different Drum*）。[16]

哈特按照自己的节奏周游世界。他认为我们的社会有一个很基本的问题，就是太多的人坐井观天，把公认的智慧当成人生信条，不愿意或是无法思考。

哈特努力劝说大家开放头脑，可是收效甚微，于是，他开始怀疑自己可能已经错失了良机。"20世纪60年代末期，冷漠时代开始了，我对自己的听众失去了兴趣，因为他们对什么都没了兴趣。"他这样解释自己离开民谣圈的原因。[17]他在1970年冬天再次回到伊利诺伊大学香槟分校，第三次寻求接受大学教育的机会，正是这一次，让他明白了自己可以用来改变世界的工具根本不是吉他，而是键盘。

哈特1971年回到伊利诺伊大学香槟分校，决定拿个高分好叫这个世界"少管闲事"。仿佛作为一个大家眼里的扶不起的阿斗，他能做到的最颠覆的事情，就是让大家看看自己认真起来有多厉害。[18]这一点至少对哈特是有意义的，这也许是他人生中最后一次决定全情投入，并按照别人制定的标准来衡量自己的成功。他加入了一个叫作"个人学习计划"的项目，这个项目鼓励学生设计自己的专业课程，追求自己的兴趣所在，不论最后朝哪个方向发展。[19]哈特最后加入了那里的材料研究实验室。

当时，实验室有一台 Xerox Sigma V（施乐·西格玛·V）大型计算机，那是一台价值30万美元的庞然大物，与如今的计算机有着天壤之别。[20]这台和房间一样大的机器上布满了开关、指示灯和卷盘磁带；靠一台改进过的电传打字机进行数据输入。当时的计算机几乎全都是科学和工程部门在使用。"计算机"的英文是 computer，也有"计算者"的意思，这个词首次出现在1613年，指的是专门负责计算的人。[21]太空时代中期（1957年10月，苏联发射了第一颗人造卫星，人类进入了太空时代）的计算机也被很狭隘地当成专门的计算机器。"我们现在只是把计算机当成控制台操纵的多位秘书或助理而已，"1966年哥伦比亚大学的英语教授路易斯·T. 米里克在《计算机与人文科学》（Computers and the Humanities）的创刊号中撰文称，"我们不明白计算机的本质。我们未曾以正确的方式思考这台机器的本质。"[22]

米里克的这番话在5年后依旧没有过时。1971年，伊利诺伊大学的材料科学家可能还没有明显意识到这台庞大的 Xerox Sigma V 有一种特质，更不用说对其进行研究了。他们把这台计算机的日常操作任务交给了几个年轻的系统程序员，他们扮演着数字司机的角色，引导计算机的运行，以达到教授们期望的目标，同时还得保证机器不会崩溃或是发生火灾。在无须为实验服务时，系统操作员们便可以自由操作机器，他们被默许将那些空闲时间用来探索机器的潜力。

哈特有两个担任系统程序员的朋友，因此他也开始在实验室出没，而且这里凉爽、洁净，是个适合学习的好地方。1971年7月4日，哈特没有顶着酷暑步行回家，而是决定在机房过夜。他买好了零食，在实验室安顿好，然后召开了一场历史上最书呆子气的谈天会。[23]值班的系统程序员是哈特哥哥的朋友，出于某种原因，那天他决定把自己在 Xerox Sigma V 的账号告诉哈特。哈特后来说，正是他的这个决定使哈特成了互联网上的第一个布衣平民。[24]

哈特意识到自己大权在握，兴奋得有些饿了。他伸手到零食袋子里去拿吃的，发现收银员放了一个小册子在里面，册子里印着各种爱国文件。[25]翻开这份宣传册的第一篇就是美国的建国文件《独立宣言》（*The Declaration of Independence*）。这份宣言公布了一个令全世界为之瞩目的伟大变革，作为一个热衷于发动划时代革命的年轻人，其象征意义如此明显，哈特当然不会错过。

在那一刻，迈克尔·哈特看到了未来。哈特后来吹嘘道，拿到 Xerox Sigma V 的账号不到两小时，他便推测出了这台机器的核心功能。他宣称，"计算机最有价值的功能并不是运算，而是将我们储存在图书馆里的知识进行存储、归档以及检索"。[26]而且他很快意识到得有人将图书馆书架上的书进行电子化并且加以储存。

那天恰逢美国独立日，哈特便打定主意，要把《独立宣言》转存到计算机

The Idealist 理想主义者

里，让所有人都能读到。他用一台电传打字机进行输入[27]，用大写字母把文章打成稿件——当时的计算机还不支持小写字母[28]——把文档存在一张硬盘上，然后给整个校园网络发送了一个通知，宣称现在有电子版本的《独立宣言》可供阅读。[29]这是世界上第一本电子书，不过这种说法存在争议。

数年之后，哈特把这个行为包装成了一个神话——一场最终席卷全世界的运动的开端，这场运动"毫无疑问是人类有史以来在文化和社会方面最伟大的进步"[30]。虽然在当时它反响平平，没有激起什么浪花，仿佛又一首无人问津的民谣。（据哈特透露，这份电子版的《独立宣言》只被读过6次。[31]）但这次上传对于操作者本人，即迈克尔·哈特却意义重大，他十分肯定自己有了一个惊天大发现，虽然，或是因为并没有人分享他的乐观。

这便是现代自由文化运动的起点，它发端于数字计算的初期，被主流观念排挤的边缘地带，它的首批拥趸是像迈克尔·哈特这样不受监管的超能少年，因为身边无人劝阻，他们才能够做出这样的创举。哈特和许多同类一样，都相信开放信息本就是一件好事，他们很少费神向公众表达到底开放信息是怎样，以及为什么能够引发社会的本质变革。对他来说，这其中的关系显而易见。如果不改变人们的思想，自然就无法改变世界；如果不给人们新的内容去思考，自然也无法改造人们的思想过程。当权者希望控制信息的流通，从而让大众保持愚昧和驯服，而哈特知道，数字网络能够解放那些被禁锢的信息。

在接下来的40年里，哈特过着清贫的生活，他顶着民众的质疑和冷漠，断断续续地将公共领域的文本输入计算机，自从1991年万维网问世以来，他更是全身心地投入这项壮举中来。一开始是孤军奋战，后来他设法组织了一批来自世界各地的志愿者和愿意帮忙的读者。直到2011年去世为止，在哈特的组织下，已有3.7万本书籍和历史文献进行了数字化，其中包括《白鲸》(*Moby*

Dick）、《失落园》（*Paradise lost*）、《圣经》（*The Bible*）、《摩尔门经》（*The Book of Mormon*）、《联邦党人文集》（*The Federalist Papers*）、《啊！拓荒者》（*O Pioneers!*）、《论出版自由》（*Areopagitica*）、《匹克威克外传》（*The Pickwick Papers*）以及莎士比亚的作品全集等名著，还有许多名气不大的作品，这些是最早一批被输入的作品，也是为创建未来数字图书馆所做的最单纯的尝试。[32]

哈特不是早期信息共享运动中最重要的人物，当然也不是唯一一个努力将文本数字化并且进行传播的人。但是他的坚持不懈，在孤立无援的情形下依旧带着近乎偏执地坚持下去的决心，却使他成为一个非常有趣的人物，同时也是一个有教育意义的人物。就像古登堡发明的活字印刷机推动了启蒙运动的发展一样，哈特认为电子文本能够"打破对无知和文盲的禁锢"，也同样为现代社会带来了变革性的效果。[33]他相信只要世界意识到了电子书的存在，就会随之改变。

"要知道，开头那17年根本没有任何人注意，"2006年，哈特在一个邮件列表（译者注：邮件列表是互联网上最早的社区形式之一，也是互联网上的一种重要工具，用于各种群体之间的信息交流和信息发布）中写道，"即使是帮助我的朋友们也认为我傻，认为这事没用。"[34]但是，就连哈特的对头也不得不肯定他对这项事业的认真和投入。成年后的哈特几乎一直在贫困线上挣扎，他在乱糟糟的家中清理出房间来租给大学生，赚取一点儿房租，以勉强维持生活。他放弃了传统的工作，不分昼夜地待在那间没有窗户，堆满了书籍和报纸的办公室里，在旧电脑前埋头转换电子书。哈特房间的四壁上装饰着索引卡，上面是他专门用黑色加粗的马克笔抄写的格言警句，全都由大写字母组成，比如马可·奥勒留的名言："一个人学不了他（她）已经明白或是自以为已经明白的知识。"赫伯特·乔治·威尔斯的名言："终极的勇气是心灵的勇敢。"威廉·布莱克的金句："我必须创造自己的体系，否则就会被别人的体系所奴役。"[35]

The Idealist 理想主义者

对于迈克尔·哈特来说，将公共领域的文学作品进行数字化是一种使命和运动。运动得有名字，不过足足15年后他才选中了一个名字。[36]1988年，在位于厄巴纳的家里，哈特躺在铺在地面的床垫上，给自己为之奋斗的事业取了各种各样的名字——"电子书工厂""永无止境的图书馆""银河图书馆"，等等[37]——后来终于选定了一个：古登堡计划，这个名字既能准确体现哈特对社会进行变革的雄心，也暗示他的项目可能具有革新的潜力。

哈特这样的人天生喜欢图书馆。对内心深处质疑权威和流行观点的人、对好奇心超越年龄和课堂知识的人，以及对过程而不是结果更感兴趣的人而言，图书馆是一个礼物。它们就像大型的仓库，存放着各种未经过滤的信息，如果不愿意依靠老师或长辈的指点，而是想要自己得出结论，你一定会用到这些信息。就像普特南在19世纪90年代所说的，一个有好奇心的人就算不能或不想上大学，"在公共图书馆一样能够用类似的学习经验装备自己，去追求更高水平的教育：人类在历史、科学或艺术上积累的精华都在图书馆，随时免费供你阅读"。[38]80年之后，这个人类知识的宝库变得更丰富，使用起来也比以前方便多了。

如果说图书馆培养了像哈特这样的人，而数字计算机和网络则激发了他们的灵感。"1971年，当我第一次发现自己能进入互联网的时候，那种感觉，就像漫画里画的那样，好像一盏灯突然在头顶闪了一下似的。"哈特后来写道。[39]几十年来许多心怀不满的书呆子也和他有同样的感受。现实世界青睐外表出众和八面玲珑的人，鼓励墨守成规、听话服从，并且有意强化体系的不公平之处。网络却提供了另一种可能。过去，大型组织有一套方法控制信息及其自由流动，导致产生并且固化贫富差距，而权力阶层和专家们也愿意巩固这套体系。可是具有分散性结构的互联网一出现，便打破了这样的结构。"随着个人计算机的出现，信息越来越直接地影响了创作，我们有很大的机会再来一次文艺复兴。"哈特在20世纪80年代早期说道。[40]对很多人来说，互联网和计算机都是能够平衡这个世界的工具。

美国政府并未意识到如此激烈的社会变革竟然有赖于自己的一臂之力。在后斯普特尼克时代（译者注："斯普特尼克1号"是人类第一颗人造卫星，由苏联研发制造，后斯普特尼克时代便是指这颗卫星发射之后的时期），美国对科学研究增加了投入，其结果之一就是国防部创建了一个叫作高级研究计划署的机构。这个部门起初负责太空领域内的工作，自美国航空航天局成立后，它便转移了研究重点，成为官方的研究和开发实验室，专注于短期内无甚实用价值，却可能在未来具有重要意义的项目。其中之一便是被称为"阿帕网"（英文为ARPANET，其中ARPA为高级研究计划署的英文简称）的分布式计算机网络系统。

阿帕网是互联网的前身，是为了解决一个后勤问题而组建的。当时，如果一个加利福尼亚的研究人员需要使用位于波士顿的计算机，就得亲自到波士顿跑一趟，耗时费事而且效率极低。假设他能够从加利福尼亚轻轻松松地接入波士顿的计算机，就能节约很多时间，也能很快得到运算结果。于是，高级研究计划署就组建了阿帕网，以便属下的电脑能够进行远程交流和数据传输。但是计划署第一任项目经理J. C. R. 利克莱德（互联网之父）还有一个更宏伟的网络计划。

虽然美国国防部希望阿帕网能够让美国变得更强大、更安全，利克莱德却希望它能让人们变得更聪明、更快乐。"利克最基本的世界观，"按照凯蒂·哈夫纳和马修·莱昂在《网络英雄》（*Where Wizards Stay up Late*）一书中所说，"就是技术进步能够挽救人类。"[41]机器的存储、检索和处理能力能够帮助人类提高效率，减少错误和无谓的竞争，反过来人类又能够继续提高和优化机器。这是个良性的循环，如果能够持续发展下去，便有望达到利克莱德所描述的"人机共生"的状态。

The Idealist 理想主义者

利克莱德曾经参加过 Intrex 项目的会议，对于数据图书馆有着浓厚的兴趣。"我们需要用一台机器来代替书籍，它能轻松地传播信息而不是物质实体。"他在1965撰写的《未来的图书馆》(*Libraries of the Future*)一书中说道。[42]阿帕网正是朝这个方向迈出的一大步。网络能创造一个新的信息分享和扩散平台，这是一个多点输入的信息共享，在这样的网络中，无论是创建者还是使用者，都存在于同一个水平之上。

尽管利克里德在阿帕网完成前就离开了高级研究计划署，但他的精神和抱负都继续引导着继任者的工作。阿帕网在设计时就考虑到了易读性。网络是分散的，意味着没有一个中央控制管理访问权限。它存在于所有连入该网络的电脑中，如果其中一台崩溃了，其他电脑不会受到影响。而且，也许是最重要的一点是，阿帕网的分散化特性导致了去中介化沟通方式的产生。去中介化繁荣了礼物经济，利克莱德将这种"星系式网络"看作是自己送给世界的礼物，而且打算继续持续不断地送下去。

早期阿帕网的使用者几乎全部来自学术机构，他们使用的是学校的计算机，网络设备由美国政府提供，但被禁止利用网络进行商业活动。（直到1995年，这些限制才彻底取消。[43]）所以，早期的使用者被禁止使用网络牟利，仅仅是用来自由地交换信息。

这种慷慨的观念在史蒂文·列维的伟大作品《黑客》(*Hacker*)中被定义成"黑客伦理"。黑客是早期计算机程序员的代名词，他们写代码，相信所有黑客应该与同行们分享代码和计算机资源，而他们的初衷部分来自一个很实际的出发点：当时的计算机资源稀缺，所有的思想只会阻碍生产力。但这同时也是一个有意为之的冷静选择，是黑客们对于世界的期待：世界应该是开放、高效和合作的。黑客伦理被执行得最为认真的地方，就是MIT的人工智能实验室。

正如列维在《黑客》一书中所说，对于计算机程序员而言，人工智能实验室类似于一个乌托邦式的社会主义天堂。实验室主要负责研究开发智能机器，并为此装备了许多计算机。一群年轻的黑客为这些计算机进行编程和日常维护，他们有的是拿薪水的职员，还有一些只是热心肠，只是为了离自己感兴趣的事物更近一些，所以聚集在实验室。这些黑客在一种非常宽松的状态下写着代码，以及维护着实验室的计算机。每个人都能登入计算机，对代码进行研究和优化。每一台计算机终端都不设密码，实验室的门也从来不锁。对许多黑客来说，这地方就像个变相的集体宿舍。1986年，一个曾经在人工智能实验室工作过的黑客理查德·斯托曼，回忆起自己和其他程序员的生活时说："在那儿一待就待到天黑，完全不想停下来。要是累到实在不行了，就随便就近找个平坦的地方，爬上去睡一觉。"[44]第二天，周而复始。[45]

有这么一个热情洋溢、爱搞恶作剧的家伙，他留着黑胡须，研究土风舞，有时候戴一枚徽章，徽章上写着"弹劾上帝"[46]，他就是斯托曼，被史蒂文·列维称为"最后一位真正的黑客"。1974年，斯托曼作为物理学硕士进入MIT深造，晚上则在人工智能实验室研究计算机。一段时间后，他发现自己优先考虑的事项里不再包括继续学习物理，便在1975年退学，全身心地投入与计算机有关的工作中，就此成为人工智能实验室的一位全职程序员。最后，他成了黑客群体里良知的代表、信息共享的坚定捍卫者。

独立而包容的精神赋予了斯托曼和人工智能实验室的黑客们力量，同样也让迈克尔·哈特这样的人获得了机会。他们都是不同于常人的雄心勃勃的人物，在等级森严的社会里不算成功，可是在自己定义的那个世界里却叱咤风云。哈特像斯托曼一样，利用计算机创建了一个自己心目中的理想世界，一个免费传播而不是售卖知识、鼓励利他主义而不是为自己追名逐利的世界。"理想主义——你的思考方式+事物理想的状态——真是太棒了！！！"[47]哈特在自己的日记里这样潦草地写道。在早期的数字乌托邦主义者心目中，计算机就是进行社会改良的理想工具，是将我们的世界重新塑造得更为平等的革命先锋。

然而，这种情况并未持续多久。20世纪80年代早期，个人计算机的时代即将来临。人工智能实验室的一些黑客加入了一个叫作Symbolics的公司，并仿照在实验室的做法使用商用计算机。还有一些人投向了Symbolics竞争对手的怀抱。人工智能实验室的黑客组织日渐式微，他们的动力源泉逐渐被抛弃。但是对于斯托曼而言，这些背叛只不过让他愈加坚定了守护黑客伦理的决心。

斯托曼认为，专利软件有碍礼物经济的发展，也阻碍了知识的自由流动。将软件使用者仅仅当成消费者而非潜在的合作者，就等于认为公众除了钱之外便不再有任何价值。"专利软件制定的原则是'只要与邻居分享软件就是盗版。如果你觉得不公平，来求我们呀'。"斯托曼写道。[48]他不认可这种哲学，所以从MIT辞职，打算开发一套更为自由的计算机操作系统。"有了自由的操作系统，我们就能再次建立合作的黑客团体——可以邀请任何人加入，"斯托曼写道，"而且每个人都可以使用计算机，用不着图谋抢夺朋友们的。"[49]

他把这个项目叫作GNU，这是"GNU而非Unix"（英文是GNU's Not Unix，Unix是一套流行的计算机操作系统。Gnu在英文中还有"牛羚"的意思，是一种毛茸茸的大个子角马，假如你眯缝起眼睛，再发挥些想象力，会发现这种动物跟斯托曼有些许相似之处）的"递归首字母缩写"。为GNU项目工作了将近两年后，斯托曼再次依照自己的原则，建立了"自由软件基金会"。

自由软件基金会一直秉持一种理念：自由和开放获取信息与计算机代码是一个简单的正义问题。这个组织认为软件不应受到授权、密码等可能在计算机程序员和使用者之间激发对立关系的限制。"我致力于开发免费软件，是因为有一个理想化的目标在鼓励着我，那便是让自由和合作的精神传播开去，"斯托曼写道，[50]"我要鼓励免费软件的传播，取代影响合作的专利软件，让我们的社会变得更美好。"

迈克尔·哈特深有同感。虽然两人为之奋斗的领域不同，但他们共享相似的工具、目标和方法。可是，他们还有相似的盲点。免费软件和免费文学本身并不一定能让社会更美好，同样的，访问受限的书籍和计算机软件也不一定会让社会变糟。以文化产品为核心而兴起的商业行为能够为这些产品带来更多的用户，使它们为普罗大众所接受，否则它们可能一直被局限在黑客和爱好者的小圈子中。

但是商业文化一直与哈特和斯托曼这样的"一根筋"不太合拍。免费软件、免费电子书和免费文化，它们还有更为宽泛的社会功能，那就是鼓励使用者自己去思考，而不是对权威人物的话全盘接受以及被动地接受别人的文化产品。"我们的观点是，从底层改变世界，而不是自上而下地进行改变。"哈特后来写道，"如果等着上层人物赞同我的打算，哪怕他们将我们的等待时间减半，你今天也绝对不会知道我的名字和古登堡计划。"[51]

尽管哈特自认为古登堡项目自1971年便已存在，但事实上在起初的20年左右，它大部分时间仅仅存在于他的脑海里。哈特那一时期的文章里也从未提及古登堡或类似的项目——他可是一个几乎将每个想法都记录下来的人。他不断将许多赫赫有名的文献进行数字化——1972年是《人权宣言》(the Bill of Rights)，1973年是《美国宪法》(the U. S. Constitution)，接下来是一部又一部的爱国文献。[52]20世纪80年代，他完成了钦定本《圣经》(Bible)的数字化。但是在这个阶段的大部分时间里，古登堡计划仅作为哈特的一个爱好而存在，他只是断断续续地做着这件事，而外人对此还一无所知。

"我不快乐，是因为潜力还没有发挥出来。"哈特在1983年这样记录自己的心情。[53]这些年他在许多不同的技术领域工作过：立体声音响销售、系统分析、计算机咨询，等等。他成了一个写投诉信的高产作家，不断投诉某些公司、政府机构和个人，总之是任何未能达到他那不现实的高标准的对象。（"我真不知道你想从科尔曼这里得到什么。"一位科尔曼户外用品公司的代表在给他的回信中哀怨地说道。[54]）哈特一度想着离群索居，建一个自给自足的农场，"装备发电机，面粉厂，如果有人会用的话，也许可以再来一台织布机"。[55]他结过婚，但是婚姻没能维持多久。从头到尾，他总在想着怎样以及何时自己才能够有所作为。

1984年，苹果公司发布了麦金塔电脑（简称Mac），这是为日常的非技术性用户设计的第一代家用计算机，适合哈特的产品的市场开始渐渐形成。发现个人计算机领域利润可观的公司开始生产并销售家用计算机，淘汰了20世纪60年代的庞然大物。微软公司的比尔·盖茨——其MS-DOS和Windows操作系统逐渐主宰了个人计算机市场——以及苹果公司的史蒂夫·乔布斯，并没有被空想社会主义者那套关于数字先锋的说辞所打动。他们只想赚钱，不想拯救世界，但是随着他们将计算机引入家用领域，那些淡泊名利的技术控还是因此而得到了更多的关注。

哈特加入了几个由个人计算机爱好者建立的俱乐部和组织，并且遇到了愿意分享他的兴趣（也许还算不上伟大的野心）的人。1988年，他写下了心中的预感："一种充满力量而且意义非凡的事物即将到来。"[56]既然个人计算机越来越普及，而且哈特也建立了一定的人脉关系，他便开始试着把自己闷在家里做的电子书项目转变为古登堡计划。哈特将自己的理念逐渐朝更大的范围传播。"完美文字（Word Perfect）用户组的成员们，"他破天荒地推广起自己的项目来，"想不想加入自古登堡发明活字印刷术以来最宏大的书籍项目当中来？"[57]当时的古登堡计划已经拥有10部作品，但是和哈特一样持乐观态度的人并不多，大家普遍认为无法收入更多的作品了。

"我认为你的想法没有未来。哪会有人需要坐在计算机屏幕前看书呢？"1988年，伊利诺伊大学香槟分校的院长说道。哈特当时在这所大学做无薪兼职教授，院长建议他应该重点尝试"把文章制作成动画，再制作成录影带"。[58]同一年,一位加利福尼亚的朋友告诉哈特,圣何塞州立大学的一位教授讥讽建立数字图书馆的想法。"看来图书馆馆长和出版商担心一旦电子出版流行起来,他们会饭碗不保,"哈特的朋友评价道,"哈哈!"[59]

哈特很喜欢安·兰德的小说《阿特拉斯耸耸肩》(Atlas Shrugged),这本书中隐隐透露出一个观点,即真正的伟人容易被身边的平庸之辈淹没,常常不为自己的时代所欣赏。这或许也是哈特一生的故事。即使如此,他还是努力制作电子书,哪怕全世界的人都不想读,也不配读。"不经过努力的尝试,怎么能知道自己无法让世界变得更美好?不竭尽全力尝试的话,我永远也不会快乐。"哈特在1990年写道。[60]同年1月,哈特参加了美国图书馆协会的冬季会议,推广他的电子书和古登堡计划。他在会议上许下承诺:"到2000年12月31日为止,就算只能靠我一个人输入,我们也要制作出1万部适合在计算机上阅读的作品。"[61]事实证明,他不必如此辛苦。

1990年,一位叫作蒂姆·伯纳斯-李的英国计算机科学家写了一篇文章投给欧洲原子核研究委员会的内部刊物。这是一个位于瑞士的粒子物理研究所,伯纳斯-李在这里负责软件工作。和以往许多怀抱理想主义的程序员一样,他也成为理查德·斯托曼的拥趸。伯纳斯-李在文章中写道:"近年来,关于应该自己写软件,还是从供应商处购买软件的问题,人们争论不休。如今有了第三种选择,而且它的作用越来越大,可以看作是软件供给领域的一场变革。"他指的是自由软件基金会和古登堡计划。伯纳斯-李在考虑,斯托曼的主意是否可以应用在自己为原子核研究委员会负责的工作中。"就像我们出版物理刊物一样,有时候是否也可以免费'发布'我们的软件呢?"[62]在这篇受斯托曼启发而写就的文章刊登在《欧洲核子研究中心》(CERN)一年后,伯纳斯-李践行了这篇文章的主要理念,向全世界免费发布了一个被他称为"万维网"的项目。

The Idealist 理想主义者

万维网常常被人们当作互联网的同义词，但实际上它们并不是一回事。"信息高速路"是很古老的比喻，不过用在这里还算贴切。"高速路"就只是一条路，它一视同仁地承载各种交通工具。汽车、卡车、摩托车、房车等，它们都在高速公路上行驶，而道路本身没有任何偏好，它只是一种基础设施。互联网可以看作是一个运行不同程序的高速路。你享受的邮件服务是其中一种，即时消息应用也是一种，还有 Gopher（信息检索工具）、Lynx（纯文字网页浏览器）和 Usenet（新闻组，一个电子讨论组）等：所有这些程序都使用互联网。而万维网只是这些程序当中的一种，允许计算机彼此交流的软件。

万维网之所以盛行，是因为它具有互联能力。万尼瓦尔·布什的麦麦克斯储存器（Memex）曾试图捕捉两个相异的想法或事实之间的关联轨迹，而万维网通过允许用户直接链接到其他文档或网址实现了这一功能，这叫作"超文本"。超文本模仿了现实生活中蜘蛛网的形态，它由许多线（超文本链接）组成，线朝四面八方延伸出去，与一个又一个的节点相接——那就是网站。

就和蜘蛛网一样，万维网很善于捕捉。随着越来越多的人上网——特别是1993年，历史上第一个能够显示图片的网页浏览器 Mosaic 发布之后——古登堡计划终于成为一个名副其实的"计划"，哈特和他那日渐疲惫的手指不再是孤军奋战了。古登堡计划的消息传开去，志愿者出现了。"你的项目似乎是在为全人类造福，它一定会越来越重要，"得克萨斯州休斯敦市的戴维·邦兹在1992年的信中写道，"怎样才能助你一臂之力？"[63]

"古登堡计划，怎么说呢，真希望我能拿钱支持你，不过我只能贡献一本公共领域的书来支持这个了不起的计划。"[64] 一个叫作尤尔根·黑森的人在1993年写信给哈特，随信还寄来一个软盘，里面有一本已经完成数字化的书——《最后一次运行的东方快车》（The Last Run of the Orient Express）。但是，我还是提供公版的电子书以支持这个绝妙的想法。

"你好，迈克尔，"马萨诸塞州水城的乔·汉金斯在1995年写道，"这个光盘里是埃德加·A.盖斯特的《一堆生物》(*A Heap O'livin'*) HTML格式的所有文档。"[65]

随着在线文档的增加，古登堡计划逐渐引起了媒体的注意。一些记者虽然不太相信数字图书馆的作用，却被其新奇性所震撼。美联社在1995年2月刊登报道称："虽然尚不清楚怎会有人需要下载整篇马克·吐温的《康州美国佬大闹亚瑟王朝》(*A Connecticut Yankee in king Arthur's Court*)，但是这个项目当中最精彩的地方是：那本书就待在虚拟书架上，等着你来挑。"

古登堡计划有一个供志愿者和好心人使用的在线邮件列表，在每个月末，哈特会在上面发表内部简讯，将最近完成数字化的作品标题列出来。在1995年3月的简讯中，他自豪地宣布第250本作品完成了数字化，这是一本漫无边际，有的地方略显古怪，但却极为真诚的电子书，叫作《互联网简史》(*A Brief History of the Internet*)，作者不是别人，正是迈克尔·哈特本人。[66]这本书先是回顾古登堡计划的历史，以及如何不被人看好一路走到今天的过程：

> 如今古登堡计划已经拥有大约500位志愿者，他们遍布世界各地，有的人把最喜欢的书录完便消失不见，有的人是博士，有的人是部门领导，有副总裁，有做过大量版权研究的律师，还有的人单凭一己之力就录完了20多本电子书。"感谢"二字分量太轻，根本不足以表达哈特的感受。热泪可能是唯一恰当的表达方式。

众人拾柴火焰高，这个没人理会、不被理解的图书馆不仅生存了下来，而且发展得越来越好。在20世纪80年代早期，哈特预测计算机技术会带来一轮新的复兴，如今即使不能说他的预言成真，但至少不完全是妄想。"迈克尔·哈特试图改变人性，"哈特在《互联网简史》中写道，"他说人类的本性就

The Idealist 理想主义者

是阻止网络拯救世界。"[67]

1995年,一个版权问题引起了美国国会的注意。在美国1976年版权法签署19年后,欧洲各国都修改了版权法,将创作者控制其作品的权利延展到作者身后90年,而美国法律相关规定仅仅为作者身后70年。全球化正随着互联网的普及而逐渐加速,美国与欧洲在版权上的差异显然限制了美国公司乘着全球化的东风赚取利润的雄心。必须要做点儿什么了。

于是,就在那一年,参议员奥林·哈奇提出了《版权期限延长法案》(the Copyright Term Extension Act),建议将美国版权期限延伸到作者身后90年,以此向国际标准看齐。这项法案也造成许多作品推迟进入公共领域,故而对于古登堡计划这样的项目而言,能够电子化的作品数量便大大减少了。1995年,参议院举办了听证会,对这一调整是否值得进行了讨论。

绝大多数议员的回答是"值得"。按照国会版权听证会的重要传统,许多名人也提交了声明,详细解释加强版权保护对他们自身和对美国都有益处的原因。曾为动画电影《美女与野兽》(Beauty and the Beast)和《海的女儿》(The little Mermaid)配乐的作曲家亚伦·孟肯宣称,如果让美国版权期限保持原有期限,即作者终生再加上死后70年,是"对所有美国人的不公平,特别是在这样一个时代,在这样一个我们自称在全球信息高速路上处于领袖位置的时代"。[68]著名音乐人如卡洛斯·桑塔纳、鲍勃·迪伦和唐·亨利也事先准备好声明,反复重申这种情况不公平。

"我以作词人的身份进入这一行的时候,坚信自己从事的行业不仅能为世人带来快乐,还能给我的孩子打下一个牢靠的基础,给他们一个稳定的生活保障。"桑塔纳写道。[69]"我认为,作曲家的作品应该永远属于他和他的家人,最后它们还应成为他子孙后代的财产。"迪伦如是写道。[70]"我有很多帽子。"唐·亨利说,但是他并未延续这个有趣的开头,详细讲述自己成为帽子控的过程，却话锋一转，说道如果到了2050年，他的孙子无法收取《龙舌兰日出》(Tequila Sunrise)这首歌的版税，那简直是天大的不公平。

在词曲作者们争取续展版权保护期的同时，还有一些人在试图贬低公共领域。美国电影协会主席杰克·瓦伦帝，也是一个赞成延长版权期限的说客，他将公共领域形容为杂草丛生、垃圾遍地的荒地，并对国会说："因为公共领域并不真正属于某个人，所以没有人真的在意它，了解了这一点，我们也就能理解延长版权保护期这件事了。"[71]但也有一些法学教授为公共领域说话，比如美国大学教授彼得·盖茨就表示："我在浏览有关美国版权立法历史的资料时，震惊地发现国会几乎从不聆听公共领域使用者的意见。"[72]但是，这些反对的声音并不讨别的与会者喜欢。当瓦伦帝发言结束后，委员会主席，即参议员哈奇特别提到自己能够在美国电影协会的办公室看到首映新片时有多么开心，而且他接着对瓦伦帝说："坦白说，我之所以喜欢这么做，就因为能经常和你打招呼。"[73]

公共领域到底为何而存在？这个问题1976年的人们没有答案，到了1995年仍旧无法回答。随着数字经济的崛起，万维网开始让一些人发家致富。就像20世纪80年代，人工智能实验室许多黑客的出走曾经威胁到黑客伦理的存在一样，20世纪90年代中期万维网的流行以及其在商业上的潜力，可能使得第一批使用网络的数字乌托邦主义者被边缘化。

"我当然不能说自己发明了互联网，但据我所知，在网络出现后最初的10年时间里，我是第一个明白它潜力的人，"哈特在自己的博客中写道，"我的开拓精神所做的第一件事是，一旦当商业和政治势力联合起来篡夺民众的权利，又将民众置于权力的牢笼下，好叫他们无从得知这权利来自何处，是何时以及如何产生的。"[74]1996年年初，这个观点在古登堡计划上得到了印证。

自从1970年的大型主机时代开始，伊利诺伊大学香槟分校一直在间接支持古登堡计划，学校一直允许哈特利用学校的计算机资源。哈特不仅仅是校友，同时也在这所大学担任顾问，在校园里常常能看到他的身影，而他本人也对学校的好意和支持习以为常。学校一直主动且乐意提供这项服务。1989年，该校计算机服务部门的一位官员为哈特和他那处在萌芽状态的数字图书馆写了一封认可证书。"如果我们的资源更丰富些，便可以把古登堡计划纳入校方，"他写道，"但事实上，我们能提供的只是有限的支援和无限的鼓励。"[75]

仅仅过了6年，学校提供给古登堡计划的支持和鼓励便缩水了。人们的需求在不断变化当中。古登堡计划的服务虽然免费，可是它全靠志愿者进行维护，文本风格也太过朴素，而且创始人还带着反政府主义的标签，所以它很快就被订阅数据库迎头赶上。后者理直气壮地收取费用，然后利用收入提高自己的服务。古登堡计划虽然仍旧是有史以来第一家在线图书馆，但已经不是最好的在线图书馆了。

当哈特于1971年第一次见到Xerox Sigma计算机时，材料研究实验室鼓励自己的员工对机器进行探索。如今，这所大学已经知道计算机的用途以及不能用于做什么。现在，古登堡计划为学校提供的价值已经不值得校方继续为其提供无偿的支持。1996年1月，几乎刚好是古登堡项目创建25周年，香槟分校的计算机和通信服务处增加了对计算机资源的需求，因而通知他，他访问学校计算机的权限将在7月份被取消。[76]

哈特惊呆了。古登堡计划问世已25周年，正在稳定成长中，哈特要在新千年到来之时完成1万本电子书的目标虽然依旧很困难，但并不是遥遥无期了。可是一旦被赶出校园的网络系统，将会带来毁灭性的结果。哈特必须说服学校改变主意，必须让学校看到古登堡计划真正的价值。

所以哈特请古登堡计划的支持者和朋友们给学校发送邮件，请求校方慎重考虑。"邮件短一些，只要说你们想支持这个项目，觉得它存在于伊利诺伊大学香槟分校的计算机网络有意义就行了。"哈特写道,"让我们的项目保留下来花不了多少成本,可学校的政治气氛就是如此。我们的账号可能要被踢出系统,没有和官方搞好关系的人都会被系统删除。在过去25年的服务期间我们很少费心去维护这种关系,现在要想再维护起来也很不容易。"[77]

成百上千的邮件从全世界各地发往学校,纷纷述说着这个手工作坊打造的古怪图书馆对其众多用户而言有多重要。"我上网后不到两天就有人向我介绍了古登堡计划。我先是学会了发邮件,使用 FTP,然后就学会在哪儿阅读古登堡计划里的文档,"克里斯·A.佩特罗写道,"虽然网上有很多别的资源,可是未加任何限制的却很少。我觉得古登堡计划、GNU 计划之类的项目都是真正体现网络精神的地方。这些人是出于发自内心的热爱才做的这些事情,这是送给全人类的礼物。在不断进行的社会实验中,唯一的基本理念一直是而且现在仍旧是分享——分享信息、工具和知识。"[78]

"我认为,在这样一个网络空前发展的年代,如果古登堡计划成为被抛弃的项目之一,那将是一种耻辱。"安德鲁·欧文写道。[79]

"当人们以更快、更便利的方法获得各种各样的文学作品资源时,不论这些作品的质量如何,篇幅是长是短,人们都能得到拓展思维的机会。通过对这些作品进行比较、对比和综合,人们就能获得知识,可是如果没有机会获得这些资源,一切都是空谈。"冈瑟·W.安德森写道,"请让古登堡项目继续下去,它带来的价值远远大于其消耗的成本。"[80]

弱者胜利,反面人物忏悔,英雄从此在网上快乐生活,这是舞台上的大团圆结局。可是现实生活往往残酷得多。电子邮件运动没有奏效,伊利诺伊大学香槟分校撤销了哈特的系统账号。

在账号即将过期的前一天,哈特在给支持者发送的邮件中写道:"我们不知道零点过后还能怎样与你们联络,但我们会想办法坚持下去。"[81]"纵观人类历史，除了供我们呼吸的空气之外，从未有任何资源是任由人们自由取用的。现在，我们第一次拥有了足够多的书籍副本，哪怕历史上的所有人人手一本都绰绰有余。"

"我们不能放弃这个'第一次'。"

虽然古登堡计划遭受了重创，但事情并非毫无转机。到了1997年，古登堡项目在卡内基梅隆大学找到了新家，最终，古登堡项目被纳入了一个非营利基金会。哈特和他的志愿者们一直在坚持不懈地将更多的书籍进行数字化。

1997年9月4日，哈特成功地宣布，古登堡计划发布了第1000本电子书，它就是但丁的《神曲》。哈特为自己"职业的里程碑"举行了庆祝活动，可他仍旧忍不住指出，除非美国的版权法掌握在读者们手里，不然未来这样的里程碑可能会越来越少，越来越遥远。古登堡计划已经有力地证明，版权支持者对公共领域的轻视是不正确的。它证明了网络能帮助许多作品获得新生。如果只依赖于出版商的重印，这些作品可能永远不会为人所知。

可是，尽管有古登堡计划这样的先锋存在，尽管互联网的出现已经成为新的信息检索和传播的媒介，但主流的官方对于知识产权的态度仍然没有变化。公共领域仍旧被当作阻碍而不是机会。思想狭隘的担忧依旧与公众的利益混为一谈。1971年，哈特说，他认为假如有一天人们有机会把国会图书馆掌握在自己手中，那时候美国政府一定会通过法案，将这一行为定为犯罪。互联网的兴起也许预示着一场信息革命的到来，可是从当权者的角度来看，革命是很糟糕的事情。

"每当有一种新的出版技术出现，并承诺让普通人拥有家庭图书馆，就会出现新的法案对其进行制止，把所谓的'信息时代'扼杀在摇篮里，"哈特警告说，"信息时代到底是谁的信息时代？我们希望那是属于你的。"[82]

1. 迈克尔·哈特（Michael Stern Hart）个人资料（1964—2010），伊利诺伊大学存档，1号柜，"随笔"（*Essay*）文件夹（以下简称"哈特个人资料"）

2. 哈特个人资料，伊利诺伊大学存档，1号柜，"大学材料"（*College Material*）文件夹

3. 哈特个人资料，伊利诺伊大学存档，3号柜，"1966—1967年通信往来"（*Correspondence 1966—1967*）文件夹

4. 哈特个人资料，伊利诺伊大学存档，1号柜，"随笔"文件夹

5. 引自同上

6. 哈特个人资料，伊利诺伊大学存档，3号柜，"1966—1967年通信往来"文件夹

7. 哈特，《有关教育的记录》（*Educate Mem*），2003年1月22日，详见：http://hart.pglaf.org/educate.mem.txt. 最终他们接受了他，这意味着也许董事会成员们有着极高的包容心，也许那一年厄巴纳地区的鹰级童子军候选人数量少得可怜。

8. 引自同上。也是在同一天，他威胁要起诉一位老师，因为对方阻止他学习高阶的数学和科学课程。

9. 哈特个人资料，伊利诺伊大学存档，1号柜，"随笔"文件夹

10. 引自同上

11. 哈特个人资料，伊利诺伊大学存档，3号柜，"1966—1967年通信往来"文件夹

12. 引自同上

13. 引自同上

14. 哈特，《有关教育的记录》，2003年1月22日，详见：http://hart.pglaf.org/educate.mem.txt

15. 哈特个人资料，伊利诺伊大学存档，1号柜，"1990年生活回顾"（*Life Review 1990*）文件夹

16. 哈特个人资料，伊利诺伊大学存档，1号柜，"随笔"文件夹

17. 引自同上

18. 引自同上

19.《迈克尔·哈特的推荐信》（*Letters of Recommendation from Michael S. Hart*），详见：https://web.archive.org/web/20110612153429/http://promo.net/hart/letters.html

20.《SDS：Sigma计算机系列之一》（*SDS: The Sigma Family*），详见：http://archive.computerhistory.org/resources/text/SDS/SDS.Sigma.1967.102646100.pdf

21.《牛津英语词典》（*Oxford English Dictionary*）

22. 路易斯·T. 米里克（Louis T. Milic），《下一步》（*The Next Step*），《计算机与人文科学》（*Computers and the Humanities*），第1卷第1期，1996年9月，4

23. 详见：http://www.gutenbergnews.org/about/history-of-project-gutenberg/

24. 哈特宣称自己第一次接触 Xerox Sigma V 计算机时，这台机器就已经与阿帕网联网，但记录显示，直到 1971 年年底，伊利诺伊大学才正式成为阿帕网的节点之一。有可能哈特记忆当中的网络只是一个与其他大学计算机形成链接的局域网。

25. 哈特个人资料，伊利诺伊大学存档，16 号柜

26. 哈特个人资料，伊利诺伊大学存档，7 号柜，"关于古登堡计划的早期手写历史，1980 年"（*Early Written History of P.G. c. 1980*）文件夹

27. 哈特发送给书人（Book People）的电子邮件，2006 年 1 月 13 日，详见：http://onlinebooks.library.upenn.edu/webbin/bparchive?year=2006&post=2006-01-13，13

28.《古登堡计划发展史》（*History of Project Gutenberg*），详见：http://www.gutenbergnews.org/about/history-of-project-gutenberg/

29. 哈特个人资料，伊利诺伊大学存档，9 号柜，"听证会"（*Hearing*）文件夹

30. 哈特个人资料，伊利诺伊大学存档，7 号柜，"关于古登堡计划的早期手写历史，1980 年"文件夹

31.《古登堡计划发展史》，详见：http://www.gutenbergnews.org/about/history-of-project-gutenberg/

32. "37000"这个数字来自瑞贝卡·J. 罗森（Rebecca J. Rosen）《古登堡计划创始人迈克尔·哈特的遗赠》（*The Legacy of Project Gutenberg Founder, Michael S. Hart*），《大西洋月刊》，2011 年 9 月 8 日刊

33.《对迈克尔·哈特的介绍》，2006 年 1 月 1 日，详见：http://hart.pglaf.org/intro.me.txt

34. 哈特发送给书人的电子邮件，2006 年 1 月 12 日，详见：http://onlinebooks.library.upenn.edu/webbin/bparchive?year=2006&post=2006-01-12，3.

35. 哈特个人资料，伊利诺伊大学存档，1 号柜，"信奉的格言警句"（*Framed Aphorisms*）文件夹。顺便说一句，哈特对布莱克（Blake）这句名言的引用有误。布莱克在《耶路撒冷：巨大艾尔比恩的化身》（*Jerusalem: The Emanation of the Giant Albion*）中的原话是："我必须创造一个体系，否则就会被别人的体系所奴役。"

36. 哈特发送给书人的电子邮件，2006 年 1 月 12 日，详见：http://onlinebooks.library.upenn.edu/webbin/bparchive?year=2006&post=2006-01-12，3.

37. 哈特个人资料，伊利诺伊大学存档，6 号柜，"古登堡计划命名，1971 年"（*Brainstorming Names for P.G. c. 1971*）文件夹

38. 普特南，《美国图书馆之重要性》，487

39. 哈特，"业余人士的狂欢"（*The Cult of the Amateur*），详见：http://hart.pglaf.org/cult.of.the.amateur.txt

40. 哈特个人资料，伊利诺伊大学存档，1 号柜，"随笔"文件夹

41. 凯蒂·哈夫纳（Hafner）和马修·莱昂（Lyon），《网络英雄》（*Where Wizards Stay up Late*），34

42. 利克里德（Licklider），《未来的图书馆》（*Libraries of the Future*），6

43. 如果美国国家基金会（NSF）没有取消这一限制，而互联网直到今天仍处于非营利状态，我们的生活会是怎样？也许这是一个值得深思的问题。

44. 萨姆·威廉斯（Sam Williams），《若为自由故》（*Free as in Freedom2.0*），78

45. 20 Go To 10

46. 威廉斯，《若为自由故》，54—55

47. 哈特个人资料，伊利诺伊大学存档，1号柜，"1979及2000年日记（第1部分，共两部分），日期不详"（*Journals，folder 1 of 2，1979，2000，undated*）文件夹

48. 理查德·斯托曼（Richard Stallman），《GNU项目》（*The GNU Project*），详见：http://www.gnu.org/gnu/thegnuproject.html

49. 引自同上

50. 理查德·斯托曼，《反叛权：务实的理想主义》（*Copyleft: Pragmatic Idealism*），详见：www.gnu.org，https://www.gnu.org/philosophy/pragmatic.html

51. 《对迈克尔·哈特博客的介绍》，详见：http://hart.pglaf.org/myblog.int.txt

52. 哈特个人资料，伊利诺伊大学存档，7号柜，"古登堡计划——1991到1992年简报"（*Project Gutenberg – Newsletters 1991 — 1992*）文件夹

53. 哈特个人资料，伊利诺伊大学存档，1号柜

54. 哈特个人资料，伊利诺伊大学存档，3号柜，"1974—1985年通信往来"文件夹

55. 哈特个人资料，伊利诺伊大学存档，9号柜，"海门·哈特与爱丽丝·伍德比，1975年"（*Hymen Hart and Alice Woodby，c. 1975*）文件夹

56. 哈特个人资料，伊利诺伊大学存档，1号柜，"1990年生活回顾"文件夹

57. 哈特个人资料，伊利诺伊大学存档，8号柜，"邓肯的研究——1987至1990年往来信函"（*Duncan Research – Correspondence 1987 — 1990*）文件夹

58. 哈特个人资料，伊利诺伊大学存档，8号柜，"邓肯的研究——1987至1990年往来信函"文件夹

59. 哈特个人资料，伊利诺伊大学存档，标题为"杰弗·波利基（第1部分，共两部分），1992年"（*Geof Pawlicki Folder 1 of 2 1987 — 1988，1992*）文件夹

60. 哈特个人资料，伊利诺伊大学存档，1号柜，"1990年生活回顾"文件夹

61. 哈特个人资料，伊利诺伊大学存档，2号柜，"美国图书馆联盟仲冬会议"（*American Library Association Midwinter*）文件夹

62. 吉利斯与卡里奥，《万维网是怎样诞生的》（*How the Web Was Born*），209

63. 哈特个人资料，伊利诺伊大学存档，6号柜，"古登堡计划——1992年往来信函（第2部分，共两部分）"（*Project Gutenberg – Correspondence 1992，2 of 2*）文件夹

64. 哈特个人资料，伊利诺伊大学存档，6号柜，"古登堡计划——1993年往来信函"（*Project Gutenberg – Correspondence 1993*）文件夹

65. 哈特个人资料，伊利诺伊大学存档，3号柜，"1995年往来信函"（*Correspondence 1995*）文件夹

66. 哈特，《互联网简史》，详见：http: //archive.org/stream/abriefhistoryoft00250gut/pg250.txt

67. 引自同上

68. 美国参议院司法委员会（*U.S. Senate Committee on the Judiciary*），《1995年版权期限延长法案》，44

69. 引自同上

70. 引自同上

71. 引自同上

72. 引自同上

73. 引自同上

74. 哈特，《我为什么开始写博客》（*Why I started [sic] My Blog*），详见：http: //hart.pglaf.org/whyblog.txt.

75. 哈特个人资料，伊利诺伊大学存档，6号柜，"古登堡计划——1985至1989年往来信函"（*Project Gutenberg – Correspondence 1985—89*）文件夹

76. 哈特个人资料，伊利诺伊大学存档，7号柜，"古登堡计划支持者的来信（第2部分，共3部分）"（*Letters of Support for Project Gutenberg，Folder 2 of 3*）文件夹

77. 迈克尔·哈特，《古登堡计划#500》（*Project Gutenberg #500*），1996年3月，详见：http: //www.ub.uni-dortmund.de/listen/inetbib/msg04134.html.

78. 哈特个人资料，伊利诺伊大学存档，7号柜，"古登堡计划支持者的来信（第1部分，共3部分），1996年"（*Letters of Support for Project Gutenberg，Folder 1 of 3，1996*）文件夹

79. 引自同上

80. 哈特个人资料，伊利诺伊大学存档，7号柜，"古登堡计划支持者的来信（第2部分，共3部分），1996年"文件夹

81. 古登堡计划每月简讯，1996年6月9日，详见：http: //www.gutenbergnews.org/19960609/pg-monthly-newsletter-1996-06-09/

82. 哈特发送给书人的电子邮件，1997年9月4日，详见：http: //onlinebooks.library.upenn.edu/webbin/bparchive?year=1997&post=1997-09-04$4

第五章

争取公共领域的官司

剥夺信息的流通和可及性不仅仅是个糟糕的政策,而且很不道德。

The Idealist 理想主义者

　　1995年，家住新罕布什尔州的埃里克·埃尔德雷德决定给三个女儿的家庭作业帮帮忙。[1] 埃尔德雷德家三胞胎的阅读任务是纳撒尼尔·霍桑的《红字》（*The Scarlet letter*），但是她们读起来很慢。埃尔德雷德觉得也许小姑娘们不是不喜欢霍桑的这本书，而是对那本平装书过时的版面实在没兴趣。于是，他创建了一个网站，把《红字》放到网上：配上插图，解释了语境，还运用了超级链接，总之是一个让人眼花缭乱的版本，而不是古登堡计划提供的那种纯文本。

　　虽然这个项目没能让女儿们成为霍桑的粉丝，但埃尔德雷德很享受这个过程，他开始将这位作者的其他作品进行数字化。很快，他就建立了霍桑作品的在线档案。与今天网上数不清的便捷功能相比，这样的项目可能算不上特别新颖，但是在20世纪90年代中期，埃尔德雷德的工作却被视为一种让经典文学重放光彩的创意尝试。1997年，埃尔德雷德一手打造的霍桑作品网被评选为人类最好的20个网站之一。[2]

　　埃尔德雷德开始将更多的作品上传到他设立的"埃里克网上出版社"网站，其中包括亨利·詹姆斯的《黛西·米勒》（*Daisy Miller*）、路易莎·梅·奥尔科特的《一个老式的感恩节》（*An Old-Fashioned Thanksgiving*），以及威廉·狄恩·豪威尔斯的一些作品。（豪威尔斯在1879年曾说过"版权应该永不过期"。[3]）埃尔德雷德开始为自己的项目追求更宏大的意义。"我认为自己所做的事情是为了促进民主的发展，提醒人们尊重他人，相互理解，是为了提高读写能力，以及对文学的欣赏……许许多多温暖美好的事情。"埃尔德雷德后来写道,"我想告诉给大家这一切多有意义。"[4]

就像早期的古登堡计划一样,埃尔德雷德独自撑起了网站的运作和经费。文本是在自家电脑里编辑好,再通过一个调制解调器上传的。尽管受到种种限制,但是到1998年为止,埃尔德雷德已经将100多兆的经典作品编辑成适合线上阅读的格式。[5]这一大批书籍都是在1922年之前首次出版的,所以到1998年绝对已经进入了公共领域。[6]埃尔德雷德的图书馆逐渐发展壮大起来。

埃尔德雷德住在新罕布什尔州一个离曼彻斯特不远的大型农场小镇上,诗人罗伯特·弗罗斯特也曾经在这里生活过。埃尔德雷德希望为诗人1923年的诗集《新罕布什尔》(*New Hampshire*)创建一个网络版本,以表达对诗人的怀念。这本诗集即将于1999年1月进入公共领域[7],其中包括弗罗斯特许多脍炙人口的诗篇"雪夜林边小驻""美景易逝"以及诗集同名诗"新罕布什尔",其中作者写道:"他们能够售卖的/是这个国家或人类的耻辱。"

诗人创作时所怀的感情是不带任何功利色彩的,但是另一方面,企业家们却不会怀有艺术家那样对商业又爱又恨的心情。1998年10月,迪士尼等企业担心具有商业价值的卡通人物形象版权到期,考虑到他们的要求,国会最终通过了一部版权期限延长法案,也即参议员哈奇最早于1995年提出的那份议案。[8]为了纪念当时逝世不久的国会议员和词曲作者桑尼·波诺,这项法案被命名为《桑尼·波诺版权期限延长法案》(*The Sonny Bono Copyright Term Extension Act*,以下简称CTEA)。桑尼·波诺的未亡人玛丽·波诺宣称她的丈夫"希望其作品永远受到版权保护",所以他在国会的前同事们的决定让他心愿得偿。[9]CTEA规定,创作于1978年之前的作品版权期限延长到第一次出版后95年,而创作于1978年后作品的版权期限为作者身后70年。

这项法案的通过被艺术家和作家视为一次胜利。"将版权保护期限延长

20年，能够确保美国公众继续享受我国著作者们的贡献。"来自迪士尼世界的故乡、佛罗里达州奥兰多市的国会议员麦科·勒姆在法案获得通过时如是说道。[10]但是，CTEA同样产生了负面影响：埃尔德雷德将失去对《新罕布什尔》进行电子化的权利。

CTEA是国会试图让美国的知识产权法案跟上数据时代脚步的努力之一。总统比尔·克林顿在签署这一法案的第二天，又签署了《数字千年版权法案》（*The Digital Millennium Copyright Act*，以下简称DMCA），联邦政府开始立法保护网络作品的版权。DMCA不仅将绕开版权保护技术的行为视为犯罪（比如，使用某个昂贵的计算机程序之前要将其激活，这便是一种保护技术），而且禁止人们通过网络说明如何做到这一点，甚至也不允许提供能够看到这些说明的链接。[11]

DMCA使得版权方有权利强制网络服务供应商将非法提供受版权保护资料的网站关闭。数字资料的坚定拥护者声称，这个法案将在线文件分享视为非法，是与日常的公平使用原则相悖的。人们习惯于买了新书或是影音资料后与好朋友共同分享，在生活中将一张索尼和雪儿的《我得到了你，宝贝》（*I Got You, Babe*）唱片拿给朋友听，这在法律上没有任何问题，但是如果将这首歌的数字版本放在网站上供他人下载，那就违反了DMCA的条款。

在法案通过的前一年，也就是1997年12月，克林顿总统曾经签署过一个类似的法案，叫作《禁止电子盗窃法案》（以下简称NET Act），规定对于未经授权在线传播享有版权保护的信息资料的行为，即使传播者没有商业企图，也将会被施以重罪处罚。NET Act的本意是为了填补所谓的"拉马奇亚漏洞"。[12]1994年，MIT一个叫作大卫·拉马奇亚的本科生被控告进行远程欺诈，因为他操控一个在线公告板，邀请网友免费下载软件。法院考虑到拉马奇亚在操控该服务时没有商业动机，网络诈骗的罪名不成立，因而此案被驳回。即便如此，理查德·斯特恩斯法官在驳回起诉时依旧尖锐地批评了拉马奇亚，评价他的行为

"说得好听一点儿是无心之过，说得严重些就是无政府主义，是自我放纵，缺乏基本的价值观"。[13]

版权登记官向众议院法院与知识产权小组委员会提交了一份声明，其中说道，因为缺乏有力的法规来规范像拉马奇亚这种文化上的"混沌特工"，网络很容易成为盗版的聚集地，甚至可能将创意作品的合法市场毁于一旦。"在有形复制的范畴内，针对带有'商业目的'的侵权行为进行制裁，便能够限制商业范围内的侵权；可是在网络世界里，即使没有'商业目的'也可能造成巨大的经济损失，所以有必要针对网络环境制定一个新的标准。"[14]说到底，信息还是想要卖个好价钱。

这三项法案为版权方提供了非常有利的武器，用来对抗自我放纵的无政府主义者、不遵守道德标准的骗子，以及所有无意中侵害版权的人。可是它们同样妨碍了迈克尔·哈特和埃里克·埃尔德雷德这样自愿提供图书馆服务的人。哈特和埃尔德雷德都是"书人"（一个供电子书爱好者们交流的在线邮件列表）的活跃用户，而且两人都在其中发泄了自己的愤怒。"新法案简直荒唐，有了电子出版技术，像我这样的人才可以低成本快速地出版图书，比传统出版商好得多。"埃尔德雷德对CTEA获得通过十分不满，"如果说这是为了遏制技术进步，保护传统出版商继续他们老一套的保护主义措施，那倒是讲得通。"[15]

"我在近30年前着手开始古登堡计划时就预料到，等到一个巴掌大小的盒子里就能存下100万本书的时候，这事儿估计就变成违法的了。"哈特在"书人"上说道。[16] "书人"这个名字来自雷·布拉德伯的小说《华氏451》（*Fahrenheit 451*），书中虚构了一个社会，它禁止书的存在，国家会定期将书烧毁。哈特将这个新法案解读为与书中做法类似的反乌托邦举措，其目的是为了保障企业利益而阻止知识的传播。在"书人"中，哈特写道："若要恢复从前的公共领域，让民众享受应有的权利，一场以时间和生命为代价的革命在所难免。"[17]

埃里克·埃尔德雷德表示赞同。新法案简直就是对埃里克网上出版社赤裸裸的攻击。如果他未经授权便将弗罗斯特的书放上网，有可能被控犯罪。埃尔德雷德因为身患重复性劳损已经被迫提早退休，如今依靠工人赔偿金生活，他不想进监狱，也付不起罚款。"许多年之后，等我死了，这个社会将会发现这一切都是疯狂的。"埃尔德雷德苦恼地在书人中写道。同时，他决定永远地关闭埃里克网上出版社。就在这时候，他接到一个名叫劳伦斯·莱西格的哈佛大学教授打来的电话，他说自己正在寻找一个由原告发起的挑战控制公共领域的立法判例。[18]

劳伦斯·莱西格是哈佛大学的一位法学教授，也是哈佛大学贝克曼网络与社会中心的研究员。尽管他领导过一场倡导放宽美国版权法限制的运动，却不会让人觉得他特别激进。莱西格"已经成为一个右翼的忠实共和党人"，而且为保守的查德·波斯纳法官和安东宁·斯卡利亚法官当过助手。[19]他的发际线朝脑后逐渐退缩，露出一个令人印象深刻的大脑门；他的眼睛不大，总是眯缝着，从镜片后看人。《洛杉矶时报》(The los Angeles Times)曾这样描述他："苍白安静，一副不想打扰到隔壁格子间里同事的样子。"[20]

莱西格在为斯卡利亚法官担任助手时，曾为他讲解在先进的计算机上如何使用词典功能，为说服最高法院更新其过时的内部计算机系统出了一份力。[21]从那时起，莱西格一直努力让政府相信，技术革新并不可怕。他和埃尔德雷德一样，认为美国的版权法已经偏离了初衷，而且忽略了数字文化的事实。"只要将某本书进行数字化就等于复制，"他后来写道，"就需要得到版权方的允许，音乐、电影和其他受版权保护的作品皆是如此。有人愿意把它们提供给学者或研究人员，可是却被法律禁止了。"国会显然没有重新考虑这些法规的打算，所以若想推翻延长的版权期限，夺回公共领域，便只能诉诸法庭了。

起初，莱西格考虑请迈克尔·哈特担任CTEA案的原告，甚至他还亲自飞到乌尔班纳去讨论合作的可能性。可是哈特坚持要在这个案子中扮演一个更加活跃的角色,而且他想在莱西格的诉讼案情摘要后附上一份极易引发争论的个人声明。哈特的声明"辞藻非常华丽,但是人们听了只会觉得我们是一群疯子",莱西格后来回忆道。[22]他们的合作没能谈成,不过莱西格后来找到了一个更加稳定的合作对象。[23]

他找到了埃里克·埃尔德雷德。"再也找不到比他更合适的人了,"莱西格的同事乔纳森·齐特赖恩向《高等教育纪事报》(The Chronicle of Higher Education)谈到埃尔德雷德时说,"他那张脸上没有一丝身负重任者身上那种典型的自负。"[24]在埃尔德雷德身上,莱西格看到的不是喜怒无常的怪咖,而是一个顾家的好男人,一位经典文学的爱好者。"我尽量不掺和政治。我只是喜欢书,喜欢与人们分享书籍。"埃尔德雷德写道。[25]虽然如此,但是在和莱西格碰了面,喝了咖啡,讨论一番之后,他便同意继续放开自己的网站,并且决定签字参与这个案子。他们准备在1999年1月提起诉讼。

2002年10月,埃尔德雷德告阿什克罗夫特案进入了最高法院,此案在美国公共领域的支持者群体当中引起了轰动。(译者注:阿什克罗夫特是美国司法部部长。这个案子到达联邦最高法院时被称为 Eldred vs Ashcroft,因为在美国凡是控告美国国会通过的法律违宪案,都是将司法部长作为被告。)这个群体里有法学教授、图书馆长、计算机天才,还有一些爱书的人,尽管人数不多,但个个都满怀热诚。就像体育爱好者从四面八方赶赴现场为喜欢的球队呐喊助威一样,在莱西格即将在美国最高审判机关为埃尔德雷德案进行辩护时,有不少公共领域的支持者也来到华盛顿特区给他加油打气。同样,像体育粉丝喜欢举行车尾野餐会一样,他们中的一些人也打算小聚一下。

10月8日,口头辩论的前一晚,为了保证第二天一早就能进入法庭,好多埃尔德雷德的支持者夜宿在最高法院的台阶上。他们这一晚过得很是丰富

第五章 争取公共领域的官司　　　　　　　　　　　　　　113

The Idealist 理想主义者

多彩：玩桌游、唱歌，甚至叫外卖比萨吃。(好心的警官还告诉他们哪几家比萨店能把外卖送到法院台阶上来。)[26] 一位来自旧金山的作家和档案保管员丽萨·雷恩也参加了夜宿，她带来一台录影机，请同伴们说明自己在做什么，为什么来到法院，并录了下来。

"为什么你大老远地从芝加哥跑到这儿来看埃尔德雷德的辩护呢？"雷恩问台阶上的一个伙伴。这是个十来岁的小男孩，穿着一件棕色夹克衫。他拉了下拉锁，并未做出回应，似乎这个问题让他有点迷惑。"因为能见到最高法院，而且这个案子很有名。"亚伦·斯沃茨最终回答道。他歪着头，停了一会儿又接着说，"而且……是拉里邀请我来的，我没法拒绝。"[27]（译者注："拉里"是莱西格的昵称。）

当时，亚伦·斯沃茨几乎是全美国年纪最小的公共领域的支持者。他那时年仅15岁，但是却很有思想。他家住在伊利诺伊州海兰帕克市富庶的郊区，因为受到劳伦斯·莱西格的邀请，所以即使在没有父母陪同的情况下他仍决定独自飞往华盛顿特区，前来观看这场口头陈述。他们是在那一年更早些的时候认识的，然后便一直保持频繁的联系。两个人都对版权改革怀有兴趣，所以拥有很多共同语言。"莱西格问我那天是否有空来，我笑了，因为我当时就觉得(现在也这么觉得)没什么比这更值得做的事了。"斯沃茨在2002年写道。[28] 他在宾馆开了一个房间，但那一晚上大部分时间里他还是选择待在最高法院的台阶上簌簌发抖，因为这里有来自全世界的，与自己有着相同感受的人。

亚伦·斯沃茨一直都很难融入同龄人的圈子。在尚未正式投入版权改革运动之前，他就与同龄人格格不入，因为他志趣的深度和广度远远超出同龄的孩子，而且经常态度激烈地表达不同寻常的观点。在学校里，他回答点名的方式不是答"到"，而是"我思故我在"。[29] 他到处宣传《青少年解放手册》(the Teenage Liberation Handbook)里的价值观。他的名片——他可是个有名片的孩子——上列着的头衔分别是"作家、黑客、小孩",而职业那一栏则是"紧急加密无政府主义"(译者注:"加密无政府主义"即利用加密手段实现无政府主义)[30]。他那样急迫地消耗自己的青春,仿佛它是即将熄灭的太阳,而事实上,它的光芒一直被人们忽略,直到最后终于真的没入了黑暗之中。

亚伦出生于1986年11月8日,下面还有两个弟弟。他的家在海兰帕克,是一个与计算机接触非常频繁的家庭。他的父亲罗伯特·斯沃茨的工作与计算机相关,家里有各种各样有用的机器。"我们是最早使用网络浏览器的一批人,"罗伯特·斯沃茨回忆道,"我们用ISDN上网,并很快就被这种技术吸引了,但当时知道它的人并不多。"[31]

很快,亚伦·斯沃茨就对计算机和信息技术,以及如何利用前者得到并组织后者产生了狂热的兴趣。("我觉得自己没有什么特别的技巧,只是起步时比较有优势而已。"斯沃茨后来说道。[32])少年时期的斯沃茨就编写了简单的电脑程序,还给自己、家人,以及当地一个叫作"芝加哥力量"的《星球大战》粉丝俱乐部建立了网站。2000年,斯沃茨组建了一个叫作The Info Network的网站,这是一个协作百科类网站,每个人都能参与编辑。实际上它和维基百科基于同样的理念,但是它领先于后者面市好几个月。[33]

就在那一年,《芝加哥论坛报》登载了一篇文章,对这位神童和他的线上百科进行了报道。"在万维网上将'真正的信息'带给人们,是13岁的亚伦·斯沃茨的工作。他讨厌屏幕上出现任何横幅广告、赞助信息和各种各样的垃圾信息。"[34]文章的开头写道。"那不是网络的目的所在。网络存在于开放的标准和自由的基础之上。"斯沃茨解释道。

13岁的斯沃茨遇到了与自己有着共同理念的人,他们都希望网络的功能越来越强大,世界因此而变得更加美好。他被他们所吸引,参与了创建在线留言板和"书人"的工作。"我们是一个非常特别,有些不太成熟的合作者群

第五章 争取公共领域的官司 115

体，大家互帮互助学习编程。不，不是学习怎样编程——是怎样为了改变世界而编程。"斯沃茨的朋友祖科·威尔科克斯-奥赫恩（Zcash 创始人）后来写道。[35] 斯沃茨对这项工作非常投入。

祖科成年之后才结识了斯沃茨。所有在这些邮件列表里活动、讨论与开放信息和网络应用相关问题的人都是成人，其中大部分是专业的程序员和学者，研究这些问题是他们的本职工作。而斯沃茨是一个十几岁的胖男孩，还剪了个难看的发型。他自然没有大肆宣扬自己的年轻，但是当大部分与他有邮件往来的人得知他的年龄时，都大为吃惊，因为他表现出来的智慧根本没有让他们感觉到异样。

"网上的合作者们常常年轻得让我自惭形秽，但是知道亚伦·斯沃茨才上八年级的时候，我简直惊呆了。"一位叫作盖比·比格多夫的开发人员于 2000 年 7 月 3 日在 XML 信息列表里写道。[36] "我一般尽量不提年龄的事，因为那样的话很快就会有人因此而不信任我，挺难过的。"斯沃茨回复道。

> 谢谢所有不仅仅在年龄问题，而且在所有事情上都撇开成见的人，所以这些建立标准的工作才得以推进，我们才能为将来建立网络。我不认识你们大家，可是每当想到语义网的无限可能性我都很激动。标准确立得越快越好。这不难——一个八年级的小家伙都能做到！我们开足马力吧。[37]

"一开始只是通过文本接触这些人，"身为软件工程师的书人成员丹·康诺回忆道，"这家伙会写代码，提的意见总是很高明，你知道他是你的同事，仅此而已。可是突然间，听说他才 14 岁！这感觉，只能说'天哪'！"[38] 接下来，起初的惊讶褪去了，我们也就耸耸肩回到工作中去了。这些人多少算是继承了人工智能实验室的黑客伦理。他们组成了一个扁平的组织结构，不是靠年龄或头衔建立地位，而是靠对群体的贡献。如果你有想法，又愿意承担一些责任，根本没人管你几岁。

"我在网上有了好朋友，"2001年4月，14岁的斯沃茨写道，"他们没有一个住在我开车就能到的地方，没有一个和我年龄相仿。甚至在那些还算不上'朋友'的网友当中也有很多人，他们只对我的工作进行评论、对我在做的事情表示很有兴趣。我在网上建立了很不错的社交关系——如果仍旧选择与学校的同龄人相处，我可能无法做到。"[39]

斯沃茨在伊利诺伊州威尔米特的北岸乡村私立学校上学，他很早就厌烦了校方制定的规则和传统。校外体育运动是强制性的，大部分项目都让没有运动天赋的斯沃茨感到沮丧。（"有一天，我因为严重的偏头痛勉强逃脱了那天的运动课。真不知道哪个更糟糕：是头痛，还是运动？"他在2000年写道。[40]）家庭作业太多，课堂规矩太多。斯沃茨认为，学校不仅是压抑好奇心，更是扼杀好奇心的场所。而且这所学校的楼梯非常陡峭，而他的书包总是很沉。

2000年秋天，升入九年级的斯沃茨发表了一篇名为"校园颠覆"的博客，在文中他把有组织的学校形容为集中营，而他则领导着一个由孩子们组成的日渐壮大的组织进行抵抗。"他们在我们耳边絮叨：马上停止抗争。简直无处可逃。大脑渐渐停摆，不思考，不挑战，也不问问题了。"13岁的斯沃茨在博客中写道，"你不能这么做，不能放弃，不能让他们控制你。你必须反抗，每时每刻都要反抗。"[41]

斯沃茨将价格不菲的私立高中比作某种极权独裁组织，这说明他并不了解什么叫真正的"制度压制"。而且，13岁的斯沃茨外形欠佳，这肯定也加重了他对学校和学校强制社会化的不满。尽管斯沃茨没有受到排斥，但是他的确不善于在同龄人当中结交亲密的朋友，反而和成年人相处得更融洽。

在前校长罗伯特·雷舍科的记忆中，斯沃茨是个过分自信的小孩。他总

The Idealist 理想主义者

想着安排一场和校长的单独会面，好将一些关于教育改革的书和文章推荐给迷茫的校长。但是，斯沃茨很快意识到教育改革是遥遥无期的。在一个固化的社会阶层划分中，高中生位于最低层，没有权利决定自己需要什么样的教育。不论学生心智有多么成熟，都必须按部就班地读下去。

但是斯沃茨希望自己设计自己的人生，他的父母亲也打算如他所愿。"上高中可能是我有生以来最不开心的经历，"他的父亲罗伯特·斯沃茨后来说，"所以我很理解亚伦不想去上学的心情。" 2001年夏天，斯沃茨给校方发通知说：他不会回学校继续上十年级了。

于是，在高中的最后一年里，斯沃茨便在一所本地的大学上课。他把大部分课余时间都花在网上，沉溺于网络社区中，在这里，不论是年龄还是他相对青涩的外表都不会成为包袱。他在网上认识的人当中，有许多人都与万维网联盟（W3C）有密切联系。万维网联盟是蒂姆·伯纳斯-李组建的一个非营利组织，其初衷是为了提高互联网开发者们的工作效率，进一步让网络信息顺畅而完整地进行流动。当时，万维网联盟的成员是最早理解元数据潜在价值和能力的一批人。

元数据可以看作是网站的条形码。用超市的结账机器扫描条形码，就可以知道你具体买了些什么，价格几何。与之类似，计算机通过读取网站的元数据便可以了解这个网址的主要信息。在2001年发表于《科学美国人》（Scientific American）的一篇文章中，伯纳斯-李、詹姆斯·亨德和奥拉·拉斯莱呼吁建立元数据充沛的"语义网"，"让信息被给予充分定义，让电脑和人们的合作更为顺畅"……在不远的将来，"这些机器能够更好地处理和'理解'它们如今仅仅只能展示的数据，而这些发展会催生了不起的新功能"。[42]

如果整个网络充满了丰富的元数据，那么想要在网上搜寻具体的内容就容易多了。斯沃茨感觉这个想法很不错。"未来将是由成千上万个的通力合作的小块组成——计算机、协议、程序语言和人。"斯沃茨在2002年1月写道，"我们不用再为如何让人们做同一件事而费心，反而应该考虑怎样把大家所做的工作互联起来。"[43]

斯沃茨开始宣传伯纳斯-李的项目，因为他的年轻、聪明和尖锐，自己渐渐也在网上有了名气。"他似乎对自己不擅长的事也信心十足，"同样也参与了这些小组的软件工程师韦斯·费尔特回忆道，"你不能跟他说，'好啦，你又不是专家，你不知道自己在说什么。你只是个没经验的孩子。'他不会听这些老生常谈的，他会反驳。"[44]

在这样一个由一丝不苟的白人主导的专业群体中，斯沃茨的年轻和活力让他很快崭露头角。不过在网上有过接触的人一旦真的见过他本人，就会对他的性格有所了解。自打从高中生活的束缚中得到解放后，斯沃茨每天都有大把自由时间，能够时不时地参加在美国各地举行的计算机会议。2001年秋天，斯沃茨来到华盛顿特区参加一场由奥莱利技术咨询公司举办的会议，这是一家出版技术类书籍和技术手册的出版商。祖科向斯沃茨的母亲再三保证自己会照看好她的宝贝儿子。"她好像完全不知道我的身份。"祖科写道，这是他第一次见到斯沃茨。[45]"我倒没费神'照看他'，但那天我们的确大部分都在一起四处转悠。我还记得，吃午饭的时候他不肯吃汉堡，但是又不告诉我为什么，弄得我很恼火。"

就是在那次会议上，斯沃茨认识了劳伦斯·莱西格。莱西格当时已经在埃尔德雷德案上投入了3年时间，并且即将为版权斗争组建一个新的项目。这个新项目源自于埃里克·埃尔德雷德的一个提议，他认为可以组建一个"版权保护委员会"，对自愿捐献给公共领域的资源进行收集。"这是一个类似于大自然保护协会一样的组织，等它组建完成后，作家及其后代就可以将不再出版可是仍旧值得一读，而且仍受版权保护的作品送到这儿来进行捐赠。"埃

The Idealist 理想主义者

尔德雷德在1998年写道。[46] 在这个想法的基础上，最终形成了"知识共享"这一相对宽松的版权保护协议。

"知识共享"的目的是为了在数字时代的背景下建立更为灵活的版权管理框架。莱西格认为，版权的问题之一就是太过绝对，版权方只要大权在手，就掌控了和作品相关的所有权利。知识共享适用于那些也许只想保留部分权利，同时也愿意为公众留出一些权利的作品。比如，你拍了一张照片，取得知识共享的授权后，便可以授予它不同的使用权限：允许人们不加任何限制地使用它，或是规定不允许用于商业用途，等等。他们并不想消灭版权，而是提供更适应互联网实际运作方式的新选择，这很重要。

在为"知识共享"招兵买马时，莱西格首先找到了词作家兼档案保管员丽萨·雷恩。因为斯沃茨经常活跃在各种网上邮件列表中，雷恩已经对他相当熟悉，便向莱西格推荐了他，建议请他加入帮助创建网站元数据的队伍中。"如果说当时我很轻松地让大家相信有必要请这个14岁的小男孩加入项目，那是撒谎，"雷恩说，"就因为这个，当时我被批得很惨。可是他们一见到他本人就不一样了。人们只要亲眼见到他，就会知道我说得有道理。"[47]

人们一见到斯沃茨，便总是惊讶于他的聪明和热情——有时候甚至感觉到一种威胁。"他有着令人难以置信的高标准，是我们都达不到的，"作为项目人参与该项目的程序员本·阿迪达回忆道，"他对我的工作要求非常严格，而且说话从不避人。这家伙对我太苛刻了，但我不太吃这一套。他在网上的拥护者比我的可多多了。但是这人诚实得过了头，我很难和他一起工作。"

斯沃茨对于知识共享项目道德方面的要求非常直接。他坚定地认为，剥夺信息的流通和可及性不仅仅是个糟糕的政策，而且很不道德。"我们并没有说别人做的事情都很糟糕，我们只是觉得这些授权也许能够帮助人们更好地分享他们的作品，"雷恩在多年后说道，"而斯沃茨却想说：'这个系统太糟糕了，我们得换了它。'"

斯沃茨的武断是显而易见的，只是其中部分原因来自于环境的影响。在不到一年的时间内，他从抱怨被迫拖着沉甸甸的书包去郊区高中上学的学生，成为网络精英合作的对象，许多身份显赫的、聪明的大人开始认真地听取他的建议。能够成为某个运动的一部分，一定令斯沃茨感到非常兴奋。那些非常兴奋的人往往是最响亮的叫喊者。

2002年5月，斯沃茨来到旧金山参加奥莱利技术咨询公司的第一次年度新技术大会，与会者当中包括网络世界里最振聋发聩的呼吁者。莱西格和他的团队打算在会上向大家公开介绍知识共享的理念。对于15岁的斯沃茨而言，这次旅程真是惊喜不断。他经常待在宾馆大堂，要么发博客，要么与韦斯·费尔特和其他在网上认识的人交流。有一天晚上，他在帕罗奥多市"晶晶餐厅"参加了由技术大拿戴夫·温纳和罗伯特·斯考伯举办的"辣面条节"[48]。（第二天早上醒来，斯沃茨"脖子疼，流鼻血，肚子也痛"。[49]）有一天下午，应他的博客粉丝，也是谷歌（以下简称Google）公司的雇员的邀请，斯沃茨参观了Google总部。"我在那里过得很愉快，"他写道，"我见了很多了不起的Google人，还有各种各样著名的设备。"[50]

在会议结束前的倒数第二个晚上，斯沃茨还参加了一个聚会，举办聚会的是处于三角恋爱关系中的主角：丹尼·奥布赖恩、乔恩·吉尔伯特和奎恩·诺顿。在这次聚会上，斯沃茨结识了编写点对点文件共享程序比特流（以下简称BitTorrent）的程序员布拉姆·科恩，运营广受欢迎的博客网站波音波音（BoingBoing）的科利·多克托罗，同样受网友追捧的考柯博客（kottke.org）的杰森·考柯，以及许多其他这样的人。这是一个成人举办、供成人参加的聚会，而斯沃茨只是一个15岁的男孩，但总的来说，他与大家相处得很融洽。（"老实说，这种场面算不上多复杂，"韦斯·费尔特谈到这个时代的技术会议圈子时说，"斯沃茨很明显不如其他人成熟，但是差得也并不是很远。"）晚上11点，奎恩·诺顿叫上大家一起去看乔治·卢卡斯执导的星战系列电影《克隆人的进攻》(Attack of the Clones)的午夜场。斯沃茨坐在第一排，他早把海兰帕克抛到了九霄云外。

会议的最后一天，莱西格以自己的书作《思想的未来》(The future of Ideas)为主题发表了一场演讲。"内容提供方发起了一场保护20世纪商业模式的战争，斯沃茨记下了莱西格的话，到目前为止，他们成功地遏制了创新。他们让全世界相信这不过是个选择，是选择保护合法财产和美国式的民主，还是选择共享。他们赢了，因为这个选择题很简单。可是，现在有了新的的选项。"[51]

他讲话中所说的"新的选项"指的就是互联网及其不可阻挡的去中心化架构。"技术人员需要告诉政客这项技术蕴含的价值，"斯沃茨笔下的莱西格说道，"他们有一种类似瓦伦帝的世界观——'他们在对美国最重要的产业实行恐怖主义战争。'这话不错，但目标错了。科技才是最重要的产业。得有人告诉东边的人（译者注：'东边的人'指的是国会的政客，因为首府华盛顿位于美国东部）这一点。"从根本上说，这就是一则号召勇士们投身于自由文化事业的战斗檄文。亚伦·斯沃茨怎么可能拒绝呢？

斯沃茨的高调和同伴们的热情并没能奏效，因为立法机关坚持将网络视为一种威胁。"没有哪个国会议员会说出有损财大气粗的计算机公司或出版商的话。"埃里克·埃尔德雷德在1998年写道——还有电影公司、电视网和各种大型消费娱乐集团等，而且不难看出为什么。[52]从当代政客的角度来看，"网络能带给人们无形的财富，丰富人们的头脑"是一个与"网络会花掉我的钱"更不引人注目的论据。

CTEA、DMCA和NET Act等法案试图对在线侵权行为进行管控，但是在接下来的5年里，在线侵权逐渐发展成为国际热潮，这主要得益于像Napster这样的点对点文件共享程序的兴起。利用这种程序，人们能够从彼此的电脑上免费下载数字音乐文档。美国唱片业协会是美国唱片公司最初的同业公会，它宣称自从 Napster 于1999年发布以来，音乐版权的价值开始不断下降，而且仅仅由于2001—2002年的违法下载活动，歌曲创作者和音乐公司就损失了总计10亿美元的收入。[53]

在2000年7月的参议院司法委员会听证会上，金属乐队的拉尔斯·乌尔里希强烈谴责了 Napster 的流行。"每个 Napster 的使用者下载一首歌，就等于从歌曲创造团队人员的口袋里拿钱，"乌尔里希说道，并进一步表示，"在我看来，网络大腕们力劝我们采用的新模式跟以前的非法买卖赃物没有两样。"[54] 交易数字音乐文档不是进行信息分享，美国唱片业协会宣称：这样会伤害歌曲创作者、歌手和唱片公司的利益，威胁到现存的整个音乐产业的生存和发展。

他们的说法并非全无道理。在《道德恐慌与版权战争》(*Moral Panics and the Copyright Wars*)一书中，版权学者威廉·帕特里敏锐地指出，主流文化产业的模式是"推式经营"，依靠创造消费者对产品的需求，将电影公司和唱片公司想要销售的产品以他们希望的销售模式卖出。而在线文档共享是"拉式经营"，消费者单方面决定他们想要消费的产品以及消费模式，由文化产业找到方法去迎合消费者的这种需求。拉式经营是合作式的，推式经营则略带强制意味。文件共享程序的日益普及极有可能会催生崭新的合作式生产与销售模式，但文化产业却一门心思地执着于重新夺回他们丢失的控制权。

同样是在2000年7月的那场听证会上，点对点文件共享网络的发明者吉恩·坎反驳那些宣称互联网正在扼杀音乐产业的论点："我们能阻挡新技术的浪潮吗？不可能。那么未来到底会变成什么样呢？如果谋利者顺时而变，如果知识产权的受益者也愿意顺时而变，未来就会一片光明。科技一往无前，跟不上就会掉队。顺者昌，逆者亡。"

The Idealist 理想主义者

随着埃尔德雷德案辩护日的来临，支持者和反对者都想证明自己是有道理的。美国唱片业协会提交了一份关于埃尔德雷德案的"法庭之友意见书"（译者注：在英美法系国家的诉讼案件中，没有直接涉及法律利益的私人或团体主动向法院提出书面报告，以协助法院更公正地做出裁决，这样的报告即"法庭之友意见书"），表达了对延长版权期限的肯定态度。"请愿者用花言巧语掩盖了他们的真实目的：复制别人作品的权利，常常是为了获取经济利益，"美国唱片业协会的律师写道，"仅在音乐业，通过盗版取得的年均收益就超过14亿美元……为了有效对抗这一威胁，国会需要灵活应对。"[55]

当然，支持版权法并非总被看成是保守的行为。相反，版权法的支持者强调延长版权期限能为社会和文化领域带来各种益处，以及如果允许版权过期将会失去哪些优势。苏斯博士公司提交了一份法庭之友意见书，以此来表达对联邦政府、对埃尔德雷德案立场的支持。这份意见书指出，CTEA规定的延长版权期限实际上促进了进步和创造性表达。若没有它们，美国人永远也不可能体验到"苏斯博士的童话世界"所带来的快乐。"苏斯博士的童话世界"是一个耗资1亿美元打造的儿童主题公园，位于奥兰多环球影城。"在苏斯的童话世界里，孩子们可以玩苏斯旋转木马，还有很多以苏斯博士的故事为主题的游乐项目，比如，'戴帽子的猫'和'一条鱼，两条鱼，红色的鱼蓝色的鱼'，等等。"苏斯博士公司在法庭之友意见书中强调，"如果苏斯博士的作品没有受到版权保护，这个公园根本就不可能存在。"[56] 其中的意味再明显不过了：如果这些书进入公共领域，就等于摧毁了所有这些与书有关的主题公园。

当然，说起来也远远不止这些。无论你怎样看待文化产业，一旦利润减少，从业人士就可能遭受失业打击，这是肯定的。从经济角度为长期版权辩护是可以理解的，但是提出类似说法的企业似乎总认为这是唯一有效的解决方法，而且似乎故意对公共领域为公众所带来的益处视而不见。布鲁斯特·卡勒想出了一个新颖的点子，让人们清晰地看到公共领域所带来的好处。

卡勒是一位工程师兼企业家，他曾在MIT的人工智能实验室工作，当时的黑客伦理正处于即将消亡的阶段。为了实现建造一个能够与亚历山大图书馆（译者注：亚历山大图书馆是世界上最古老的图书馆之一，拥有最丰富的古籍收藏，于公元3世纪末毁于战火。今天的亚历山大图书馆矗立在托勒密王朝时期图书馆的旧址上）相媲美的智能化图书馆，卡勒花了20年等待合适的技术和社会环境出现。卡勒身材瘦削，戴着眼镜，外形颇像一个科学类儿童节目主持人。1999年，他以2.5亿美元的价格把自己的公司亚历山大——公司名取自"亚历山大"，也含有"亚历山大图书馆"的意思——卖给了雅虎（以下简称Yahoo），然后将所有的时间和精力投入建立和维护自己的网站"互联网档案馆"中来。这个网站致力于为互联网上曾经存在过的网站建立数字档案。卡勒派小小的"蜘蛛"（译者注：是一种计算机程序）在互联网里搜寻，浏览它们找到的每一个网址，并记录这些网址在任何一个指定日期的状态。这些快照被保存在互联网档案馆的服务器里，仿佛一个超大规模的功能性相册，保存着互联网的过去和现在的样子。（在本书的成书过程中，我曾多次使用"互联网档案馆"进行搜索查询。我觉得布鲁斯特·卡勒挺棒的。）

但是对于卡勒来说，为子孙后代将网站归档只是书籍归档的前奏。2002年，卡勒开始将公共领域的图书上传到互联网档案馆的服务器里，然后买了一辆旧货车，起名为"流动图书馆"。接下来，当完善的公共领域和一位与众不同的具有公民意识的富翁相遇时，最美妙的事情发生了。

流动图书馆是一辆绿色的福特小型货车，车身上印着"里面（很快将）有100万本书"的卡通字样。车里放着几台笔记本电脑，一台高速彩色打印机和一个订书器；车顶装着一个卫星电视碟形天线，它负责连接位于加利福尼亚的互联网档案馆的服务器。2002年的秋天，卡勒带着8岁的儿子、几个朋友，还有一个名叫理查德·科曼的专栏作家，开着流动图书馆穿越了整个美国。他们在盐

The Idealist 理想主义者

湖城、哥伦布、阿克伦、匹兹堡和巴尔的摩先后都有停留,并且曾停在伊利诺伊州的厄巴纳,想给迈克尔·哈特一个惊喜,遗憾的是哈特根本不愿意出门。("我们到他家时,除了看见车道上停着一辆车之外,根本没有任何生活气息。"科曼写道,"前门处一个标志牌上写着'使劲按铃。接着按。停一会儿,再接着按'。我们照此行事,但是没人搭理。"[57])

每当在一个城市停下车来,卡勒都会精神饱满地吆喝道:"快来看呀!我们在做书!"当人群渐渐聚拢来,他便开始向大家展示流动图书馆的作用。通过流动图书馆的电脑可以连上互联网档案馆的服务器,选择一本公共领域的图书,并打印出来,再用订书机装订起来,便拥有了一本新书。"这些书并不完美:有一些打印错误,有些句子断断续续的,用的是直引号而不是弯引号,等等,但总的来说还是很不错的。"科曼在报道中写道。这些书的生产成本也很低:"有了打印机,可以随心所欲地打印,做一本书大概花1美元,流动图书馆的成本投入不到1万美元,我们的图书馆不是借书,而是白送。"

卡勒的穿越美国之旅终止于华盛顿特区,正好赶在劳伦斯·莱西格为埃尔德雷德案进行辩护之前。莱西格在自己的博客上盛赞流动图书馆,说它体现了"一个聪明人的脑子和一个律师的脑子之间的区别。我们带来了官司,卡勒带来的却是流动图书馆"。[58]尽管莱西格在新技术大会上表现得非常有煽动性,但是当最高法院开始审理埃尔德雷德案时,他却反而不那么咄咄逼人了。他试图"利用宪法进行理性的辩论"。[59]在进行开场陈述时,莱西格就表示,国会通过CTEA的决定实际上逾越了宪法规定的版权授予资格。宪法规定版权是一个有限权利,而CTEA违反了宪法关于有限权利的规定。在为最高法庭的这场辩论做准备的过程中,他努力保持这种冷静的心态。埃尔德雷德案是"极少见的通过正确和认真解读法律条款便能得到一个正确答案的案例",莱西格打定主意要通过理由而不是情绪将法庭引向那个正确的答案。[60]

不过他的伙伴们倒是很乐意学习他那种言辞犀利的作风。在埃尔德雷德案开始审理前的几个月里，斯沃茨不断地发表博客，将版权问题界定为一个道德问题。"我真是想不通，人们竟然用'盗版'这个词表示'分享'的意思，"他写道，"当人们埋怨电影遭到盗版的时候，他们是不是真的认为与别人分享电影跟打劫轮船是一样的道德问题呢？"[61]斯沃茨大肆宣扬自己在利用一项叫作LimeWire的软件免费下载受版权保护的音乐。[62]在前往华盛顿观看辩护的途中，斯沃茨幻想着自己在芝加哥机场遇到了杰克·瓦伦帝，并且抛出各种难题，把这个版权拥护者问得无言以对，只得频频"咕哝着低头看表"。[63]可是真正的辩护远没有如此轻松。

在辩护开始的前一天，莱西格发言给支持者加油打气。几天后，斯沃茨在自己的博客上引用了他的话：

> 4年前，当我们开始起诉时，人们对我们大肆嘲笑。"你们想把属于别人的东西据为己有吗？"他们说。没人知道什么是公共领域，媒体认为我们的目的是取消版权。可是现在不同了。每篇文章都很理解这类问题，民众也知道了公共领域的存在。这已经是很了不起的胜利了。
>
> 更重要的是，我们拥有一个团队。我们和伙伴们一起为了自由而抗争。无论明天会怎样，无论法庭怎样裁决，我们都不能失去这个团队，更不要停止这种抗争。革命远未成功，我们仍需努力。

那天晚上，斯沃茨在最高法院的台阶上与志同道合的伙伴们谈笑风生，玩着桌游等待黎明，希望看到一个焕然一新的世界。

埃尔德雷德案进行口头辩论的那个早上，亚伦·斯沃茨仍然睡过头了。他前一晚在法院的台阶上待到深夜两点才回酒店稍作休息。可是，在上床前他不小心按掉了闹钟的闹铃，差一点儿就迟到了。斯沃茨看见审判室里挤得满满的。美联储主席格林斯潘来了,《黑客》(Hackers)的作者史蒂文·列维来了,杰克·瓦伦帝来了,桑尼·波诺的未亡人玛丽·波诺也来了。"审判室本身的构造就令人印象深刻,"斯沃茨在博客中写道,"一切都很高,非常高。"[64]

法庭似乎对莱西格所持论点的法律依据很是怀疑。"很多法官不断重申,他们觉得这是个愚蠢的法案,竟然在没有正当理由的情况下夺走属于公共领域的东西。"斯沃茨后来在自己的博客上写道,"可是他们如果承认CTEA违宪,便表示他们也必须承认1976年版权延长法案同样违宪,而推翻这部延长法显然是他们不愿意做的事。麻烦就在这里。"

这是莱西格第二次在庭审上做辩护律师,他在这方面明显经验不足。莱西格的学者风度有余,却不是个好演员;他坚持说CTEA违宪了,但却不愿意说它是错的,这样一来辩词的说服力便大打折扣。"我认为拉里表现得很出色,后来美国联邦政府首席律师奥尔森(在布什诉戈尔案中为布什辩护的律师)站起来了。"斯沃茨写道,"法官们对他进行了一番盘问,首席大法官伦奎斯特迫使他承认永久版权是违宪的。肯尼迪也迫使他承认功能永久的版权年限(比如,900年)同样也是违宪的。"奥尔森和莱西格谁都没有明显占据上风,当口头辩论结束时,似乎没有哪一方取得了胜利。埃尔德雷德后来在"书人"上总结了这次自己在法庭上的表现:"我们这边雄辩滔滔,而政府的论据却很薄弱。"他还写道:"从记者们的表现来看,也许我能回去扫描图书了。"[65]

2003年1月15日,最高法院以7∶2的结果判处原告败诉。大法官金斯柏格在主要意见书中表示,CTEA是"一部理性的法规",而且法庭"不可随意揣测国会在这一方面的决定和政策决断,不论有多少争议,或是人们认为决策有多么不明智"。莱西格的论点,即不断延长版权期限实际上等同于制定永久性版权期限的说法是站不住脚的,"起诉人对宪法进行了别出心裁的解读,实际上他们极力促使人们相信,国会在制定CTEA的长期版权政策时采取了错误的决断，"最后，金斯柏格下结论道，"可是，国会决策的智慧不在我们随意猜测的范围之内。"

尘埃落定，当产业版权方欢庆胜利时，他们的对手正在努力消化这个不算太意外但仍然很不愉快的结果。"结束了，我们输了，"丽萨·雷恩将自己博客上关于埃尔德雷德案的博文置顶，"公众又输了一局，这一路走来已经见怪不怪。"[66]作家科利·多克托罗在他的网站BoingBoing上表达了失落之情："这篇博客明天该戴上黑色臂章，以哀悼我们共同的文化遗产，感觉像是亚历山大图书馆再次被烧毁了一样。"[67]

法庭给出判决结果的几小时后，埃里克·埃尔德雷德在"书人"上写道："关于下一步该如何进行，我们很想知道你们的想法。"[68]虽然有部分成员贡献了争取公共领域的新想法，其他人却完全陷入挫败和悲伤中。"很明显，他们的最终目的是让公共领域变成一片空白。"迈克尔·哈特写道。[69]莱西格开局便受挫，对于这样一场完全偏向对手的战斗，公共领域的支持者们对自己的胜算产生怀疑，也是情理之中的事。

莱西格后来写道，他错误地将埃尔德雷德案严格作为一个法律问题来处理，而不是将其视作一个道德问题。他在2004年的《自由文化》(Free Culture)一书中承认道："成功劝服数百名观众的时候我靠的是热情，但是站在最高法院，我不希望自己仍旧用热情去说服他们。"莱西格试图以一本书的篇幅，尝试从本质上重新讨论埃尔德雷德案，并将其原则推广至其他文化模式。理性和逻辑也许一直是学术圈的标准，但是政治结果却极少是严格诉诸理性的产物。而美国版权法是一个道德和隐喻的产物。既然你选择了不玩这个游戏，又怎么可能赢得胜利呢？

亚伦·斯沃茨对于高等法院的判决却一反常态的冷静和淡漠。他在自己的博客中添加了一些关于这次裁决的报道链接，然后简单而乐观地说了一句：

"如果我们无法在法庭上推翻它，就应该在立法的时候推翻它。"当值2003年1月之时，谁也不会认为他的选择是合理的。版权产业掌握着所有的优势：许多的钱，经验丰富的游说者，以及已经维持了整整一个世纪的法案。

自由文化倡导者有的是时间。别的不说，至少，埃尔德雷德案给了他们一个体现存在感的机会。他们向整个华盛顿特区以及部分麻木不仁的美国民众展示了他们为之奋斗的事业。"我们是一个新兴的群体！"在高级法院台阶上和伙伴们宿营的那天，丽萨·雷恩就这样说过。[70]这个群体形成于网络的深处，而亚伦·斯沃茨是其中最为大名鼎鼎的成员之一。

1. 安德鲁·L. 福斯特（Andrea L. Foster），《一个书痴的战斗》（A Bookworm's Battle），详见：http://chronicle.com/article/A-Bookworm-s-Battle/10315

2. 引自同上

3.《出版人周报》，1879年3月1日，262

4. 埃里克·埃尔德雷德（Eric Eldred），《书的战斗》（Battle of the Books），最后修改于1998年11月15日，详见：https://web.archive.org/web/20000817031559/http://www.eldritchpress.org/battle.html

5. 引自同上

6. 1998年，埃尔德雷德写道："我认为这些书都应该在公共领域内，理由很充分。但是我不打算止步于1922年之后的出版物。只要是1989年之前出版且没有版权声明的作品，我都把它们视为公共领域内的资源。"见《书的战斗》。

7. 卡尔·S. 卡普兰，《网络出版商挑战版权法》（Online Publisher Challenges Copyright Law），《纽约时报》（The New York Times），1999年1月15日刊

8. 关于迪士尼等传媒公司进行游说的情况，请见达林·方达（Darin Fonda）的《版权十字军》（Copyright's Crusader），《波士顿全球杂志》（Boston Globe Magazine），1999年8月29日刊

9. 加利福尼亚州代表议员波诺（Bono），《桑尼·波诺版权期限延长法案》（Sonny Bono Copyright Term Extension Act），详见《国会记录》（Congressional Record），144：139，1998年10月7日。从美国政府出版署获得。

10. 佛罗里达州代表议员麦科·勒姆（McCollum），《桑尼·波诺版权期限延长法案》，详见《国会记录》，144：139，1998年10月7日

11. 见《环球电影公司诉科里案》（Universal Studios, Inc. v. Corley）。在这个案子中，纽约南区联邦地区法院援引《数字千年版权法案》（DMCA）提出禁令，禁止埃里克·科里（Eric Corley），又名伊曼纽尔·戈尔茨坦（Emmanuel Goldstein）的黑客杂志《2600》网管在该网站传播一个叫DeCss的解密程序，并且禁止提供能够链接到提供此程序的其他网站的链接。第二轮裁决维持了法院的禁令。

12. 由软件出版商协会（Software Publishers Association）的桑德拉·A. 塞勒斯（Sandra A. Sellers）于1997年9月11日，在第105届国会第一次会议上，向众议院司法委员会法院和知识产权分会提出。

13.《法官驳回对麻省理工学院计算机天才的起诉》，路透社，1994年12月29日报道

14. 玛丽贝思·彼得斯（Marybeth Peters），于1997年9月11日，在第105届国会第一次会议上，向众议院司法委员会法院和知识产权分会提出。

15. 埃里克·埃尔德雷德，《书的战斗》

16. 哈特发送给书人的电子邮件，1998年10月19日，详见：http://onlinebooks.library.upenn.edu/webbin/bparchive?year=1998&post=1998-10-22$5

17. 哈特发送给书人的电子邮件，1998年10月19日，详见：http://onlinebooks.library.upenn.edu/webbin/bparchive?year=1998&post=1998-10-19$5

18. 卡普兰，《网络出版商挑战版权法》

19. 史蒂文·列维（Steven Levy），《劳伦斯·莱西格在最高法院进行辩护》（Lawrence Lessig's Supreme

The Idealist 理想主义者

Showdown），《连线》（*Wired*），2002年10月刊

20. 戴维·斯特赖特费尔德，《文化无政府主义人士与好莱坞警察国家》（*The Cultural Anarchist vs. the Hollywood Police State*），《洛杉矶时报》（*Los Angeles Times*），2002年9月22日刊

21. 纳夫塔利·本戴维（Naftali Bendavid），《微软案律师在芝加哥大学初试身手》（*Lawyer in Microsoft Case Cut Teeth at U. Of C.*），《芝加哥论坛报》，1998年1月26日刊，详见：http://articles.chicagotribune.com/1998-01-26/news/9801260179_1_lawrence-lessig-judge-richard-posner-judge-thomas-penfield-jackson

22. 理查德·波恩德（Richard Poynder）对劳伦斯·莱西格（Lawrence Lessig）的采访，2006年4月7日，详见：http://ia802307.us.archive.org/23/items/The_Basement_Interviews/Lawrence_Lessig_Interview.pdf

23. 理查德·波恩德对迈克尔·哈特的采访，2006年3月9日，详见：http://poynder.blogspot.com/2006/03/interview-with-michael-hart.html

24. 福斯特，《一个书痴的战斗》

25. 埃尔德雷德，《书的战斗》

26. 丽萨·雷恩（Lisa Rein），《塞斯的埃尔德雷德案之旅》（*Seth's Eldred Experience*），《丽萨·雷恩的雷达》（*On Lisa Rein's Radar*），2002年11月15日，详见：http://www.onlisareinsradar.com/wp/seths-eldred-experience/

27. 丽萨·雷恩，《亚伦·斯沃茨2002年10月为埃尔德雷德案露宿》（*Aaron Swartz Camping Out at Eldred Oct 2002*），详见：https://archive.org/details/AaronSwartzEldredOct2002

28. 亚伦·斯沃茨，《去法院》（*to the courthouse*），2002年10月5日，详见：http://www.aaronsw.com/weblog/000637

29. 亚伦·斯沃茨，《啊，上学第一天》（*Ahh, the first day of school*），2009年8月29日，详见：http://web.archive.org/web/20010516224049/http://swartzfam.com/aaron/school/2000/08/29/

30. 亚伦·斯沃茨，《每个人都像我》（*everyone looks like me*），2002年7月22日，详见：http://www.aaronsw.com/weblog/000435

31. 对罗伯特·斯沃茨（Robert Swartz）的采访，2013年1月

32. 菲利普·棱森（Philipp Lenssen），《与亚伦·斯沃茨的交谈》，2007年5月7日，详见：http://blogoscoped.com/archive/2007-05-07-n78.html

33. 必须提一下，Info Network的普及程度远不如Wihipedia

34. 丽萨·B. 松（Lisa B. Song），《海兰帕克的少年，互联网的新星》（*Highland Park Teen Is Finalist In Web Competition*），《芝加哥论坛报》，2000年6月23日刊，详见：http://articles.chicagotribune.com/2000-06-23/news/0007290040_1_world-wide-web-arsdigita-boot-camp

35. 祖科·威尔科克斯-奥赫恩（Zooko Wilcox-O'Hearn），《亚伦·斯沃茨的死引发的思考（第1部分）》（*thoughts upon news of the death of Aaron Swartz*），2013年2月6日，详见：http://zooko-on-aaronsw.blogspot.com/2013/02/part-1-by-zooko-wilcox-ohearn-written.html

36. 盖比·比格多夫（Gabe Beged-Dov）发给XML信息列表讨论组的信息，2000年7月3日，详见：https://

groups.yahoo.com/neo/groups/syndication/conversations/messages/241

37. 亚伦·斯沃茨发给 XML 信息列表讨论组的信息，2000 年 7 月 3 日，详见：https：//groups.yahoo.com/neo/groups/syndication/conversations/topics/242

38. 对丹·康诺（Dan Connolly）的采访，2013 年 1 月

39. 亚伦·斯沃茨，《欢迎参与反学校教育》（Welcome to Unschooling），2001 年 4 月 5 日，详见：http：//web.archive.org/web/20010502005216/http：/swartzfam.com/aaron/school/2001/04/05/

40. 亚伦·斯沃茨，"侥幸逃脱……"（I narrowly escaped...），2000 年 8 月 16 日，详见：http：//web.archive.org/web/20010514192627/http：//swartzfam.com/aaron/school/2000/08/16/

41. 亚伦·斯沃茨，《学校的重压》（The Weight of School），2000 年 10 月 8 日，详见：http：//web.archive.org/web/20010517235916/http：//swartzfam.com/aaron/school/2000/10/08/

42. 伯纳斯-李（Berners-Lee）、詹姆斯·亨德（James Hendler）和奥拉·拉斯莱（Ora Lassila），《语义网》（The Semantic Web），《科学美国人》（Scientific American），2001 年 5 月 17 日刊，详见：http：//www.cs.umd.edu/~golbeck/LBSC690/SemanticWeb.html

43. 亚伦·斯沃茨，"我认为有一个……"（I think there is a...），2002 年 1 月 14 日，详见：http：//www.aaronsw.com/weblog/000111

44. 2013 年 2 月对韦斯·费尔特的采访。

45. 祖科，《第 1 部分》

46. 埃里克·埃尔德雷德，《书的战斗》

47. 2013 年 1 月对丽萨·雷恩的采访

48. 详见：http：//wmf.editthispage.com/discuss/msgReader$7506？mode=day

49. 亚伦·斯沃茨，《新兴科技——第 2 天》（Emerging Technologies - Day 2），2002 年 5 月 15 日，详见：http：//www.aaronsw.com/weblog/000254

50. 亚伦斯沃茨，《2002 年 5 月 13 日：参观谷歌》（May 13, 2002: Visiting Google），2002 年 5 月 13 日，详见：http：//google.blogspace.com/archives/000252

51. 亚伦·斯沃茨，《新兴科技——第 3 天》（Emerging Technologies - Day 3），2002 年 5 月 16 日，详见：http：//www.aaronsw.com/weblog/000255

52. 埃里克·埃尔德雷德发送给书人的电子邮件，1998 年 10 月 19 日，详见：http：//onlinebooks.library.upenn.edu/webbin/bparchive？year=1998&post=1998-10-19$4

53. 卡珊德拉·杰奎琳·因姆费尔德（Cassandra Jacqueline Imfeld），《不断抵制新科技：对 1993 至 2003 年间唱片业保护作品版权免受网络侵权战略的研究》（Repeated Resistance to New Technologies: A Case Study of the Recording Industry's Tactics to Protect Copyrighted Works in Cyberspace Between 1993 and 2003），博士论文，北卡罗来纳大学教堂山分校（University of North Carolina at Chapel Hill），2004 年，19

54.《第 160 届国会，司法委员会听证会，第 2 次会议——互联网中的音乐下载是否有好的一面？》（Music on the Internet: Is There an Upside to Downloading? Hearing before the Committee on the Judiciary, One

第五章　争取公共领域的官司

Hundred Sixth Congress, Second Session），2000年7月11日

55. 美国唱片业协会法庭之友意见书摘要（Brief for the RIAA as Amicus Curiae），第11页，《埃尔德雷德告阿什克罗夫特案》（Eldred v. Ashcroft），537 U.S. 186(2003)

56. 苏斯博士公司、L.P等企业法庭之友意见书摘要（Brief for Dr. Seuss Enterprises, L.P, et al., as Amici Curiae），第9页，《埃尔德雷德告阿什克罗夫特案》，537 U.S. 186(2003)

57. 理查德·科曼（Richard Koman），《与网络流动图书馆同行》（Riding along with the Internet Bookmobile），《沙龙》（Salon），2002年10月9日刊

58. 劳伦斯·莱西格，《了不起的布鲁斯特》（Brewster's Brilliance），《莱西格》（Lessig），2002年10月17日，详见：2002，http：//www.lessig.org/2002/10/brewsters-brilliance/

59. 理查德·波恩德对劳伦斯·莱西格的采访，2006年4月7日，详见：http：//ia802307.us.archive.org/23/items/The_Basement_Interviews/Lawrence_Lessig_Interview.pdf

60. 劳伦斯·莱西格，《格林斯潘直指问题中心》（GREENspan points to the place in the middle），2003年4月5日，详见：http：//www.lessig.org/page/194/

61. 亚伦·斯沃茨，《呃，海盗》（Arrgh, pirates），2002年2月4日，详见：http：//www.aaronsw.com/weblog/000158

62. 亚伦·斯沃茨，《LimeWire 真的很不错》（LimeWire has gotten really good），2002年1月24日，详见：http：//www.aaronsw.com/weblog/000143

63. 亚伦·斯沃茨，《旅行记录》（Trip Notes），2002年10月8日，详见：http：//www.aaronsw.com/weblog/000647

64. 亚伦·斯沃茨，《斯沃茨先生去华盛顿》（Mr. Swartz Goes to Washington），2002年10月10日，详见：http：//www.aaronsw.com/weblog/000650

65. 埃里克·埃尔德雷德发送给书人的电子邮件，2002年10月14日，详见：http：//onlinebooks.library.upenn.edu/webbin/bparchive?year=2002&post=2002-10-14，4

66. 丽萨·雷恩，《结束了，我们输了》（It's Over. We Lose），《丽萨·雷恩的雷达》（Lisa Rein's Radar），2003年1月15日，详见：http：//www.onlisareinsradar.com/archives/000831.php#000831

67. 科利·多克托罗（Cory Doctorow），《最高法院判决埃尔德雷德败诉，亚历山大图书馆在燃烧》（Supreme Court rules against Eldred, Alexandria burns），2003年1月15日，详见：http：//boingboing.net/2003/01/15/supreme-court-rules.html

68. 埃里克·埃尔德雷德发送给书人的电子邮件，2003年1月15日，详见：http：//onlinebooks.library.upenn.edu/webbin/bparchive?year=2003&post=2003-01-15，10

69. 哈特发送给书人的电子邮件，2003年1月15日，详见：http：//onlinebooks.library.upenn.edu/webbin/bparchive?year=2003&post=2003-01-15，7

70. 亚伦·斯沃茨，《斯沃茨先生去华盛顿》，2002年10月10日，详见：http：//www.aaronsw.com/weblog/000650

第六章

不合作就干掉他

一个团体之所以成形,是因为成员有着共同的价值观。但是有件事要注意:这个共同的价值观从根本上说是反商业的。

The Idealist 理 想 主 义 者

  2003年，本该念高三的亚伦·斯沃茨开始制订自己的大学计划。他对是否上大学有些犹疑。在"非学校教育"的日子里，斯沃茨摆脱了他人制定的标准，尽情发展自己的兴趣和自我认同。"不上学的感觉棒极了，我感觉到前所未有的放松和平静，"斯沃茨写道，"达到这个目标很不容易，找到该干的事也很不容易，但我还是强迫自己确定好每件事情的轻重缓急，想出最好的工作方法。这在学校是不可能的，因为学校总有人告诉你什么事最重要，又该怎样做。"[1]

  如果因为觉得高中课程挑战性不足而退学，人家会觉得你是一个神童，可要是连大学都懒得上，就只能说明你缺乏学习动力了；因此斯沃茨准备重新跟上主流的教育体制。位于帕罗奥多的斯坦福大学似乎是个前途无量的选择，劳伦斯·莱西格就曾经调到那儿工作。帕罗奥多位于硅谷的中心地带，离旧金山和斯沃茨在旧金山结交的喜欢自由文化的朋友们很近。因此斯沃茨向斯坦福提出了申请，蒂姆·伯纳斯-李为他写了一封推荐信。收到录取通知书那天，斯沃茨用夸张而兴奋的语气在自己博客上记录下了这个时刻："嘿，好吧，大概一个月之前，我想和斯坦福约个会，几乎过了一个月，今天她终于答应了！老天爷，太酷了！！！"[2]

  可是他这股搞笑的热情没能维持多久。在斯坦福的第一个晚上，入校引导为新生们讲解了"校园生活的注意事项，例如，抽大麻要去湖边；酗酒狂欢可以，但是不要吐在地上；绝对、绝对不要在网上分享文件（为了强调第三点，在拿房间钥匙的同时，学校还给我们每人发了一份美国电影协会的传单）"。[3]在斯坦福的第三天，斯沃茨便开始怀疑自己是不是犯了个错误。"说这种话有点瞧不起人的意思，但我的确不认为大部分斯坦福的学生（与教授）有过人的才华，"斯沃茨在博客上写道，"我不该听信别人的话，相信斯坦福是个天才出没的神奇地方。我有点儿失望。"[4]

几个月后，斯沃茨的失望之情变得越发强烈起来。课程很乏味，同学听课不认真，他也没能结交到新朋友。斯坦福和北岸乡村学校差不多；只是人更多些，天气更好点儿罢了。在伊利诺伊的时候，斯沃茨很珍惜自己在网上结交的朋友，其中一部分原因在于他在当地没有能够分享兴趣爱好的同龄人。"我记得，他非常希望他的生活在去了斯坦福之后能有所改观，"他的朋友塞思·舍恩后来说道，"我去那儿看他，他不停地抱怨一切并没有改变——就连他身边的那些本科生也对他所好奇的东西完全没有兴趣。"

从斯沃茨自己的描述来看，他在大一那年的人际关系建设简直堪称一场灾难。他很孤独，缺乏交流对象，度日如年。斯沃茨与身边的同龄人都对对方的兴趣所在毫无感觉。他在博客中用一本正经的口吻，模仿人类学家研究某种粗俗外国文化的调调，记录下自己的大学生活。看起来有时候他孤单得让人心痛：

斯坦福：第58天。
凯特和维基想知道我为什么独自一人边看书边吃早餐，而不和他们聊天。我解释说，尽管他们友善又风趣，但这本书的作者是一位睿智的专业人士，里面满是新奇的事实。他们告诉我，跟熟人坐在一起却不交谈是严重的失礼，没有与人交谈的需要是很不正常的。

第六章　不合作就干掉他

> 我耐心地提出，也许是他们不正常。毕竟，当我愿意聊天的时候是能够聊天的，但是他们却无法独处。他们耐心地指出，我说这种话令他们很恼火，愿意与我聊天的人已经寥寥无几，如果我不想得罪他们的话，最好小心一点儿。[5]

斯沃茨对于大学第一年生活的描述也许不算特别真实。在他大学室友的记忆中，他并不是个孤僻的人。他的朋友祖科在自己的博客上记录了一篇被斯沃茨写下又删掉的博客，讲的是有天晚上，斯沃茨在斯坦福校园里与一个偶遇的女孩亲热的事。"我竟然在和亚伦·斯沃茨跳贴身舞！"祖科记得那女孩说，而斯沃茨则回答说："我简直不敢相信我在跳贴身舞！"[6]

不过就算不像自己描述的那样与世隔绝，斯沃茨对学校的不满仍然显而易见。他的同学们总说上大学是为了发掘自我，可是斯沃茨却觉得在大部分的时间里，自己被迫距离喜爱的事物越来越远。寒假期间，他回到海兰帕克，试图弄清楚为什么会感觉教育系统在剥夺自己的权利。"还记得上高中的时候我便开始寻找造成这种本末倒置的原因，比如，在学校做的事为什么变成了放学回家后的任务。很快我就找到了，"他在博客中写道，"学校就是这样，驱使我们不停地跑，最后脑子里除了跑就没有别的了。"所以，逃离的机会一出现他便迅速抓住了。

斯沃茨正是保罗·格雷厄姆寻找的那种怀才不遇的天才。格雷厄姆是一位电脑工程师兼企业家。1998年，他将与人合办的Viaweb公司以大约5000万美元的价格卖给了Yahoo，从那时候起，他便开始撰写许多有关计算机和计算机爱好者的文章，并且以思想深刻而著称。2003年，斯沃茨节选了其中一篇文章发布在自己的博客上，标题是"书呆子为什么不受欢迎"。格雷厄姆在文章中谈道，在典型的美国高中里，学校用毫无意义的学业负担将最具天赋的学生压垮，这等于在鼓励那些聪明而上进的青少年自杀。"另一个问题，而且可能是更严重的问题，"格雷厄姆写道，"就是我们没有任何真正需要研究的项目。人类喜欢工作，但我们的工作都是漫无目的的，或者，至少在当下看起来是这样的。"[7]（"强烈推荐阅读整篇文章。"斯沃茨写道。）

格雷厄姆还是一位有抱负的风险投资商。2005年，他认为自己找到了众多科技创新公司惨遭失败的原因。当时距离2000年网络泡沫破灭，美国经济被数百万家与互联网毫无关系的网站拖至低谷还不到5年。很明显，原因就是"因为那些网站与互联网毫无关系"。可是它们为什么与互联网无关？为什么科技泡沫被看作是疯狂而过剩的投资所导致的错误？为何它们为无人问津的问题提供模糊的解决方案，将风险投资浪费在坐在办公室一拍脑袋想出来的点子上，却忽略了要保证自己的网站是真正在运作的呢？

首先，在那个资金极度充沛的时代，网站并不需要真正为了吸引投资者而运作。但是格雷厄姆认为，更大的问题在于，风险投资的目标不对。投资者对有着丰富从商经验的人创建的公司感兴趣，这种人在汽车行业工作也好，在 theautoindustry.com（汽车工业网站）工作也好，都一样游刃有余。但是格雷厄姆认为："一个新创公司是否经营成功，主要得看一个人是否足够聪明，精力是否足够充沛，而不是年纪多大，有多少经商经验。"格雷厄姆很是好奇，如果风险投资绕过生意人，直接投资给能够生产产品的聪明的孩子们，结果将会怎样？格雷厄姆把这些固执而聪明的创业者叫作"动物"，他们的办公室里不需要乒乓球桌，只需要一杯胡椒博士饮料和永不掉线的网线。

格雷厄姆决心验证自己的假设。2005年3月，他宣布自己的"夏季创业者项目"开始招贤纳士，他在博客上这样写道："这个项目就像是在夏天打一份短工，只不过我们给的不是薪水而是种子基金，供你和朋友们创办公司。"[8]有想法的年轻技术型创业者可以将创业点子发给格雷厄姆，他会邀请自己看好的申请人去剑桥，参加一个夏季创业营。每个参加创业营的人都能得到6000美元的种子基金，在整个夏天专心钻研产品，同时向格雷厄姆和他的朋友们讨教经验。从理论上说，到了9月，夏季创业营的参与者都应该羽翼渐丰，拟订好了基本的经营计划，具备了必要的洞察力，可以出去寻找真正的启动资金了。"如果你觉得这比在办公隔间里坐上一个夏天要有意思，"格雷厄姆最后写道，"我鼓励你前来申请。"[9]

斯沃茨提交了一份Infogami项目计划书，Infogami是一种网络工具，用来以快点快点（以下简称wiki）平台为基础快速组建定制化的、画面生动有趣的网站。[10]格雷厄姆也许被斯沃茨本人而不是他的点子激起了好奇心，便邀请他前来面谈，亲自阐述自己的概念。在斯坦福的宿舍里收拾行李时，斯沃茨告诉室友自己准备去面试一份夏季工作。他的朋友塞思·舍恩被他的低调逗乐了，建议斯沃茨告诉他们这次的面试官是著名的程序员和评论家保罗·格雷厄姆。"也许吧，"斯沃茨说，"但是他们根本不知道他是谁。"[11]

于是，斯沃茨动身去了剑桥。后来他在自己的博客上将这次面谈描述成一次滑稽而让人茫然的面试。据斯沃茨说，格雷厄姆在整个面试过程中不停地转换话题，而且他根本没把斯沃茨的点子放在心上——"他好像都没仔细看我的计划书。"这位投资者主要的兴趣似乎在于说服斯沃茨放弃他原本的点子，转而考虑格雷厄姆本人的想法，或者至少同意把他的公司名字Infogami改成一个更加朗朗上口的好名字，但是斯沃茨拒绝了。不过，格雷厄姆的亢奋表现也暗示着这位投资者有着极大的好奇心和野心，对于习惯了暮气沉沉的斯坦福的斯沃茨而言，这感觉还挺受用。"我沿着阳光灿烂的剑桥大街信步走去，然后笑了起来，"面试环节结束之后，斯沃茨总结道，"我很自信，觉得自己一定会通过面试。"[12]被他说中了，就在那天晚上，格雷厄姆打电话给斯沃茨，欢迎他加入夏季创业者项目。在经过一年单调的学术生活后，斯沃茨终于再次获得了向前的动力。

转天晚上,斯沃茨回到了加利福尼亚。回到宿舍时,他看到舍友们正各自埋头在计算机前,他们并未意识到他的生活从此被彻底改变了。斯沃茨也没有刻意告诉他们。"我收好自己的计算机,然后就睡觉了,"他写道,"躺在床上的时候我就在想,不论这些人怎么样,反正我心里明白,我已经是个资本家了。"[13]

不过,斯沃茨对待资本跟对待自己的大学生活一样不擅长。在斯坦福读完那个学期后,斯沃茨搬到了剑桥,开始了在Infogami的工作。他有一个合作伙伴,年轻的丹麦程序员西蒙·卡斯坦森,两个人是在网上认识的。"斯沃茨最后在MIT租了这间宿舍,整个夏天我们就窝在那儿为Infogami工作。"[14]这个房间又小又闷,加上他们基本上算是素不相识,所以那种幽闭的感觉就更深了。"我到了那儿,敲(MIT那间宿舍的)门。门开了,我们面面相觑。我们之前从没见过,却要在那里共同生活两个月。"卡斯坦森回忆道,"挺别扭的。"

更别扭的事还在后面。随着夏天的过去,18岁的斯沃茨身上的缺点渐渐暴露出来。他既不是好的管理者,也不是令人愉快的合作伙伴。斯沃茨信不过卡斯坦森写的代码,又把大部分代码拿过来自己重写了一遍。"那是个很难熬的夏天,"卡斯坦森回忆道,最后他回了丹麦,"他让我继续为这个项目工作,可我实在不想干了。"斯沃茨并没有返回斯坦福,而是独自留下来继续创建Infogami。不过接踵而来的失败让他深感沮丧:

> 有一个星期天,我觉得这个项目真是叫我受够了,就去找保罗·格雷厄姆聊一聊,他是几个月来唯一一个支持我的人。"就这样吧,"我对他说,"如果拿不到更多投资,或是找不到合作者,又或者在这个周末没法租到一套公寓,那我就放弃。"格雷厄姆极力劝解我,也想了好些解决

的办法，但我还是看不到出路。[15]

最后，格雷厄姆建议将 Infogami 和另一个同样人手不足的创业项目合并。那是一个叫作 Reddit 的社交网站，用户如果觉得网站上有些链接的内容比较有趣，便可以在这个网站进行分享和评论。斯沃茨被介绍给 Reddit 的两位创始人：亚里克西斯·欧海宁和史蒂夫·霍夫曼。他们期待着与他这样高水平的程序员合作，协力将 Reddit 带上一个新的高度。2005 年 1 月，Reddit 与 Infogami 合并了，可是这个看似焕然一新的项目很快给斯沃茨带来了一次新的失望。

"曾经有一阵，几个月的时间吧，我们感觉很好，我们要开始做新东西了，它肯定要比 Reddit 更宏大，也会比 Infogami 更宏大。"霍夫曼回忆道，[16] "然后呢，几个月下来，明显不是这么回事。"欧海宁和霍夫曼刚从弗吉尼亚大学毕业不久，两人是好朋友。斯沃茨性格内向，总有种仿佛局外人一般的复杂感受。如同他于 2005 年在博客里所写的："我很害怕向别人提要求，哪怕是在电话里跟负责技术支持的人提要求也不行。我善于管理自己的时间，所以厌恶组织活动。我没办法和同龄人交朋友，而且讨厌竞争。"[17]

在一段时间高效率的工作之后，斯沃茨和新同事的工作关系恶化了。"我并非不享受工作，只是觉得那么做会很蠢。"他写道。[18] 当同事们不分昼夜地为网站编程，辛苦经营生意的时候，斯沃茨却任性地置身事外。他三天打鱼两天晒网地为 Reddit 工作，同时还做着其他感兴趣的事情，比如，竞争维基媒体基金会的理事席位、一时兴起便跑到大学去听讲座，以及不停地刷博客，等等。他尝试用时尚饮食法减肥。（"朋友和熟人都催着我多吃，医生觉得我病了，家人以为我得了饮食紊乱。"[19]）斯沃茨买了一个睡袋，决定在某个晚上假装无家可归，露天睡在哈佛广场。[20] "那有什么难的？我想。"

那时候斯沃茨19岁，聪明过人，未经生活历练，却一脚踏入了一个需要比当时的他更成熟、更有责任心的人才能应付的环境中。Reddit项目对他只有一个要求：埋头写程序。可是斯沃茨不愿意被束缚。"我又不想当程序员，"他在2006年5月的博客中写道[21]，"每次翻开一本编程的书，我根本读不下去，因为我总是忍不住想要嘲笑它们。参加程序员会议的时候，我宁愿溜出去聊政治也不想谈编程。写代码的时候尽管也挺开心，但这并不算是我毕生要追求的事情。"

斯沃茨有更大的野心，只是暂时还没被发现而已。2005年3月，在他离开学校开始创业之前，曾在博客上多次提到的对于程序员生活的向往已经逐渐幻灭了。有个熟人问斯沃茨为什么把专业"从计算机科学换成社会学，我说因为计算机科学真的很难，实在是学不好。这当然不是真话。真正的理由是因为我想要拯救世界"。

人类自打出现在这个世界上的那天起，便渴望拯救世界：恪守理想，致力于抗争社会的不公，从根本上改变现状。通常随着年龄的增长，这个理想会渐渐被人们抛弃，变成舒舒服服地坐在酒吧凳上过一番愤世嫉俗的嘴瘾，偶尔投个抗议票表示表示抗议。毕竟，这世界上有许多问题，就算是最有本事的人也无法妥善解决，除非他会黑魔法，或是有神仙出手相助。

但是，就像小说家亚瑟·C. 克拉克的那句脍炙人口的名言"如果科技够先进，便足以与魔法媲美"一样，我认为，足够先进的技术能够激励人们提出各种神奇的新思想。新技术就像一根魔法棒，带着巨大而难以置信的神奇力量，这种力量不仅能挣脱社会的藩篱，甚至连热力学定律也能超越。如今的硅谷充斥着抱负远大的救世主，四处宣扬他们的产品将如何拯救世界，这样的承诺大部分无法证明其真伪，所以听起来既诱人又空洞。

信息学专家罗布·克林和罗伯塔·兰姆就曾经提出："对新技术的探讨就

第六章　不合作就干掉他　　143

The Idealist 理想主义者

像提供一块新的画布，在上面可以重新描画社会关系，使之更符合探讨者的想象。"[22] 十来岁的斯沃茨曾设想过这样一个世界："我想在自己的网站上放什么就放什么，没有任何法律限制。"[23] 这是一个文化共享的世界。[24] 一次偶然的机会，他遇到了和自己想法一致的同龄人。

2005年6月，在搬到马萨诸塞州为 Infogami 工作之前，斯沃茨去华盛顿特区参加了一个以自由文化为主题的会议。在那里，他遇到了三位年轻的政治活跃分子，他们来自马萨诸塞州的伍斯特市，分别是霍姆斯·威尔逊、尼古拉斯·雷维尔和蒂芬妮·程。他们坚持自己的理想已经有一段时间，而且已经引起世界的注意，算是小有成就了。斯沃茨与威尔逊早就在旧金山相识，他还在自己的博客上记录了那次的相遇，他说威尔逊"这家伙很酷"，不过让人惊讶的是，"并不像'顺风而行'（以下简称Downhill Battle）表现的那样极端"。[25]

Downhill Battle 是一个极力倡导数字文件分享的团体，威尔逊、雷维尔和程在2003年创建了这个组织。当时，美国唱片业协会打定主意要把下载数字音乐的美国人从电脑前吓跑，把他们赶回以前常去的沃尔玛超市结账台。这种做法就像垂死的黄蜂本能地要给飞行路线上出现的任何障碍戳上一针一样。2003年9月，美国唱片业协会起诉了来自全球各地的一共261位网络用户，因为在线历史记录显示他们违法下载过音乐文件，美国唱片业协会要求对每一首被下载的歌曲追究巨额的经济赔偿。（被告当中有一位是我的母亲，她的名字之所以出现在网络账户中，是因为我上高中的妹妹用母亲的名字违法下载了几首歌曲。母亲这辈子从未违法下载过任何东西，她曾经被她们的教堂评选为"年度女性"。）

Downhill Battle 的活动家们并非仅仅针对美国唱片业协会的起诉提出批评，毕竟那太简单了点儿。2003年，iTunes 线上音乐商店发布，而 Downhill Battle 随即发布了一个 iTunes 界面的滑稽模仿作品，叫作"iTunes iSbogus"，并且指出音乐家们仍然在遭受 iTunes 的剥削。iTunes 只是简单复制了现有模式，让音乐销售所得的大量利润流进了分销商的腰包，却没有利用互联网创建一个新的音乐销售系统，让音乐人得到更高的回报。这不叫创新，Downhill Battle 宣称，这仍旧是一个不公平的体系，只是披上了一身时髦的外衣。"如果你想支持喜欢的歌手，最好的办法就是先在一个文件分享网站免费下载歌曲，"他们写道，"然后按照自己的意愿给他们报酬，不存在中间人。"[26]

但是这样特别的办法也有缺陷。"愿意打赏多少就打赏多少，给你最喜欢的歌手，这样才能让数字音乐发行系统运转起来，不过前提是你愿意给，不是被迫的。"这样的商业模式可不像魔法心愿，许个愿就灵验了。有的歌手会发现自己通过"能给就给，不能给也没关系"的方法取得一些成功，是因为这些歌手——比如，"电台司令"吧——在与实体唱片公司签约的那些年里，已经聚集了庞大的粉丝群。名气稍逊的歌手靠这种自组织式的商业模式根本养不活自己。

但是 Downhill Battle 坚守阵地，从不退让，斯沃茨很羡慕他们这一点。在斯坦福与那些既不知道、也不关心自由文化正在遭受版权法挤压的年轻人一起待了一年之后，斯沃茨的热情被这个团体彻底激发了。"那时候大部分的版权积极分子都在小心翼翼地反对下载受版权保护的音乐作品，提出音乐产业应该利用法律手段监管下载音乐的做法，Downhill Battle 的网站对他们的尝试做出了回击，并且大声表达出对音乐分享软件的支持，叫人十分惊讶。"斯沃茨这样表达 Downhill Battle 的观点。这个组织的成员同样也是一种"动物"，他们的目标不是追求个人利益，而是社会和政治上的变革。他们很坦然地看待自己和自己在这个世界上的位置，激进地守护着自己的信仰，不害怕与持相反意见的人死磕到底。

斯沃茨却做不到这一点。虽然他在技术会议上表现良好，被那些穿着 GNU 项目的 T 恤和短裤的白人程序员围绕着，但是他在同龄人之中却局促不安。他描述自己第一次参加大学晚会时的尴尬心情:"年轻人动作怪异而富有节奏地摆动着身体,彼此之间靠得很近。我其实是有心理准备的,因为之前在电视上看到过这种情景,但是不管怎么说,还是怪怪的。"[27]斯沃茨在描述中强调了自己与同龄人在身体和社交生活方面的格格不入。

这是他描写自己在伍斯特参加一个派对时的情景:当音乐渐起,灯光变暗,大家都开始跳舞,我则独自回到厨房。当别人玩得开心时,斯沃茨习惯把自己隔离开来,仿佛这样能够让大家都不尴尬,也能掩饰他对自己身体的不自信。不过,这一次霍姆斯·威尔逊来到厨房,问斯沃茨独自坐在这里是否感觉自在。"我想知道是不是应该要求你加入我们,不过我知道有的人喜欢自己一个人的状态。"威尔逊说。斯沃茨犹豫了一会儿,"嗯,"他最后说,"现在,眼下的这个我并没有要去跳舞的欲望,不过却开始怀疑是否应该稍作改变。"

那次会议恰逢周末,斯沃茨和伍斯特的积极分子们在华盛顿到处闲逛。他们去了各种饭馆吃饭,去玩滑板,甚至带着19岁的斯沃茨第一次去了酒吧。("那里很有风格,有球形灯,还有假树枝充当植物。"斯沃茨写道。)对于这次经历的描述是斯沃茨所有博客中篇幅最长,也是最开心的一篇,文字中洋溢着自我探索的快乐。"我和蒂芬妮在前门台阶上待了一会儿,然后她抓住我的手,拉着我跑过街道,翻过篱笆,跑上台阶,来到两栋房子之间的草地上。这片城市中的草原很是迷人,可以随意奔跑,草长得很高,中间有一个荒废的喷泉。"

"难道不美吗?"她问。的确很美。后来我们便回去了,她和一些人准备去酒吧。"你想来吗?"她问。我想去,可同时我也不想再惹麻烦,所以就没跟着去,而是回到了旅馆。我看着旅馆里许多面镜子映照着自己的样子,审视着自己身穿 Downhill Battle 紧身 T 恤的样子。

斯沃茨有生以来第一次努力认同自己的身份，"自由文化运动者"这个头衔似乎很适合他。

在2006年中期，《连线》(Wired)、《纽约客》(The New Yorker)和其他许多家杂志的母公司康泰纳仕集团对Reddit逐渐产生了兴趣。尽管斯沃茨和同事之间关系紧张，但这个网站运行得还不错，渐渐地拥有了很多用户。Reddit提供有效的功能性社会书签服务，因为使用免费，吸引了全世界网友的喜爱。尽管这些用户中大部分的人并未意识到，他们自己也成了Reddit的产品。用户对网站的投入度和忠诚度可以当作商品卖给做网上促销的广告商；从用户的浏览和分享历史中可以提炼出大量的个人信息，也可以卖给广告商。从理论上说，内容生产商甚至可以付钱请Reddit显示用户的背景信息。如果说关注度是萌芽中的社交网站的流通货币，那么Reddit似乎要发财了。

被收购的前景给斯沃茨带来一种存在主义的两难境地。尽管他说过不在乎钱，却也不反对有钱或挣钱。可是，他怀疑自己和同事的工作是否真的配得上商讨中的收购天价。斯沃茨在博客上公开表示对Reddit的存在价值感到迷惑，他记录了自己和一位为Reddit的流行感到讶异的作家之间的谈话：

> "这么说，就是一连串的链接？"他说，"甚至都不是你们自己动手写的程序？"我点点头。"但是那没关系！"他继续说，"为什么它这么红？"
>
> 在公司内部没有人问这种不合时宜的问题。我们只是咕哝些"民主新闻"或是"社交书签"之类的东西，大家都假设这事儿很合理。但是看着这家伙，我意识到自己并没有真正充分的理由。这只是一连串的链接而已，甚至都不是我们自己写的。[28]

"不过是一串链接而已。"虽然这样说不太准确，但还是得说清楚：斯沃

第六章 不合作就干掉他 147

茨并不是把一连串链接扔给同事们了事。"你可以评价某个网站很酷，很蠢，很受欢迎，很烂，很新颖，或是说一堆陈词滥调都可以，"斯沃茨在博客中写道，"但是你不能说，这个网址是瞎糊弄出来的，任谁听了也不会乐意的。"硅谷人的道德观似乎出现了偏差，他们得到的报酬远远超出其创造的价值，而斯沃茨小心地提醒自己，不要与他们同流合污。

斯沃茨在斯坦福大学的那年夏天读了一本叫作《道德迷宫》（*Moral Mazes*）的书，书中记录了作者针对数家大企业的中层管理人员所做的研究。[29]（后来他把《道德迷宫》列为最爱的书之一。）斯沃茨在博客上写道，这本书"讲了一家公司的故事，作者随意选择了一家公司，对它进行细致的调查，阐释了它的运作方式，最终解释了一个问题：为什么那么多心怀好意的人最终却做了坏事"。[30]

这本书的作者、社会学家罗伯特·杰克考尔，描述了一个中层管理者的世界。这是一个充满妥协和借口的世界，在这个体系中，管理者经常因为做了有益于公司却无益于大众的事而得到奖赏。公司制定的大部分制度都是为了保证其本身的存在和延续，企业认为雇员在做任何事时都应该将这些制度放在心上，而不管他们的行为对大众意味着什么。斯沃茨认为，他从书中学到的是"公司管理人员根本不允许有道德感，甚至不允许讲道理。赚钱就是他们的终极目标"。

所以应该说，对于被康泰纳仕集团收购，成为一台巨大的公司机器上的一个小齿轮，斯沃茨心情很复杂。谈判进行了好几个月，斯沃茨、霍夫曼和欧海宁之间原本已经存在的矛盾此时越发激烈了。"我们开始变得易怒，工作起来没有任何效率，"斯沃茨写道，"我们彼此大喊大叫，谁也不搭理谁，然后再次试着一起工作，结果却是又一次的大喊大叫。"[31]斯沃茨退缩到内心的更深处，不工作，也不与两个同事见面。当时整个Reddit只有霍夫曼一个人仍坚持每天上班。"情况太糟糕了，我们都觉得'这事成不了的，还是趁着能卖的时候赶紧卖掉吧'。"霍夫曼回忆道。他们时常感觉等不到被康泰纳仕集团收购的那天，Reddit整个就会从内部分裂。

最终收购还是于2006年10月31日顺利完成了。"这对于Reddit的员工来说是个好消息，也是康泰纳仕的一个明智之举。"技术评论员戴维·温伯格热情洋溢地说道。[32] "我突然想到，Digg、Reddit和Netscape这几个网站正在做的事非常有意义，具有媒体属性，"博客主马修·英格拉姆写道，"传言的6500万美元收购价是否属实，目前尚无确切消息（哪怕只是接近这个价格，也已足够让我感到惊讶了）。"[33] 尽管交易条款并未公布，但Reddit的收购价降到1000万～2000万美元，是比较合理的估测。斯沃茨是霍夫曼和欧海宁的平等权益合伙人，他拿到钱后从自己的份额中分出一部分给了西蒙·卡斯坦森，作为感谢他前期为Infogami工作的报酬。即便如此，斯沃茨得到的金额一定也在百万美元以上。

公司完成收购的那天晚上，几个初尝暴富滋味的合伙人来到哈佛广场进行庆祝。霍夫曼和欧海宁兴致勃勃地向行人免费发放Reddit的T恤，并与穿着万圣节服装的大学女孩们打情骂俏。但是斯沃茨却闷闷不乐。他把自己打扮成一个网络富翁的样子，衣服上印着一双凝视的眼睛和一个愤怒的表情。夜越来越深，Reddit的成员们将庆祝场地换到边缘咖啡厅，那是哈佛广场上的一家酒吧餐馆。斯沃茨更生气了。"我不想去那儿，我不想认识这些人，"他写道，"我回了家，看了一个讲连环杀人犯的节目，发现自己还挺认同主持人的。"[34]

按照与康泰纳仕集团签订的收购条款，Reddit的几位联合创办者要搬到旧金山去，在《连线新闻》(Wired News) 的办公室里工作。霍夫曼和欧海宁以为——其实是希望——斯沃茨拿了钱便会离开。可是，斯沃茨却决意要和公司一道搬到旧金山。第一次来到Reddit的新办公室时他就很不高兴。那是

The Idealist 理 想 主 义 者

一间跃层的办公室，宽敞、通风，有沙发、免费食物，还有很多的好奇而健谈的同事。从 Reddit 初创的公寓搬到这儿来，在物质条件上发生了质的飞越，可是对于斯沃茨而言，这里就像一个丝绒棺材。"我在那儿待了一天，根本无法忍受下去。"他在博客上写道，"到了午餐时间，我直接把自己锁在卫生间的一个隔间里，哭了起来。"[35]

斯沃茨说得很夸张。按照一般成年人的标准来看，Reddit 的办公室没有任何特别不妥的地方。不过令斯沃茨真正觉得难以忍受的是这样一份工作。接受一份工作，意味着将雇主的需要放在第一位，个人需求退居其后；意味着必须将手头的工作做好，而个人的雄心壮志要暂时搁置。不幸的是，斯沃茨不信任手头的工作，而且也不善于欺骗自己，让自己信任工作。很快他便不在办公室里哭鼻子了，因为他根本不去办公室。他在家里工作——不过不工作的时候更多。2006 年 12 月，斯沃茨去欧洲参加了一个计算机会议，事前他并未向同事透露自己的行程。最后是因为他作为与会者被拍了张照片，而照片出现在《连线新闻》网站的首页上，所有同事才知道了他的行踪。这次会议后，他没有返回旧金山，而是回到了波士顿。他窝在自己那间陈旧的公寓里自顾自地看起大卫·福斯特·华莱士的小说《无穷的玩笑》（*Infinite Jest*）来。

斯沃茨的随心所欲变得令人无法忍受。"他第三次去办公室，"史蒂夫·霍夫曼回忆道，"当时只有我在那里上班。我转身对他说：'伙计，你来干什么？反正也是要走的，对吗？我们早知道会这样。'"[36]甚至连斯沃茨自己可能也并不清楚为什么会去那儿。他最后花了两年的时间努力与本性抗争，想要走上一条自己并不熟悉的道路，跟上别人的方向。他似乎迷失了自己的方向。

2007 年 1 月 18 日，仍旧在马萨诸塞的斯沃茨在博客上发表了一篇短篇小说，读起来完全就像是一份"自杀通知书"。故事主角是一个叫作亚伦的年轻人，他对自己的"身体形象"很不满意。"他不照镜子，因为无法忍受自己的模样，那滚圆的大脸盘和模糊黯淡的五官。"斯沃茨写道。这个叫"亚伦"的人绝食，渐渐变得形容枯槁。他被朋友们抛弃，奄奄一息，最后寻了短见：

> 自杀那天，亚伦醒过来，发现自己的痛苦更甚以往。他在床上翻来覆去，太阳升起来，阳光透过窗户洒进房间，赶跑了他的最后一丝睡意。9点钟，一阵电话铃声突然响起，他吓了一跳。痛苦隐没了，仿佛想安静下来，好好听听电话里的人会说什么。
>
> 是老板打来的。他已经一个星期没去上班了，所以被炒了鱿鱼。亚伦想要为自己辩解，但是他无话可说，只能挂断电话。
>
> 自杀那天，亚伦迷迷糊糊地在公寓里发呆。

后来，斯沃茨一再表示这个故事完全是虚构的，并且责怪那些竟然把它当作求救信号的人。"我从欧洲回来之后就病得很严重，整整一个星期，基本就是捂着肚子躺在床上，"斯沃茨写道，"我写了一篇郁闷的博客，目的是为了让自己为一个死掉的家伙振奋起来。（写作能让我振作起来，不过我在当时那种心情之下，只能写出这些阴郁的东西。）"[37]

不过，他编的这个故事把同事们吓坏了。他们报了警，请警察赶到斯沃茨的公寓去阻止他自杀。斯沃茨的母亲打电话告诉了他："亚里克西斯报了警。"眼看就要面临非常不愉快的场景，而斯沃茨对此却束手无策，于是，他按照自己惯常的行为模式做出了反应：逃跑。"我直接就跑了，"他后来写道，"我跑到下一个街区的时候，正好看见警察走到我家楼门前。"警察走进斯沃茨公寓的大楼，敲他的房门。没有听到任何反应，他们便破门而入了。[38]

斯沃茨没有出事，但是他与康泰纳仕集团以及Reddit的同事彻底决裂了。最后的结果无法避免：他被要求离开。"他们给我看了表示接受我离职要求的信，"斯沃茨在2007年1月写道，这距离他在博客上发表自杀故事才几天而已，"我被要求要收拾好'个人物品'。一个人力资源部的女人礼貌地监视着我收拾的过程。她倒是没说自己是来监视我的，可无论我去哪儿，她就站在我身后。我想我也该走了。"

"我走了。阳光灿烂，这是美好的一天。"[39]

斯沃茨离开Reddit的时间，大致上正是他开始第一段认真恋爱的时间。对方是一个叫作奎恩·诺顿的作家和艺术家。斯沃茨是在2002年的新技术大会上认识她的，当时他才15岁，而诺顿与另外两位男性正处于一段长期的多角恋爱关系中。而现在，斯沃茨长大成人了，诺顿恢复了单身。她比他大13岁，但是年龄的鸿沟对斯沃茨而言从来不是问题。他们一开始只是舍友，但很快便超越了这层关系。

刚从公司里解放出来，斯沃茨谈起了有生以来的第一次恋爱。"恋爱占用的时间太多了！"他在博客上写道。[40]2007年的上半年，斯沃茨主要在思考自己的生活和未来，并且进一步明确了自己反对硅谷文化的立场。他在2007年3月写道：与他同龄的"动物们"受到物质奖励的刺激，将自己的才华浪费在搭建一些只能充当"精神零食"的网站上。[41]"尽管从理论上说，计算机技术可以用来解决世界上的许多问题，但要真正达到这个目标，人们还得先坐下来建造工具，"斯沃茨写道，"可是程序员们却为建造这世界上最流行、最浪费时间的东西而各显神通，似乎没有人打算解决问题。"他在自己的网站贴上了作家保罗·福特的名言，这句话指出了营利性和非营利性工作的区别："如果你是为一家刚创业的公司工作，你可以骗自己说将来会有赚不完的钱。不过我为非营利组织工作，报酬则是：我做了一件事，我怀疑我还会再做类似的事。"[42]他开始追求能够获得这种无形回报的项目。

2007年7月，斯沃茨就在博客上宣布了一个这样的项目。"今年早些时候，

"我辞掉《连线新闻》的工作时,还想着可以在旧金山悠闲地待上好几个月,在沙滩上看看书,喝喝上好的香槟,吃着美味的鹅肝酱,"他用调侃的语气写道,"然后我就接到了一个电话。"[43] 电话来自布鲁斯特·卡勒。他希望斯沃茨帮助他组建终极网络图书馆。

自从开着流动图书馆到华盛顿观摩埃尔德雷德案的庭审之后,卡勒继续斗志昂扬地致力于将公共领域的文学作品献给美国公众的事业。2005 年,他协助组建了一个叫作开放内容联盟的组织,这是一个由图书馆、出版商和技术公司组成的联盟,他们携手将书籍扫描,然后传到网上供公众免费阅读,就像在公共图书馆一样。上传多少书呢?多多益善。"卡勒负责收集,"卡勒的一位合作者告诉撰写论文《建造全球图书馆》(Constructing the Universal Library)的伊丽莎白·A.琼斯,"你见过搞收集的人吗?不论是收集地图的,还是收集汽车的,他们都透着一股……贪婪劲儿,卡勒就是那样。而且他们不把所有能搜到的东西都弄到手,是不会罢手的。"[44]

开放内容联盟是呼应 Google 网站的书籍搜索服务而建的。Google 的计划雄心勃勃,他们要带着先进的扫描机器,前往各个学术图书馆,将每一本藏书的每一页进行精准和系统化的扫描。看起来像是朝终极网络图书馆迈进了重要的一步,似乎梦想真的可以成真了。[45] 可是,卡勒发现了一个问题:Google 所建的并不是大型网络图书馆,反而更像是一家大型网络书店。"我们很清楚自己想做的是图书搜索工具,而不是阅读工具。"Google 图书搜索的一位管理人员接受《旧金山纪事报》(San Francisco Chronicle)的采访时说道。他们不打算做一个可以在线阅读的图书馆,相反,这个项目只会呈现有限的节选内容,然后将网络用户引导到零售商那儿去购买所需的书籍。

开放内容联盟则想为公众提供一个开放的选择,这与 Google 图书搜索的功能截然不同。最后开放内容联盟将注意力集中到创建开放式图书馆上。这是一个野心勃勃的大项目，它计划为每一本曾经出版过的书创建一个独立网页。所以卡勒请求斯沃茨的帮助。这个网站中将列出每本书的详细信息，如果可以的话，还会给出一个能够连到书籍在线版本的链接，供好奇的读者免费阅读。斯沃茨自告奋勇地担当起这个项目的技术领头人，创建了用户界面，并监督元数据的使用。"我们的目标是建造世界上最大的图书馆，然后把它放到网上，让所有人免费阅读和编辑。"网站于 2007 年 7 月发布时，斯沃茨在博客上写道，"当你有什么想法要与整个世界分享时，书籍往往是其中的一个选择——这是我们人类的文化遗产。如今，想要把它们全部聚在一起的愿望比任何时候都要迫切。"[46] 而这一切，都是为了自由。

2007 年 10 月，斯沃茨住在旧金山的时候，曾在博客上宣称自己写了一部小说。小说的名字叫《气泡城市》（Bubble City），讲的是发生在那个城市里的创业者的故事。斯沃茨说写完后会把章节发到博客上。"小说是精心伪装的回忆录，作家的朋友轻易就能加以辨别，"斯沃茨写道，"而且，写小说与写回忆录一样，有一种疗愈的效果，它能够驱除作者心中的恶魔，但又比回忆录带有更强的娱乐性。"[47]

这部小说讲了一个小型的新闻聚合类网站，它刚刚起步，叫作 Newsflip，几乎是 Reddit 的翻版。主角顶着"杰森"这个名字，实际就是斯沃茨的翻版：一个新员工，带着满腔的热诚和真挚，可是社交技巧奇烂无比。"他必须努力学习和模仿别人的好奇心以及社交礼仪，才不会让大家觉得他是个怪人，"斯沃茨写道，"但是他尽量保证不让别人的事情占用自己太多的时间。"[48]

故事情节讲的是杰森发现 Newsflip 的网站代码遭到了精心篡改。原本应该是用户登录、Newsflip 记录用户活动、网站得到编译过的关于用户习惯和喜好的信息，最后自动呈现给他想要阅读的故事。但是代码遭邪恶机构的篡改后，呈现给用户的内容变成了他们意图呈现给用户，而不是用户真正感兴趣的内容。[49]

这个邪恶的机构就是 Google。为了维护它那句非正式的企业格言：不作恶，Google 所有的项目表面看来都是为公众谋福利，为全世界免费提供的。在《气泡城市》中，斯沃茨指出这是多么空洞的一个承诺。"不作恶，是一些黑客的公关伎俩，只是后来失控了。"他写道，"保罗·布克海特这家伙一手打造了 Gmail，他在公司早期的一次会议上提出了这个说法，另外一个早期的 Google 人阿米特·帕塔尔，把这句格言写在各处的白板上。一个记者看到了，再然后的事情都是历史书上记载的版本了——但是千万别搞错了，这从来不是 Google 的官方政策。"[50]

斯沃茨在十来岁的时候曾经维护着一个关于 Google 产品和内部事务的博客，当时这个博客非常红，以至于他受邀到硅谷的 Google 总部进行了参观。如今他 21 岁了，看待事情的角度也变了。在《气泡城市》中，斯沃茨毫不留情地将 Google 描述为一个一手遮天，并且为达目的而不择手段（甚至包括杀人）的组织。它所有的员工和合作伙伴的意志都很薄弱，永远在为自己的妥协炮制正当理由。就像书中一个角色所说："别的地方还有很多别样的罪恶，如果在 Google 工作能让它抗争那些罪恶时更有效率，辩证来看，难道不是一件好事吗？而且这里的免费食物很美味。"[51]

漠不关心才是最终的罪恶，助纣为虐、沉瀣一气、不道德的公司的唯我主义才是最终的罪恶。妥协令人堕落，这是一种让人又爱又恨的矛盾心理。《气泡城市》这本书斯沃茨最终没能写完，他写到杰森发现 Google 的秘密后被迫逃亡，而 Google 用尽一切力量进行追踪，然后便没了下文。"'如果找到他，你打算怎么办？'韦恩问道。'像往常一样，'塞缪尔用'这还用说吗'的口气答道，'不合作就干掉他。'"[52]

斯沃茨发布了《气泡城市》的前 11 章后就犯了溃疡性结肠炎。他那奇怪的饮食习惯——他喜欢素的白色食物，比如白米饭——导致其身体长期以来状况不佳，一发病他就变得虚弱不堪。"整个胃部被剧痛翻搅，仿佛它打算从我身体里跳出来一样，"斯沃茨在博客中写道，"每次吃下食物之后总是伴随着疼痛，然后便得跑卫生间。"[53]他把这种消化紊乱的症状与抑郁的症状两相比较。"当然每个人都会有难过的时候。"他写道。

也许是爱的人抛弃了你，也许是一个计划彻底泡汤了。你的脸垮下来，也许还会哭。你觉得没有意义，怀疑是否还有继续下去的必要。你重视的每一件事情似乎都很不妙——正在做的事情，希望要去做的事情，以及周围的人。你想躺在床上，关掉灯。抑郁的情绪就像这样，只是它来得全无理由，走得也无缘无故。

很难说哪种情况更糟糕。

斯沃茨厌倦了矛盾，厌倦了让别人的太阳成为自己宇宙的中心。他不太适合旧金山这座城市。他在博客上说自己在这里有一种被放逐的感觉："我去咖啡店或是餐厅，也躲不开谈论负载均衡器或是数据库的人们。他们的对话很无聊，唠叨着技术上的种种细枝末节，还有更糟的，就是还得谈着愚蠢的生意。"[54]而且，他觉得这座城市太过喧闹，容易叫人分心，无法持续进行严肃的思考。人们高谈阔论，可是连他们自己都不相信，或是无法相信从自己嘴里吐出的话。这样的人随处可见，仿佛他们已经被某些怪异的谬见集体洗脑，分不清什么无关紧要，什么重要，什么是干扰，什么又是信号。

2008年3月，斯沃茨前往卡尔加里参加班夫论坛，在那儿他为一些年轻的加拿大领导做了一场演讲。这是一场中产阶级精英的年度盛会，与会者都拿着昂贵的生意名片，说着和文化无政府主义毫无关联的话题。斯沃茨这一场演讲的主题是"互联网和集体协作"，讨论的话题集中于互联网和集体协作在政治、商业和纯粹的食利资本主义方面的影响。斯沃茨认为自由文化不是一个伪装的商业模式，而是一次革新：

> 有的人说得很好听，说什么"大众生产"或"集体协作"的神奇合力编撰了百科或创造了视频图书馆。但是这样的力量并不存在。相反，做到这一切的只是个人，那些在其他方面同样起到驱动作用的是同一批人。
>
> 这些人的协作才有力量。他们之所以协作，是因为他们走到一起形成了一个团体。一个团体之所以成形，是因为成员有着共同的价值观。但是有件事要注意：这个共同的价值观从根本上说是反商业的。（听众大笑）我的意思是，看看维基百科吧，有那么一群人，每天一醒来就想着怎样为全世界提供免费的知识，好把百科书出版商搞垮。
>
> 如果你要找人为你的公司做事，找一个有组织，但是具有反商业价值观的网上团体，似乎是个很糟的主意。（笑声）
>
> 所以该怎么办呢？我有个朋友比我还要自以为是。有人找她询问生意上的建议，她只是告诉他们：好啦，将来你的仆人会起来造反吃了你。所以，投资牙签吧。[55]

3年前，斯沃茨声称自己是一个彻头彻尾的资本家。如今事情已经发生了无法逆转的改变。2008年春天，他打算回到剑桥，在那里他将朝着商业世界那一直试图喂食他的手狠狠咬下去。硅谷的日子已经被他远远地抛在了身后。

1. 亚伦·斯沃茨,《报到》(*Checking In*), 2001年12月23日, 详见: http://web.archive.org/web/20020205111032/http:/swartzfam.com/aaron/school/

2. 亚伦·斯沃茨,《斯坦福来的即时消息》(*Instant Message from LelandJr247*), 2003年12月11日, 详见: http://www.aaronsw.com/weblog/001087

3. 亚伦·斯沃茨,《斯坦福的第一天》(*Stanford: Day 1*), 2004年11月21日, 详见: https://web.archive.org/web/20041009200559/http://www.aaronsw.com/weblog/001418

4. 亚伦·斯沃茨,《斯坦福的第三天》(*Stanford: Day3*), 最后修改于2005年6月3日, 详见: http://www.aaronsw.com/weblog/001421

5. 亚伦·斯沃茨,《斯坦福的第五十八天》(*Stanford: Day58*), 2004年11月15日, 详见: http://www.aaronsw.com/weblog/001480

6. 祖科,《第1部分》

7. 亚伦·斯沃茨,《最新消息》(*News Update*), 2003年2月17日, 详见: http://www.aaronsw.com/weblog/000838

8. 保罗·格雷厄姆(Paul Graham),《夏季创业者项目》(*Summer Founders Program*), 2005年3月, 详见: http://paulgraham.com/summerfounder.html

9. 引自同上

10. 详见: https://web.archive.org/web/20060323211212/http://infogami.com/

11. 亚伦·斯沃茨,《夏季创业者项目:来见见我们吧》(*SFP: Come see us*), 2005年4月16日, 详见: http://www.aaronsw.com/weblog/001679

12. 引自同上

13. 引自同上

14. 2013年2月对西蒙·卡斯坦森(Simon Carstensen)的采访

15.《Reddit的联合创始人亚伦·斯沃茨谈自己被Reddit解雇的经过》(*Reddit cofounder Aaron Swartz discusses how he was fired from Reddit*), 详见: http://www.reddit.com/r/reddit.com/comments/1octb/reddit_cofounder_aaron_swartz_discusses_how_he/

16. 2013年1月对史蒂夫·霍夫曼(Steve Huffman)的采访

17. 亚伦·斯沃茨,《斯坦福:愤世嫉俗的家伙回来了》(*Stanford: The Cynic Returns*), 2005年4月16日, 详见: http://www.aaronsw.com/weblog/001680

18. 亚伦·斯沃茨,《我爱这所大学》(*I Love the University*), 2006年7月26日, 详见: http://www.aaronsw.com/weblog/visitingmit

19. 亚伦·斯沃茨,《关于减肥》(*On Losing Weight*), 2006年7月26日, 详见: http://www.aaronsw.com/weblog/losingweight

20. 亚伦·斯沃茨,《在棚里过一夜》(*A Night at the Coop*), 2006年10月24日, 详见: http://www.

aaronsw.com/weblog/coopnight

21. 亚伦·斯沃茨，《为不想做程序员而道歉》(*A Non-Programmer's Apology*)，2006年5月27日，详见：http://www.aaronsw.com/weblog/nonapology

22. 罗伯·克林和罗伯塔·兰姆，《电子出版和数字图书馆前景分析》(*Analyzing Visions of Electronic Publishing and Digital Libraries*)，《学术出版》(*Scholarly Publishing*)，马萨诸塞州，剑桥：麻省理工大学出版社，1996年，28

23. 亚伦·斯沃茨，《比特并不是一种缺陷》，详见：http://web.archive.org/web/20031229025933/http://bits.are.notabug.com/

24. 亚伦·斯沃茨，《安·兰德带来的启迪》(*The Fountainhead by Ayn Rand*)，2002年2月3日，详见：http://www.aaronsw.com/weblog/000155

25. 亚伦·斯沃茨，《斯坦福：单独会谈》(*Stanford: Private Meeting*)，2005年3月26日，详见：http://www.aaronsw.com/weblog/001645

26. 《Tunes线上音乐商店：换汤不换药的腐朽产业》(*iTunes Music Store. Facelift for a corrupt industry*)，"顺风而行的博客"(*Downhill Battle*)，详见：http://www.downhillbattle.org/itunes/

27. 亚伦·斯沃茨，《斯坦福的第三天》，最后修改于2005年6月3日，详见：http://www.aaronsw.com/weblog/001421

28. 亚伦·斯沃茨，《后来》(*The Aftermath*)，2006年11月1日，详见：http://www.aaronsw.com/weblog/theaftermath

29. 罗伯特·杰克考尔(Robert Jackall)，《道德迷宫：企业管理者的世界》(*Moral Mazes: The World of Corporate Managers*)，纽约：牛津大学出版社，1988

30. 亚伦·斯沃茨，《商业"道德"》(*Business "Ethics"*)，2006年12月11日，详见：http://www.aaronsw.com/weblog/bizethics

31. 详见：https://aaronsw.jottit.com/howtoget

32. 戴维·温伯格(David Weinberger)，《Reddit收购成功》(*Reddit acquired*)，Joho the Blog，2006年10月31日

33. 马修·英格拉姆(Mathew Ingram)，《Reddit有望让康泰纳仕掘客化》(*Reddit gets to Digg-ify Conde Nast*)，MathewIngram.com，2006年10月31日，详见：http://www.mathewingram.com/work/2006/10/31/reddit-gets-to-digg-ify-conde-nast/

34. 亚伦·斯沃茨，《庆功派对》(*The Afterparty*)，2006年11月2日，详见：http://www.aaronsw.com/weblog/theafterparty

35. 亚伦·斯沃茨，《办公空间》(*Office Space*)，2006年11月15日，详见：http://www.aaronsw.com/weblog/officespace

36. 对史蒂夫·霍夫曼的采访

37. 《Reddit的联合创始人亚伦·斯沃茨谈自己被Reddit解雇的经过》

38. 亚伦·斯沃茨,《夏令营的最后一天》(*Last Day of Summer Camp*), 2007年1月22日, 详见: http://www.aaronsw.com/weblog/summercamp

39. 引自同上

40. 亚伦·斯沃茨,《中断驱动的生活》(*The Interrupt-Driven Life*), 2007年8月20日, 详见: http://www.aaronsw.com/weblog/interruptdriven

41. 亚伦·斯沃茨,《好的对你而言都是坏的》(*Everything Good is Bad For You*), 2007年3月29日, 详见: http://www.aaronsw.com/weblog/everythinggood

42. 亚伦·斯沃茨,《午餐》(*Launch*),《生肉》(*Raw Meat*), 2007年3月3日, 详见: http://qblog.aaronsw.com/post/1483459/launch

43. 亚伦·斯沃茨,《宣布开放图书馆》(*Announcing the Open Library*), 2007年7月16日, 详见: http://www.aaronsw.com/weblog/openlibrary

44. 伊丽莎白·A.琼斯(Elisabeth A. Jones),《建造全球图书馆》(*Constructing the Universal Library*), 博士论文, 华盛顿大学, 2014, 276

45. 欲了解更多开放图书馆和谷歌图书搜索服务的差异, 详见《建造全球图书馆》

46. 亚伦·斯沃茨,《宣布开放图书馆》, 2007年7月16日, 详见: http://www.aaronsw.com/weblog/openlibrary

47. 亚伦·斯沃茨,《气泡城市》前言(*Bubble City: Preface*), 2007年10月31日, 详见: http://www.aaronsw.com/weblog/bubblecity

48. 亚伦·斯沃茨,《气泡城市》第二章(*Bubble City: Chapter 2*), 2007年11月2日, 详见: http://www.aaronsw.com/weblog/bubblecity2

49. 亚伦·斯沃茨,《气泡城市》第四章(*Bubble City: Chapter 4*), 2007年11月6日, 详见: http://www.aaronsw.com/weblog/bubblecity4

50. 亚伦·斯沃茨,《气泡城市》第十章(*Bubble City: Chapter 10*), 2007年11月19日, 详见: http://www.aaronsw.com/weblog/bubblecity10

51. 亚伦·斯沃茨,《气泡城市》第五章(*Bubble City: Chapter 5*), 2007年11月6日, 详见: http://www.aaronsw.com/weblog/bubblecity5

52. 亚伦·斯沃茨,《气泡城市》第十章

53. 亚伦·斯沃茨,《生病》(*Sick*), 2007年11月27日, 详见: http://www.aaronsw.com/weblog/verysick

54. 亚伦·斯沃茨,《继续前进》(*Moving On*), 2008年6月16日, 详见: http://www.aaronsw.com/weblog/movingon

55. 亚伦·斯沃茨,《班夫论坛》(*Banff*), 2008年3月16日, 详见: http://www.aaronsw.com/weblog/banff

第七章

开放存取运动

数据开放能够提高组织构架的透明性,自由获取知识能帮助人们开阔视野,拓宽思维。

The Idealist 理想主义者

人总是渴求从社会中逃离，到山洞里去隐居。不过，逃离者很快会发现洞里住着实在不舒服，社会才是自己真正的归属，然后便毅然将这个梦想抛弃。文明世界舒适的物质生活的确诱人，而好不容易成功从社会中逃离的少数人又被更强大的力量牵引着，比如，爱、宗教、悲观厌世的情绪，甚至是所有这一切。

早在1520年，将保罗·朱斯蒂尼亚尼带到马萨其奥洞穴来的是宗教信仰以及不满的情绪。[1] 朱斯蒂尼亚尼出生于一个威尼斯的贵族家庭，但是他脱下华服，遵照修士的传统，加入了卡玛尔迪斯修道院。这个修道院由罗曼尔德创立于1012年，他忠告追随者要"把整个世界抛在身后，忘记它"。[2] 但是，说起来容易做起来难，外面世界的影响无孔不入，即使身处修道院，诱惑也一样存在。朱斯蒂尼亚尼发现僧侣们在生活中沉思和冥想不足，与外部世界隔绝得不够彻底。他建议大家重新皈依罗曼尔德的教义，但被拒绝了，无奈之下他只好离开修道院。他要寻找一个地方，能够安静地过上与世隔绝与自我克制的生活，思考世上的罪恶和神的荣光，并虔诚地祈祷荣光能将罪恶尽数抹去。[3]

朱斯蒂尼亚尼在意大利的中部，靠近库普拉蒙塔纳的峡谷中为自己找到了隐居之处。早有先来的行者在那陡峭的凝灰质岩壁上凿出了许多山洞，为他提供了栖身之所和清幽的环境。山谷里林木葱郁，一片静谧。朱斯蒂尼亚尼写信给朋友说，他不得不"跪在地上写信，因为连凳子也没有"。[4]不过，如果想拯救世界，首先必须将它舍弃。朱斯蒂尼亚尼没有放弃努力。陆续有人追随他而来，几百年间，僧侣们在那儿过着极其宁静的生活。

现代化来了，修道士们的情结也被破坏了。与在日晒雨淋中日渐磨损和残破的建筑一样，修士们纷纷离开了。[5]寥寥无几的留守僧侣也在第一次和第二次世界大战之间离去，今天这片地区已经是一片私产，供非宗教组织进行聚会和开会之用。他们同样有逃避社会的需求，虽然只是短暂的几天而已。[6]

尽管已经偏离了其初衷，但这个隐居地依然作为一个激进的理想主义的纪念碑而存在着，它如此真实地提醒着我们，我们并没有彻底被约定俗成的社会传统所绑定，另一种选择是存在的。从这个世界的舒适和堕落中逃走，追求无形无影的回报，的确需要勇气，但仍是可以做到的。山洞很不舒适，但我们最终能适应里面的生活。假如社会生活没有意义，我们随时可以停止倾听。如果世界让我们失望，不妨将它抛在身后。

2008年夏天，当亚伦·斯沃茨来到库普拉蒙塔纳的时候，他已经做了自己的选择。就像朱斯蒂尼亚尼一样，他见识过大笔的财富，而且同样奇怪地感觉到财富并不能让人满足。"一个朋友告诉我，千万别被钱改变。"2006年11月，Reddit被收购后不到一星期，斯沃茨在博客里写道，"'它怎么能改变我呢？'我问。'你可以先买一辆拉风的新车啊。''可我不会开车。''然后在郊区买栋豪宅。''我喜欢住小公寓。''买高级的衣服穿。''一件T恤衫和一条牛仔裤，我这辈子就搞定了。'"[7]

他努力争取到一个发财的机会，最后这机会却变成了一个锚，将他钉在他人标准的泥沼里，动弹不得。"我们来假设一下，如果想要改变世界应该怎样做。首先你得有一技之长，投身于某个行业，然后就得听这老板那老板告诉你该做什么、不该做什么。"离开Reddit的两个月后，斯沃茨在博客上写道：

"真的想有所改变吗？你得反抗这套体系，而不是加入其中。"[8]

不论以什么样的面貌出现，模糊的威吓和组织的低效所形成的独裁堡垒都让"这套体系"成为斯沃茨的头号敌人。组织严明的学校和传统的职场，它们都在压制像斯沃茨这样层出不穷又博学多闻的叛逆者。体系的存在是为了自身的延续，所以它们自然反对异常举动，鼓励温顺和规范的行为。"这个体系"之所以存在，在斯沃茨的理解中，就是为了清除那些不愿意或不能俯首帖耳的人，从而让掌控者的统治长盛不衰。

上大学之前，斯沃茨读过一本书：《认识力量》(Understanding Power)，书中记录了作者与 MIT 的语言学家乔姆斯基进行的一系列探讨，在其中乔姆斯基分析和解释了政治权利如何施加影响、如何建立、如何受到保护的过程。[9]可以说，乔姆斯基所谈的话题便是围绕这个体系，特别是其在大众传媒中的保卫者而展开的。有一套政治逻辑专门用来解释在媒体中出现或是未出现的一切，大众传媒存在的目的就是为了巩固这个体系，使它达到合法化，同时还具有扼杀新奇观点的功能。

这本书与以前和以后的少数几本书一样引起了斯沃茨的共鸣。他在 2006 年 5 月的一篇博客中称之为"改变我生命的一本书"。"读了这本书，我的头脑仿佛发生了一场又一场的爆炸。有时候思绪太多，以至于不得不躺下来。"他写道，"从那时候起，我就意识到，自己的余生都要用来修补这些震动产生的大窟窿。"[10]现在，21 岁的斯沃茨开始认真地做起这件事来。

接触过乔姆斯基这本书之后又过了几年，斯沃茨自认为对力量的理解已经非常透彻了。知识是一种力量。自由地、不受限制地获取信息从根本上说是一个政治问题，而不是用来套现的口号，也不是风险投资商做演讲时准备的金句。数据开放能够提高组织构架的透明性，自由获取知识能帮助人们开阔视野，拓宽思维。自由文化不应局限于与人们分享知识，更是给予人们理解自己的世界，并且按照新的理解去行事的权利。

2007年，劳伦斯·莱西格也决定反抗这个体系。他在个人博客中宣布停止与版权相关的工作，转而集中于和政治腐败有关的问题。"当强大的利益团队希望政府产生误解时，我们的政府就变得连最基本的事实都搞不清楚了。"莱西格说道，他对此表达了一番遗憾，而且认为"腐败"是由于政坛掌握的资金过多造成的。[11]以 CTEA 为例，国会牺牲公共领域，通过了这一有利于娱乐产业的版权期限延长法案，莱西格认为，这一决定是立法者优先考虑竞选资金赞助者的利益，而非普罗大众利益的直接结果。美国的政治权利经常耍"故意理解错误"的花招儿。"我相信，一个自由社会，一个从当前'腐败'中解放的社会，创建自由文化还是有必要的。"莱西格最后说道，"因此，我暂时把注意力转向别处。"[12]

在2007年12月的一次政务公开会中，莱西格询问与会者是否有任何供"抓客"（通过互联网下载大型数据集的人）下载的社区资源。[13]斯沃茨决定自己动手创建一个，为此他发布了一个叫作 theinfo.org 的网站。"这个网站是为了大型数据集和喜欢它的人们而设。"斯沃茨在介绍中写道。[14]他非常喜欢它们。在为开放图书馆工作的过程中，他抓取了 Google 的书籍档案，并下载了将近53万本公共领域内的书籍。[15]他与斯坦福一个叫希琳·巴尔代的法学学生合作，下载了整个美国西部法律法学评论文章的数据，并且通过分析语料库得到了由 Google 资助的法律研究的成果统计。他还发布了一个叫作 watchdog.net 的网站，要让"政府数据变得可读，并且发挥作用"[16]，具体的做法就是将政府数据资源，如披露投票记录、选举财务、人口统计信息等加以编辑并免费上传，用一种鼓励访问者采取政治行动的方式呈现出来。[17]长期以来，"这套体系"有赖于不透明的管理机制来遮掩其巩固权利的目的，而斯沃茨一直认为有个办法可以将这套体系打破，那就是把它极力企图隐藏的部分揭露出来。

第七章 开放存取运动

"在万维网上为人们提供'真正的信息'是13岁的斯沃茨的工作。"2000年的《芝加哥论坛报》这样写道,当时斯沃茨已经发布了他的维基百科原型网站。他的目标直到现在仍然没变,只是现在他工作的形式变得更加多样化了。只要有人在网上发起一个关于"真正信息"的讨论,不论是在博客、邮件列表、在线留言板、聊天客户端、社交网站,甚至通过锡罐电话交流,亚伦·斯沃茨最后都同样会参与进来。他周游各地,四处宣扬这些话题,仿佛一个觉得自己得了耳鸣的人,耳朵里总是轰响着社会机能失调的声音,而且极力要让别人也听到这个声音。

2008年7月,斯沃茨受邀来到库普拉蒙塔纳参加会议,邀请他的是一个叫作"电子信息图书馆"(EIFL)的国际图书馆联盟,该组织致力于为发展中国家的图书馆争取与发达国家图书馆同样丰富的资源。[18]他们预定了这个隐居场所作为两天的董事会议和"愿景静修"的场地。为了群策群力,达到更高的工作效率,他们还邀请了一些志同道合的盟外人士参加。

奎恩·诺顿陪着斯沃茨一起去参加了会议。在已届中年的与会人群中,他们显得有些格格不入。21岁的斯沃茨作为最年轻的参会者,却能与白发苍苍的图书馆长们相谈甚欢。他们共同担心的问题是,在鼓励信息不受限制地进行传播和内容提供商故意制造的信息流动障碍之间,将产生不可调和的矛盾。会议在周末举行,大家坐下来就自己关心的问题进行了讨论:在这个越来越为利益所驱动的网络社会里,开放信息的命运将会如何?在一个受恐惧和蓄意误解支配的世界里,互联网应该扮演什么样的角色?

他们的举动恰好应和了当初建造库普拉蒙塔纳的初衷:这里是一处供人们对影响世界的重大问题进行深思的场地。当年的朱斯蒂尼亚尼和其他修道士来到洞穴时,他们走向了终点,可亚伦·斯沃茨的旅程才刚刚开始,尽管他自己并不知晓。

"开放存取"是一个很温和的说法，却指向一个前所未有的革命性理念。开放存取的倡导者们认为，学术研究成果一经出版便应该免费对全世界开放，不应受个人或机构向期刊或数据库付费订阅的购买力所限制。毕竟大部分学术作者的写作目的并非赚钱；他们辛勤工作，是为了用自己的成果和作品扩大人类的知识储存。而且，学者们的研究工作一般是由政府资助的，所以其成果在某种程度上应该属于全体公众。那么，为什么这些资料要跟神秘小说或好莱坞电影一样设定存取限制呢？和许多其他让人费解的政策一样，造成这种情况一般是由于中间商从中作梗。

当一位大学教授完成一个研究项目，他会记录下自己的结果，然后把论文送到某份同行评审期刊上进行出版。("同行评审"是一种保证论文质量的措施。即作者的论文在正式出版前，先交由相同领域的其他学者进行仔细评审。)这些期刊——至少是名气在外的那些——作者、编辑和同行评审都是志愿提供服务的，没有人收取报酬，也没有人期望有报酬，除了出版商之外——出版商是要赚钱的。为了换取学术期刊出版商的服务，其中包括配合出版和同行审评、排版和传播等，作者不得不向出版商永远出让自己文章的版权。这是个一目了然的交易：学术期刊出版商认为，深奥的学术作品读者有限，其筹备和传播过程有经济风险，作为交换，他们将通过销售可能得到的所有收益都收归己有。

这是出版行业的典型运作方式，只是有些极端而已：在商业贸易出版中，出版商以相对较低的价格将书卖给大量读者，从而获得利润。但是学术论文的读者有限，学术期刊出版商要想获取利润，就必须以高价将它卖给为数不多的急需这些论文的机构或个人——大部分是图书馆和学者——但这同时会导致普通人或是穷人无法得到这些资源。

如今的学术期刊行业被几个跨国出版巨头所掌控，比如，荷兰的里德-爱思唯尔公司。现在的学术期刊已经多达上万家，并且从20世纪70年代以来，

第七章 开放存取运动

The Idealist 理想主义者

其订阅价格的上升幅度连通货膨胀率也望尘莫及，导致的结果之一就是图书馆长们所称的"期刊定价危机"。这些期刊很贵，特别是在科学、技术、工程、数学等领域，以上领域每年的专业期刊订阅费甚至超过1万美元。[19]尽管如此，大学图书馆还是必须坚持订阅，因为每一位教授都认为自己的学科是最重要的，希望能够在图书馆的书架上找到有关本学科的学术期刊，所以许多大学图书馆每年在期刊订阅上的预算都十分可观。

当然，这是对于拥有购书预算的图书馆而言，实际上许多图书馆并没有预算，或者说预算很有限。尤其是在一些贫困国家和不发达国家，图书馆的工作人员要用上电脑都有困难，更别说要与1000多个细分学科的最新研究成果保持同步了。因此学术界形成了分层。资金丰沛的西方大学能够支付订阅费用，也能让自己的图书馆时刻跟踪最新的研究成果，可是缺钱的图书馆就只能望洋兴叹了。

开放存取运动在20世纪90年代早期便已初见端倪，当时图书馆馆长和科研工作者们开始意识到网络具有影响学术出版的潜力，通过调整出版商和学者之间的力量对比，甚至能解决期刊的定价危机。通过网络进行内容销售，不仅能够降低生产成本，而且出版商设定的高价借口便不再成立了。出版商可以让资金不足的客户在线阅读其专属资料，同时也不会引起直接经济损失。学者们甚至可以选择绕开中间商的方法，直接在网上免费发布自己的研究报告。"在过去的浮士德式交易时代，人们只能心不甘情不愿地接受浮士德协定（也就是只有花钱获得授权的人才能获得资料），因为那毕竟是作品唯一能够进入读者视线的方式。"开放存取的先锋人物斯特凡·哈内德在1994年写道，"但是现在有了另外一个选择，这一切该重新考虑了。"[20]

可以说，第一次重要的学术开放存取项目开始于1991年，当时物理学家保罗·金斯巴克为自己研究领域内的论文预印稿创建了一个在线存储库。学术作者们的文章在实体学术期刊上进行刊登之前,会将稿件在全世界的同行中进行传阅,以征得批评和建议。预印稿存储库将这个效率低下的过程进行了简化。作者把自己的预印稿上传到文档库,就能提出请求并且能够快速收到回馈,比以前的方法方便快捷得多。而且还有附加的好处:这些预印稿会永远留在文档库里,所有人都可以免费阅读,对于没有能力或是不愿意通过购买学术期刊阅读这些文章的人来说是很大的便利。金斯巴克日渐发展壮大的预印稿存储库预示着学术出版即将发生巨大的变化。"从10年前开始,我们不再需要通过出版商将稿件进行修改和润色,"金斯巴克在1994年写道,"最近一段时间以来,我们不再需要他们的销售网络——因为更好的销售渠道出现了。"[21]

开放存取运动的宗旨在2002年正式发表在一份叫作《布达佩斯宣言》(the Budapest Declaration)的文件里,就像罗伯特·勒德拉姆那篇没能成文的同名小说一样,它倡导全世界携手合作,并提出了全球一家的理念,这简直像是一个激动人心的传说。作者认为,开放公众对学术研究成果的自由存取,能够"加快研究的速度,丰富教育的内容,使得富人与穷人能共享彼此的学问,从而使这些文献达到最大限度的利用,并在共同的理性交流和对知识的追求中建立人类联合的基础"[22]。

继《布达佩斯宣言》之后,又有两份类似的文件公布:2003年6月的《贝特斯达声明》(the Bethesda Statement)和2003年10月的《柏林声明》(the Berlin Declaration)。这三者都强调了放松学术研究的开放存取将为公众带来巨大的利益,力劝出版商支持开放存取政策。但是,大型的学术期刊出版商不愿意马上改变自身的商业模式,因为这么做会使他们手中版权的价值减少,利润降低。既然全世界的既得利益者没有不断施加压力要他们这么做,他们为何要改变那个模式?他们觉得旧的系统运作得很好。

可是对无法负担订阅费用的人来说,那套系统烂到家了。斯沃茨在库普拉蒙塔纳参加会议时便已考虑得很清楚了。在两天静修的过程中，他听到第三世界国家的学者和图书馆馆长们讲述他们与存取限制之间的斗争，为此感到非常气恼。那些故事尽管各有其特点，但大体梗概相同：跟不上时代的图书馆藏书，不断遭遇挫败的研究，力有不逮的学生和无动于衷的出版商。政府制定新的法律，却只是为了支持旧的构架而非鼓励新构架的发展。出版商把信息归为数据储藏，只提供给那些付得起钱的人。数据库提供商宁愿让文件库中的书刊报纸彻底湮没在时间长河中，也不愿将它们释放到公共领域。

斯沃茨认为，美国政府的政策没有效果，更糟糕的是，它们完全不合情理，这简直是对他信奉的实用主义道德标准的一种侮辱。虽然对于出版商而言，紧紧抓住版权不放对生意有好处，但是如果能放宽这种限制，便会造福整个人类社会。出版商的生意模式已经从根本上与网络时代脱节，如果死守着不加变通，最终将会对开放的协作网络产生致命的打击。公众没有奋起反对这种存取限制的政策，只有一个原因，就是因为他们不了解这其中的利害关系。因此，亚伦·斯沃茨试图将这种利害关系解释清楚。

他先是用简单的陈述句，对其目的进行了一再声明。"信息就是力量。"他写道，所以维持现状者希望信息保持稀缺状态，这一点毫不奇怪。"想要阅读阐述著名科研结果的论文吗？你得将大把大把的钱送到像里德–爱思唯尔这样的出版商手里。"[23]

斯沃茨对出版商们提出控诉，说他们将全世界的人类文化遗产握在手中，却牺牲穷人的福利，只让有钱人受益——或许他们那种买低卖高的商业模式实际不过就是贪图利润而已。里德–爱思唯尔等出版商通过出版和销售学术期刊赚钱，但这种数据活动并没什么前所未有的邪恶目的。公司只是利用互联网发展了另一个销售渠道，和从前一样只是做生意而已。

但是一旦扯上了互联网，便再没有"和以往一样"的东西了。2003年，

Downhill Battle 的活跃分子曾经指出，iTunes 线上音乐商店阻碍了歌手和唱片公司尝试一种新的音乐销售模式，一种能够更好地服务于歌手和消费者的模式。学术期刊的情况似乎也大同小异。里德－爱思唯尔和它的竞争对手们企图在新兴的媒体上套用旧的商业模式，把网络当成一台安装了新墨盒的打印机，但它们并不是出于无知或懒惰，而是有意为之。

有些人正在为此而反抗，斯沃茨继续写道，当然，他自己就是其中之一。与他并肩作战的，还有电子信息图书馆联盟的所有成员、开放存取的所有强硬支持者，他们都在勇敢地抗争，只为确保科学家们不把自己的版权签给别人，而是将作品发布在网上，允许任何人进行读取。可是变革仍不够快。在现有的出版和版权政策下，每过一天，就有更多的资料一出版便被挡在收费墙后面，只供掏钱购买的人使用。一旦这些资料离开了公共领域，很长时间内便不会再回来了。

"我们的所作所为被称为盗窃或是盗版，"斯沃茨写道，"似乎分享知识和打劫一艘船并且杀害船员是同样不道德的行为。可是分享并非不道德，反而正是出自道德的需要。只有那些被贪婪蒙蔽了心智的人，才会拒绝为朋友提供复制。"比如，一家叫作全球在线计算机图书馆中心（以下简称 OCLC）的图书馆先锋联盟创建了数字卡片式目录，这是第一个将大量的卡片式目录数据进行数字化的组织，它的工作为许多图书馆数据库的数字化过程提供了帮助。在与开放图书馆合作期间，斯沃茨就曾经希望利用现有的数字卡片式目录，但是这个机构不愿意与开放图书馆合作，并且把服务条款改为禁止任何"大量复制 OCLC 数据库的功能、目的以及（或者）规模"的行为。[24]

这样明显的抵制让斯沃茨十分恼火。"服务器变得越来越便宜，OCLC 却收取如此高额的服务费用。其实免费提供并不难，但是 OCLC 没有这么做，"他指出，"他们企图消灭竞争。"[25] 斯沃茨无法容忍这种态度，无论对方是

The Idealist 理想主义者

OCLC、里德-爱思唯尔或是任何其他机构。在谴责了不愿意朝着开放存取而努力的大企业之后，他重新回到自己的观点，号召大家有所行动：

在不公正的法律制度下是不会有正义的。是时候站出来，在非暴力反抗的伟大传统下，对将公共文化据为私有的盗窃行为进行声讨了。

无论信息被存储在何处，我们需要得到它们、复制，并且和全世界分享。我们需要那些版权过期的资料，并且把它们加入备存档案中。我们要购买保密的数据库，然后把它们上传到网上。我们要下载科学期刊，再上传到点对点文件共享网站上。我们需要为开放存取而战斗。

只要我们众志成城，那么我们不仅要将反对知识私有化的信息有力地向全世界进行传播，更要把它彻底废除。你要加入我们吗？

斯沃茨将这份文件称为"开放存取游击队宣言"。回头想想，这个标题也许起得不够明智。"宣言"隐含着不稳定和政治巨变的意思，仿佛奋起反抗的人们除了身上的铁枷锁再没有什么好失去的了；"游击队"这个词也会让人联想到拿着枪支穿行在臭烘烘的丛林中的叛乱分子。显然，这个标题似乎暗示斯沃茨所提倡的不是平和的、法律允许范围内的抵制。这种暗示让一些开放存取倡导者感到不安。

据奎恩·诺顿回忆，起草这份宣言的不止斯沃茨一人，但他是唯一一个愿意对宣言负责的人。这也许正是宣言最后一行文字当中所提出问题的答案。当这份宣言被发放到支持开放存取的团体成员当中时，许多人对于是否在宣言上签字仍在犹豫不决。"我想，从道义上说他是对的，可是我不愿意把自己的人生与这样一份强势的声明绑在一起。"几年后，一位叫作贝丝·萨德勒的图书馆馆长以及 EIFL 前会员这样评价斯沃茨的文章，"图书馆馆长要是在那样的宣言上签字可能会丢掉工作，我们之所以犹豫，部分也是出于这个原因。"[26]

毕竟，图书馆馆长和学者们不得不在他们所批判的体制中工作和生活，因此，他们更愿意通过渐进的措施和温和的方式来抗争，比如，请愿、建立共识舆论、会议、规划务虚会，等等。但是，斯沃茨已经把自己定位成自由理想主义者，他似乎对等待系统逐渐完成自我调整没有兴趣。在距离第一次读到乔姆斯基的《认识力量》一书而获得醍醐灌顶般地醒悟之后，这么多年过去了，斯沃茨比任何时候都要确定，体系之所以存在，就是要被打破和驳倒的。如果想要拯救世界，有时候就得愿意回到山洞里去。

1991年，当时亚伦·斯沃茨还是个孩子，网络仍是个新生事物的时候，一个叫卡尔·马拉默德的人独自发起了一场开放存取的战斗。国际电信联盟（以下简称为ITU）是一个颁布全球电信标准的非营利组织，同意让马拉默德带走其1.9万页的蓝皮标准手册，并且发布在网上。[27]ITU每年从这本手册的销售中大约能赚取500万美元的利润，如果不去考虑那些不得不花一大笔钱购买这本手册的工程师，这对ITU本身当然是件好事。[28]可是现在这套标准在网上便可以读取，而且还免费，其受欢迎程度远远超出了任何人的预想。

当时的马拉默德31岁，是名顾问和技术手册的作者，在工作中常常要用到标准手册，但他经常因无法访问和过高的成本感到沮丧。[29]像对待商业机密一般对待技术标准，只会影响它们在全世界范围内的普及。正如马拉默德所说："标准应该要易于获取，否则便是不合时宜。"[30]

于是，马拉默德前往ITU，主动找对方索取标准，并把它们由以前过时的内部格式转化为更为现代化的格式，还上传到了网上。（马拉默德当时自称为某个"文档解放阵线"的创始人。[31]）ITU当时错误地认为，网络只是一个主要供学者使用的小众媒介。他们认为马拉默德是在进行某种实验，所以同意按照他的做法将标准传到网上，并未期待会有大量的在线读者。

他们错得太离谱了。"这个学术玩具竟然有700万人在使用，这把那个官僚机构给吓坏了，"马拉默德写道，"他们惊愕地看着数十个国家里成千上万的人得到了ITU的几十万份文件。"[32]ITU眼睁睁地看着大笔大笔的年度进账就这样化为了泡影，因此急忙终止了这个项目，并且试图重新夺回蓝皮书的控制权，据ITU官方的说法，"实验非常成功，取得了令人满意的结果。"[33]马拉默德愤怒地在行业出版物《电信周刊》(Communications Week)中发表了一篇文章，指出ITU的出尔反尔背后有着不可告人的目的，他写道："如果行业标准被扩散出去，ITU的工作机会就会减少，他们会失去对行业标准的销售控制权，并且不得不应付世界各地越来越多的通信工程问题。"[34]

马拉默德讲出了问题的关键所在。尽管官员们反驳说人们只会把网络当作一时的新鲜和有趣的玩物，但实际上网络用户却对有用且能够获取的信息有着浓厚的兴趣。后来，马拉默德将自己与ITU标准打交道的经过写成一本有趣的书，叫作《探索互联网：一次技术之旅》(Exploring the Internet: A Technical Travelogue)，他在书中分析了标准的传播得以放宽的原因，以及试图遏制网络数字传播的愚蠢做法。"网络就在这儿，"马拉默德写道，"它不是一个学术玩具。"[35]

从那时候起，马拉默德开始努力向世人证明，只要人类社会不加以阻碍，互联网将如何改变我们的世界。从1995年开始，马拉默德是第一个将参议院和众议院的会议过程录制成录音文件，并且将这些文件上传到网上进行存档的人。1996年，为了再一次让公众意识到网络可以用作一个民主工具，马拉默德组织了一次网上世博会，展现了全世界各个国家的"场馆"。"从前的世界博览会卓有成效地向大众展示了各种新技术，"副总统戈尔在一封信中批准了这个项目，"而信息时代的世界博览会将会告诉人们，有一天所有人都会被全球性的网络所覆盖，而且这样的未来并不遥远。"[36]

马拉默德总是利用网络倡导开放存取的理念。"对于民主价值观的传播，以及帮助建设一个消息灵通、反应及时的政府，网络的力量是十分强大的。"马拉默德在1993年写道。他花了大量时间游说那些不太信任网络的政府官僚部门。[37]美国政府起初对互联网并不太习惯。当时联邦网站上显示的信息很有限，其功能几乎跟一份宣传手册差不多。官员们说网络是一个"书呆子的战场"，所以不愿意在这方面进行更有意义的尝试。1993年，一位证券管理委员会（以下简称SEC）的代表解释说，他们不打算把公司档案在网上进行公示，因为这些资料给网络用户看"不太合适"。马拉默德愤怒地脱口而出，说他本人认为让美国人民看到这些资料"恰恰是最合适的"。[38]他的做法让我感受到几分与电影《史密斯先生去华盛顿》(Mr. Smith Goes to Washington)所带来的震惊类似的情绪。（译者注：这是1939年上映的一部美国剧情、喜剧电影，讲述了一名持理想主义的青年试图改变美国参议院贪腐现状的经过。）

尽管弗兰克·卡普拉（译者注：电影《史密斯先生去华盛顿》的导演）在他的电影中已经证实过这一点，但SEC的官员仍旧提不起兴趣。"他们没能理解我的想法。"马拉默德后来评论道，但这并不是什么新鲜事：毕竟，预言家在自己的时代是极少被人们欣赏的。马拉默德下定决心，要带领联邦政府到达那片"应许之地"，他打算使出浑身解数，用榜样进行引导，用道义进行劝诫，实在不行还可以动用一些蛮力。

为了对付SEC，他把以上三种方法都用遍了。美国的上市公司按要求每季度需要向SEC提交本公司的信息披露文件。这套数据会向公众公开——但是公众要付钱。SEC已经在数年前与私营公司签署合同，授权其管理被称为EDGAR的电子化文件归档系统。私营公司得到这套数据，进行数字化，然后卖给订阅用户。

这些文件有重大的公共价值，它们是记者、投资商、公众监督力量等用来评估上市公司的财务状况、商业战略，以及探查公司潜在不当行为的重要依据。EDGAR 中存放着以上所有的资源，不是因为这些公司自己想公开，而是因为他们必须这么做。马拉默德等人开始公开质疑 SEC 为何不将 EDGAR 中的在线数据免费提供给公众，他们得到的其中一个答复是：SEC 担心这么做会毁掉与他们签订了合同的商业数据提供商的服务市场。[39]

劳伦斯·莱西格后来谴责说，SEC 在与私营承包商已经签订的合同以及建立的关系中，双方配合得十分默契。尽管 SEC 的文件档案是公共数据，这个机构却坚持把它们当成专有数据来对待。"SEC 数据库不是一个产品，而是投资者了解上市公司经营现状的依据，只有得到这些数据，他们才能把自己的钱投到正确的地方。"马拉默德在 1997 年写道，"大型的政府数据库也不是产品，而是使得信息经济发挥作用的推动力。"[40]

由于 SEC 文件档案是公共数据，所以只要把它们买下来，就可以自由并合法地进行再次传播。所以，理论上说，马拉默德可以从 EDGAR 订阅资料，然后将所得的文件尽数在网上免费公布。他也正是这样做的。马拉默德从 1994 年开始得到授权订阅 EDGAR 的所有文档，每年的订阅费为 7.8 万美元，整整两年间，他都把那些文件上传到自己的网站。[41] 渐渐地，他的数据库有了用户。然后，又过了 18 个月，马拉默德宣布自己的授权到期了，所以免费的 SEC 数据库将不会继续更新。

"我们提供 SEC 的数据库，并不是因为想做数据库这一行的生意，而是希望由 SEC 本身来为公众提供信息的免费存取权限。"马拉默德后来写道。[42] 他的这番声明取得了预想中的效果：公众对于消失的数据库感到非常愤慨，最终 SEC 退让了，同意接管马拉默德的项目。

在接下来的 15 年中，马拉默德多次策划了类似的计谋，用以对付顽固不化的政府机关和办公室。尽管每次针对的目标不同，但他的理念始终如一：公共数据属于公众，政府不应毫无必要地限制公众得到这些数据的自由。2001年，《纽约时报》刊登了一篇有关马拉默德的文章，他的朋友保罗·维克西在接受采访时对其工作大加赞赏："马拉默德的成功总是不离初衷，他想改变这个世界。"[43]

2007年，在 Google、Yahoo、Omidyar Network 和其他一些赞助商的资助下，马拉默德干了一件改变世界的大事。他建立了一个叫作 public.resource.org 的非营利性网站，将各种各样的公共数据进行存档。[44]据马拉默德估计，将来在公共领域数据库里大约能存储1.5亿页的文档。"很快，"他写道，"如果我成功的话，所有这1.5亿页文档就会呈现给大家。"[45]

2008年秋，马拉默德还发起了另一场数据战，这次是为了反抗一个叫作"电子司法卷宗公共存取系统"（以下简称PACER）的联邦数据库。这个数据库是由美国联邦法院系统创建的，是一个储存美国联邦司法卷宗的综合性网站。用特定的联邦法院案件名称进行搜索，便可以找出与案件有关的所有动议、口供、法庭指令等文件的电子版本。PACER 对于法律研究者而言是无价之宝，他们如今舒舒服服地坐在家里就能够得到这些资料，再也不用跑到法庭档案馆里大找特找。不过，要使用这个数据库，还需要一张信用卡，而且要支付每浏览一页文件10美分的费用。（你必须在指定的季度存够至少15美元的钱，这个费用才能被成功扣除。）

无论如何，每页10美分的收费标准不算太高。指导卷宗公共存取系统收费标准的《美国法典》第28卷第1913节规定，法庭系统能"收取合理的存取费用"，但"收费不可超过"可以补偿"在提供这些服务中发生的费用"的程度。[46]可是实际上，PACER 系统每年带来的收入早已超过了其耗费的维护费用。[47]这些收入被联邦法院用来做其他事情，比如，在联邦审判室里安装平

第七章 开放存取运动

板显示器和音响，等等。[48]

尽管收取了额外的费用，可是司法卷宗已经上传网络并且供用户使用，这就是司法系统取得的成就，特别是在还有一些联邦机构完全拒绝将自己的数据进行数字化的情况下。"这是法院系统近20年来最了不起的技术成就。"美国法院的一位发言人后来对《连线》杂志吹嘘道。[49]

马拉默德不同意这一点。"PACER系统是我们的联邦法律体系当中最混乱的部分，"他对《连线》杂志的记者说，"他们对大型主机有偏好。"[50]对马拉默德而言，PACER是一个"典型的老式'大铁疙瘩'，重达好几吨的大型电脑加上许多协作公司"，这自然会使得它臃肿不堪，效率低下。[51]他认为，有很多更简便的方法，可以让人们得到他们所需要的司法卷宗。应该想办法让所有的PACER数据在网上对公众免费开放。

2007年，PACER宣布将在限定的时间段内提供完全免费的数据库存取权限。（当时，PACER只收取每页8美分的费用，而不是10美分。）附加条件是：免费存取权限只能在遍布美国的16个联邦托管图书馆中实现，"我想大约每5.7万平方千米才有一家托管图书馆吧。"[52]马拉默德后来说道。为了利用这项服务，研究员们必须亲自赶到那些图书馆并且使用那里的计算机。不过，一旦从其中一台计算机中成功登录，就能尽情下载了。

马拉默德在他的网站上发出一个消息，公开发起一个"PACER循环利用项目"，为一家非官方的"拇指碟公司"招聘志愿者。马拉默德希望志愿者们去往这些指定的图书馆，将PACER文件下载到拇指碟上，然后将资料上传到resource.org，将其永久性地存放在网站中。它作为PACER的一个免费备选项目，将达到"重复利用"的目的。"这合法吗？"马拉默德自问自答，"还用问吗！这些都是公共文件。"[53]理论上说，如果能够招到足够多的志愿者，他就可以将整个PACER数据库全部吸走。

不过马拉默德并未期望事情完成得如此完美。[54]整个"拇指碟公司"的点子其实更像是一个信号或是一个例子,它告诉人们,很多事情,能不能做到取决于你敢不敢想。2008年9月4日,他收到一封来自某个真的很敢想的人的邮件。"对于拇指碟有任何限制吗?"亚伦·斯沃茨问道,"有什么文档是一定要从PACER的数据库中下载下来的吗?"[55]

斯沃茨对卡尔·马拉默德的崇拜由来已久。2002年,当时才15岁的他就在自己的博客上专门将马拉默德列为"时代的超级英雄",推崇他是一位"技术高超、具有强烈社会责任心的良心黑客"。[56]同年,他请求马拉默德将web.resource.org网站的子域授权给自己,斯沃茨计划利用它存储"对于网上社群有用的信息"。[57]"这是一个彼此欣赏的团体,"马拉默德当时回应道,"当然没问题,把这个网站交给你,我们高兴至极!"[58]

在他们与PACER项目合作的前一年,斯沃茨已经再次联系上马拉默德,就watchdog.net和许多其他大批量下载项目征求他的建议和帮助。斯沃茨已经开发出几种取得大型数据集的不同方法。有时他会花钱买,有时利用《信息自由法》直接到政府机关索要,但有些时候,他的策略就没那么直接了。

PACER为前往10多家指定图书馆的用户提供服务,这些图书馆包括阿拉斯加州立法院法律图书馆、萨克拉门托县公共图书馆、波特兰(缅因州)公共图书馆以及另外13家图书馆。[59]但是斯沃茨指出,比起在图书馆里坐上一天,还有一个更简单的方法,就是利用电脑程序对PACER数据进行远程自动下载。这是最快最省事的方法,特别是对于斯沃茨这样无法开口向别人提出要求的人而言。可是,这同样也是最有可能引起麻烦的方法。

在一篇2013年1月的博客中,一位叫作埃里克·海曼的图书馆馆长回忆道,当他第一次遇到斯沃茨的时候就责怪说:斯沃茨搞的大批量下载叫人非常气恼,而且可能会对斯沃茨正在追求的事业产生负面影响。

第七章 开放存取运动

我告诉他，只要他开口，就能得到一个数据库的账号，如此便不会因为申请下载的文件量过大而导致机器崩溃。对于他需要的信息，人们正在非常努力地实现免费提供，但是首先得确认机器不会崩溃，所以还得等上几年。亚伦似乎感到很尴尬。[60]

尽管如此，斯沃茨并没有因此而停止动作。不过他的态度导致其与卡尔·马拉默德的合作变得微妙起来。马拉默德在作为数据解放积极分子的整个过程中，一直小心翼翼地将自己的工作维持在法律允许的范围内，这既是一种自我保护，也是为达到更大的目的着想：按照法律规定，公共数据是属于公众的，将它公开没有触犯任何法律。

这是一种非常合乎情理的态度。小心遵守联邦数据库的每一条使用条款的确耗时且低效，但是这样的做法能让下载者占据道德优势。走捷径虽然快捷，却会让他的行为蒙上阴影，给了政府疑心其做错事的机会。

一位名为斯蒂芬·舒尔茨的普林斯顿大学教授曾写过一个简单的计算机脚本，用来抓取及下载 PACER。斯沃茨给这个程序写过代码，自然很想把它利用起来。但是远程吸取数据库并没有得到 PACER 的明确同意，这让马拉默德感到紧张。"你得到图书馆的允许或是默许，同意让你将 PACER 整个抓出来吗？"他问道。[61]"没有。"斯沃茨回答。[62]"唉，我们一般不这么办事。"马拉默德在 2008 年 9 月 4 日写邮件给斯沃茨，"我们不走捷径，我们不出格，只在允许范围内行事。"[63]如果斯沃茨想要与马拉默德合作，他就应该按照规则行事。

斯沃茨满口答应。可是，在没有告诉马拉默德实情的情况下，他继续远程操控了那个程序。他找了一个在加利福尼亚的朋友，请其去萨克拉门托的图书馆，然后将斯沃茨的下载程序安装在其中一台电脑上。接下来斯沃茨只需要安安稳稳地坐着，看着文件滚滚涌入就好了。"我们会玩得很开心的。"9月末，当斯沃茨估计自己能够抓取将近4千兆字节的PACER文档后，马拉默德这样对他说。[64] "太棒了。"斯沃茨回答道。[65]

几乎就在同一时间，2008年9月20日，为了替一个新网站guerillaopenaccess.com做宣传，斯沃茨将曾经发在博客上的《开放存取游击队宣言》(The Guerilla Open Access Manifesto) 重新发布了一遍。"我意识到开放存取运动做得还远远不够——就算我们让所有期刊都对公众开放，但科学知识的整个发展史会被锁上，"他解释道，"在EIFL会上跟大家聊天后，我意识到了自己该做什么。如果政府不开放这些知识的存取权限，我们就应该主动争取。"[66]

在参加由自由软件基金会赞助的"软件自由日"的活动时，斯沃茨再次重申了这一观点。他在活动中发表的以"大开眼界"为主旨的讲话，其中讲到了国家档案和开放存取。"他一直在利用免费软件将政府档案和其他公共领域的资料进行公开，方便公众搜索和阅读，"自由软件基金会在自己的博客中写道，"他恳求我们所有人，假如有人想要帮忙，给他打电话就好。"[67] 在软件自由日接近尾声时，理查德·斯托曼的现身给了所有与会者巨大的惊喜。他穿着一件格子呢衬衫和卡其布裤子，简单谈了谈GNU项目的由来以及我们的社会和自由软件的未来发展。"他鼓励我们将GNU项目这25年的历史当成未来发展的基石，"自由软件基金会的博客中写道，"鼓励人们继续推进全面的自由系统。"

一个星期之后，政府切断了斯沃茨链接PACER数据库的入口。他利用程序快速从PACER下载文件，导致数据库不堪重负，最后崩溃了。但是，斯沃茨当时并不知情，他只知道自己发送了登录请求，却收到"拒绝访问"的信息。[68] 当马拉默德知道斯沃茨一直罔顾自己的劝阻，一意孤行地在运行程序时，他告诉斯沃茨："你真的过分了，我已经特意提醒过，我不希望在我的资源上发生那样的事情。"[69]可是事情变得越来越糟：因为担心存在安保方面的漏洞，PACER完全停止了存取权限的试点。[70]

斯沃茨已经设法下载了将近2000万页的文件，大概占整个数据库的20%。马拉默德依然担心斯沃茨的行为会遭到调查，甚至也许会惊动警察。[71]虽然他们都认为自动下载PACER并未触犯法律，但这种做法肯定非同寻常，而且马拉默德和大家一样，都知道联邦政府机构最喜欢怀疑非比寻常的事情。"如果他们追踪你，我会尽我的力量保护你，但是最后，我们只能承认你的确做了那些事情。"马拉默德在9月30日发给斯沃茨的一封邮件里说道，[72]"没有一条明确的规定禁止你的行为。我觉得你这么做非常愚蠢，但是出发点是好的。"

不过，几个月过去了，斯沃茨的行为似乎没有引起任何负面影响。《纽约时报》刊登了一篇关于斯沃茨、马拉默德和PACER项目的文章，报道中的一位美国法院的发言人表示，对于"是否曾经对大批量网络下载进行过犯罪调查"，无可奉告。[73]但实际上他们是做过调查的。联邦调查局（以下简称FBI）华盛顿办公室在2009年2月6日的一篇报告中写道，因为斯沃茨的所作所为，"请求过于频繁，PACER系统崩溃了。平均每3秒钟就有一条请求发出。"[74]据FBI称，斯沃茨修改了访问PACER的登录信息。

因为不知道斯沃茨和马拉默德到底做了些什么，FBI展开了"情报搜集"，试着找出答案。FBI首先收集了斯沃茨的材料，包括他最近活动的记录，其中注明了他参与组建了watchdog.net，以及他要"将所有政治、投票、游说的记录，以及选举财政报告的信息都抓取出来，放到一个统一界面"的计划。FBI还发现，斯沃茨的私人网站中"有一个板块，标题为'亚伦·斯沃茨：一个永远对成就存疑的人'"。FBI探员报告说卡尔·马拉默德曾经"发表过一份关于解放PACER文档的在线宣言"。对马拉默德、斯沃茨和拇指碟公司的调查报道刊登在《时报》上,而且是头条新闻,标题为"盗窃联邦档案——其实没那么严重"。[75]

这些记录的每一条本身没有恶意,但是放到一起,从政府的角度来看,似乎暗示着他们在秘密策划某个极其险恶的阴谋。2月,FBI派了一辆车去监视斯沃茨的双亲在海兰帕克的家。2009年4月14日,一位探员打电话到他父母家里,想要与斯沃茨进行个人对话。但那时他不在家,电话是他母亲接的。接到FBI探员的电话令斯沃茨的母亲受到了很大的惊吓,慌乱之下,她给卡尔·马拉默德发去了一封惊慌失措的邮件,是通过其推特(以下简称Twitter)账户发送的私信,告知他所发生的一切。("告诉你的母亲,这种事通过Twitter联系我不是最正确的方式。"马拉默德提醒斯沃茨。[76])

最终,斯沃茨用自己的手机回了电话。"你肯定能猜到我找你是为什么。因为PACER的事。"特工克里斯蒂娜·哈尼卡特说道,"我们想坐下来和你好好谈谈,进一步搞明白到底发生了什么事,这样才能帮助美国法院将系统恢复正常。"哈尼卡特问斯沃茨是否愿意在近期找个时间进行面谈。"如果事情比这严重的话,"她说,"我们就不会打电话来问你了。"[77]

经历了最初的恐惧之后,斯沃茨很快便想到了应对的策略。"你不必为我担心,任何后果我都愿意承担。"斯沃茨在给马拉默德发出的邮件中说道。他知道马拉默德当时正在应聘一份美国政府印刷局的工作,而且竞争十分激烈。[78] "明白,但是我也不会眼睁睁地看着他们处罚你。"马拉默德回复道。[79] 事情最终没有发展到那一步。斯沃茨的律师打电话给FBI,称如果探员能够保证不会做任何伤害斯沃茨的事,他愿意面谈。FBI不愿意做出这个承诺,所以斯沃茨便没有与他们见面。调查最后于2009年4月20日结束。后来,斯沃茨拿到了自己的FBI档案并把内容发到了网上。[80] 尽管在博客里谈起整个经历时他显得很勇敢,还说自己的FBI档案"让他很开心",可是在事发时,他其实

第七章 开放存取运动　　183

The Idealist 理想主义者

是已经被吓得六神无主了。

在过去的两年时间里,斯沃茨漫无目的地寻找资源,不断进行下载和上传:他并不关心自己到底打中了哪个目标,只是胡乱地射击而已。斯沃茨第一次要求加入拇指碟公司时,马拉默德就曾经建议过他,不要对 PACER 花太多心思,以至于忽略了更有影响力的项目,比方说 watchdog.net。可是斯沃茨没有听进去,现在 PACER 已经被搞砸了,watchdog.net 的建设也不太尽如人意。"我隐隐感觉到,或至少是担心,你把 watchdog.net 放下了,这样项目很快就会完蛋的。"马拉默德在2009年1月对斯沃茨说道。"怎么了?"斯沃茨回应道。[81] 他承认他自己很快会离开 watchdog.net,而马拉默德则温和地批评他没能及时将这一变动通知给支持自己的人。"目前而言,沟通是领导艺术中最困难的部分。"马拉默德写道。[82] "不,你是对的,我的确没有把工作做好。"斯沃茨回应道。[83] "这并不是什么大问题,只要自行修正就行了,"马拉默德说道,"把事情搞砸没关系,但是没有意识到自己把事情搞砸了却不太好。"[84]

可是,PACER 的经历远未能达到让斯沃茨明白他需要有所收敛的效果。他不知道自己的雄心需要加以克制,行事需要更为谨慎,否则这可能将他推入深渊。斯沃茨的 guerillaopenaccess.com 网站与一个叫作"内容解放阵线"的团体网站彼此链接，这个团体自诩为"开放存取运动的游击队员"。内容解放阵线的网站上有一个简单的项目列表，在列的第一个项目便是获取过期期刊。

"许多像 JSTOR 这样的在线期刊网站甚至连进入公共领域的文章都要收取费用。"内容解放阵线的网站写道，"如果你有这些文章的拷贝，请上传到 archive.org 并且让我们知道。"不过，将公共领域的文章上传仅仅是个开始："如果你还有多余的时间，或者懂一些技能，我们建议你将整个期刊档案从这些网站解放出来，然后上传到文档分享网站。如果你已经做了，请让我们知道，我们会把这些文档转移到这里来。"[85]

这个网站鼓励访客将数据库的硬盘拷贝发送给它，通信地址如下：

美国，马萨诸塞州，剑桥市
#320，麻州大道950号
亚伦·斯沃茨转交内容解放阵线
邮编02139

这是斯沃茨的公寓地址，位于哈佛广场和中央广场之间，从MIT出来后，沿着大路走一段便到了。

第七章　开放存取运动

The Idealist 理想主义者

1.《厄雷莫：马萨其奥洞穴遗迹的历史记忆》(*Eremo: Historical Memories of the Hermitage of the Massaccio's Caves*)

2.《圣罗曼尔德》(*St. Romuald*),《天主教新闻社》(*Catholic News Agency*), 详见：http://www.catholicnewsagency.com/saint.php? n=510

3.《厄雷莫：马萨其奥洞穴遗迹的历史记忆》, 19

4. 引自同上, 20

5. 引自同上, 61

6. 引自同上, 79

7. 亚伦·斯沃茨,《大家都这样对我说》(*Everybody Tells Me So*), 2006年11月3日, 详见：http://www.aaronsw.com/weblog/everybodysays

8. 亚伦·斯沃茨,《亚伦独家讲座，让你泄气的讲座》(*Aaron's Patented Demotivational Seminar*), 2007年3月27日, 详见：http://www.aaronsw.com/weblog/demotivate

9. 诺阿姆·乔姆斯基 (Noam Chomsky),《认识力量：必不可少的乔姆斯基》(*Understanding Power: The Indispensable Chomsky*), 纽约：新新出版社, 2002年

10. 亚伦·斯沃茨,《改变我人生的书籍》(*The Book That Changed My Life*), 2006年5月15日, 详见：http://www.aaronsw.com/weblog/epiphany

11. 劳伦斯·莱西格,《必读：接下来这十年》(*Required Reading: the next 10 years*),《莱西格》(*Lessing*), 2007年6月19日, 详见：http://www.lessig.org/2007/06/required-reading-the-next-10-y-1/

12. 引自同上

13. 亚伦·斯沃茨,《开放的政府工作组》(*Open Government Working Group*), "宣布组建 theinfo.org" (*announce theinfo.org*), 2008年1月15日, 详见：https://public.resource.org/open_government_meeting.html

14. 亚伦·斯沃茨, *TheInfo.org*, 2009年4月26日, 详见：https://web.archive.org/web/20090426012606/http://theinfo.org/

15. 亚伦·斯沃茨于2007年12月31日写给卡尔·马拉默德 (Carl Malamud) 的邮件, 详见：https://public.resource.org/aaron/pub/msg00054.html

16. 亚伦·斯沃茨, 2008年3月8日, 详见：https://public.resource.org/aaron/pub/msg00064.html

17. 亚伦·斯沃茨,《欢迎你, watchdog.net》(*Welcome, watchdog.net*), 2008年4月14日, 详见：http://www.aaronsw.com/weblog/watchdog

18. 详见：http://www.eifl.net/

19. 举个例子：2015年3月, 如果要订购由里德-爱思唯尔公司出版的印刷期刊《应用表面科学》(*Applied Surface Science*), 需要花费12471美元。

20. 欧克森 (Okerson) 与奥唐纳 (O'Donnell),《处于十字路口的学术期刊》(*Scholarly Journals at the*

Crossroads》, 105

21. 引自同上, 37

22.《布达佩斯开放存取倡议》(Budapest Open Access Initiative), 2002年2月14日, 详见: http://www.budapestopenaccessinitiative.org/read

23. 这部分所有引用文字都来自《开放存取游击队宣言》, 详见: https://archive.org/stream/GuerillaOpenAccessManifesto/Goamjuly2008_djvu.txt。于2015年3月20日存入Archive.org

24. 亚伦·斯沃茨,《联机计算机图书馆中心不合作》(OCLC on the Run), 2008年11月15日, 详见: http://www.aaronsw.com/weblog/oclcreply

25. 引自同上

26. 贝丝·萨德勒(Bess Sadler),《信息和思想在当代民众以及后代中的自由流动》(the free flow of information and ideas to present and future generations),《致知在躬行》(Solvitur ambulando), 2013年1月15日, 详见: http://www.ibiblio.org/bess/?p=285

27. 马拉默德,《探索互联网(第4部分)》

28. 马拉默德,《国际电信联盟采用了新的元数据标准: 开放存取》(The ITU Adopts a New Meta-Standard: Open Access),《互通性报告》(The Interoperability Report), 第5卷, 第12期, 1991年12月, 详见: https://public.resource.org/scribd/2556197.pdf

29. 马拉默德,《探索互联网(第3部分)》

30. 马拉默德,《探索互联网(第4部分)》

31.《关联》(Connexions),《互操作性报告5》(The Interoperability5), 12期, 1991年12月21日

32. 马拉默德,《探索互联网》

33. 莎伦·费舍尔(Sharon Fisher),《国际电信联盟项目终止》(ITU Standards Program to End),《电信周刊》(Communications Week), 1991年12月23日

34. 马拉默德,《国际电信联盟决定要走回头路》(ITU Decision Turns Back the Clock),《电信周刊》, 1991年12月23日, 14

35. 马拉默德,《探索互联网(第5部分)》

36. 彼得·H.路易斯(Peter H. Lewis),《1996年, 将在网上举办一场世界博览会》(In 1996, a World's Fair to Be Held in Cyberspace),《纽约时报》, 1995年3月14日刊, 详见: http://www.nytimes.com/1995/03/14/business/in-1996-a-world-s-fair-to-be-held-in-cyberspace.html

37. 马拉默德,《提高每个人的音量》(Lifting every voice),《圣彼得堡时报》(St. Petersburg Times), 1993年3月7日

38. 马拉默德,《为地球村举办一场世界博览会》(A World's Fair for the Global Village), 94

39. 引自同上

40. 马拉默德，《为地球村举办一场世界博览会》，99

41. 彼得·H. 路易斯，《互联网用户免费且自由地访问证券管理委员会档案》（ Internet Users Get Access To S.E.C. Filings Fee-Free ），《纽约时报》，1994年1月17日刊，详见：http://www.nytimes.com/1994/01/17/business/internet-users-get-access-to-sec-filings-fee-free.html

42. 马拉默德，《为地球村举办一场世界博览会》，95

43. 约翰·施瓦兹（ John Schwartz ），《一位网民设计控制电视的软件》（ A Cybernaut Plans Software for Navigating TV ），《纽约时报》，2001年12月24日刊，详见：http://www.nytimes.com/2001/12/24/business/a-cybernaut-plans-software-for-navigating-tv.html

44. 详见：https://public.resource.org/about/

45. 马拉默德于2008年3月8日写给亚伦·斯沃茨的邮件，详见：https://public.resource.org/aaron/pub/msg00067.html

46. 《美国法典》第28卷第1913节——联邦上诉法院，详见：https://www.law.cornell.edu/uscode/text/28/1913

47. 斯蒂芬·舒尔茨（ Stephen Schultze ），《电子公共检索费与美国联邦法院预算：总览》（ Electronic Public Access Fees and the United States Federal Courts' Budget: An Overview ），详见：http://www.openpacer.org/hogan/Schultze_Judiciary_Budgeting.pdf

48. 斯蒂芬·舒尔茨，《为公众提供司法卷宗的电子检索服务成本花在哪里？》（ What Does It Cost to Provide Electronic Access to Court Records? ），《管理的奇迹：网络社会的政策》（ Managing Miracles: Policy for the Network Society ），2019年5月29日

49. 莱恩·辛格（ Ryan Singel ），《网上叛逆者将价值数百万美元的美国司法卷宗免费公开》（ Online Rebel Publishes Millions of Dollars in U.S. Court Records for Free ），《连线》，2008年12月12日刊

50. 引自同上

51. 《循环利用PACER文档的16个常见问题》（ 16 Frequently Asked Questions about Recycling Your PACER Documents ），详见：https://public.resource.org/uscourts.gov/recycling.html

52. 马拉默德，《互联网之子》（ The Internet's Own Boy ），2014年

53. 《循环利用PACER文档的16个常见问题》，详见：https://public.resource.org/uscourts.gov/recycling.html

54. 马拉默德于2008年9月4日写给亚伦·斯沃茨的邮件，详见：https://public.resource.org/aaron/pub/msg00180.html

55. 亚伦·斯沃茨于2008年9月4日写给卡尔·马拉默德的邮件，详见：https://public.resource.org/aaron/pub/msg00179.html

56. 亚伦·斯沃茨，《当代的超级英雄：卡尔·马拉默德》（ Today's featured superhero: Carl Malamud ），2002年6月16日，详见：http://www.aaronsw.com/weblog/000345

57. 亚伦·斯沃茨，《介绍web.resource.org》（ Introducing web.resource.org ），2002年7月2日，详见：http://www.aaronsw.com/weblog/000381

58. 卡尔·马拉默德于2002年6月25日写给亚伦·斯沃茨的邮件，详见：https://public.resource.org/aaron/pub/msg00001.html

59. 美国联邦法院，《试点项目：在16个图书馆开放联邦司法卷宗的免费访问》（*Pilot Project: Free Access to Federal Court Records at 16 Libraries*），2007年11月8日的新闻发布稿

60. 埃里克·海曼（Eric Hellman），《亚伦·斯沃茨的四宗罪》（*The Four Crimes of Aaron Swartz*）"，2013年1月25日，详见：http://go-to-hellman.blogspot.com/2013/01/the-four-crimes-of-aaron-swartz.html

61. 马拉默德于2008年9月4日写给亚伦·斯沃茨的邮件，详见：https://public.resource.org/aaron/pub/msg00195.html

62. 亚伦·斯沃茨于2008年9月4日写给马拉默德的邮件，详见：https://public.resource.org/aaron/pub/msg00196.html

63. 马拉默德于2008年9月4日写给亚伦·斯沃茨的邮件，详见：https://public.resource.org/aaron/pub/msg00197.html

64. 马拉默德于2008年9月22日写给亚伦·斯沃茨的邮件，详见：https://public.resource.org/aaron/pub/msg00298.html

65. 亚伦·斯沃茨于2008年9月22日写给马拉默德的邮件，详见：https://public.resource.org/aaron/pub/msg00299.html

66. 亚伦·斯沃茨，《自由存取游击队》（*Guerilla Open Access*），2008年9月20日，详见：http://www.aaronsw.com/weblog/goa

67. 《软件自由日：2008年9月20日》（*Software Freedom Day, Sept. 20th, 2008*），自由软件基金会（*Free Software Foundation*），2008年9月29日，详见：https://www.fsf.org/blogs/membership/sfd2008blog

68. 亚伦·斯沃茨于2008年10月1日写给马拉默德的邮件，详见：https://public.resource.org/aaron/pub/msg00327.html

69. 马拉默德于2008年9月30日写给亚伦·斯沃茨的邮件，详见：https://public.resource.org/aaron/pub/msg00319.html

70. 美国法律图书馆协会（American Association of Law Libraries,），《美国法律图书馆协会华盛顿网上通告》（*The AALL Washington E-Bulletin*），2008年10月31日，详见：http://www.aallnet.org/mm/Advocacy/aallwash/Washington-E-Bulletin/2008/ebulletin103108.pdf

71. 引自同上

72. 马拉默德于2008年9月30日写给亚伦·斯沃茨的邮件，详见：https://public.resource.org/aaron/pub/msg00319.html

73. 约翰·施瓦兹，《一次将司法卷宗体系变得免费且容易的尝试》（*An Effort to Upgrade a Court Archive System to Free and Easy*），《纽约时报》，2009年2月12日。

74. 《亚伦的FBI档案》（*Aaron Swartz's FBI File*），Firedoglake网站，2013年2月19日，详见：http://news.firedoglake.com/2013/02/19/aaron-swartzs-fbi-file/

第七章 开放存取运动

The Idealist 理想主义者

75. 引自同上

76. 马拉默德于2009年4月14日写给亚伦·斯沃茨的邮件，详见：https://public.resource.org/aaron/pub/msg00689.html

77. 亚伦·斯沃茨于2009年4月14日写给马拉默德的邮件，详见：https://public.resource.org/aaron/pub/msg00693.html

78. 亚伦·斯沃茨于2009年4月15日写给马拉默德的邮件，详见：https://public.resource.org/aaron/pub/msg00712.html

79. 马拉默德于2009年4月15日写给亚伦·斯沃茨的邮件，详见：https://public.resource.org/aaron/pub/msg00713.html

80. 亚伦·斯沃茨于2009年10月5日写给马拉默德的邮件，详见：http://www.aaronsw.com/weblog/fbifile

81. 马拉默德于2009年1月26日写给亚伦·斯沃茨的邮件，详见：https://public.resource.org/aaron/pub/msg00509.html

82. 马拉默德于2009年1月27日写给亚伦·斯沃茨的邮件，详见：https://public.resource.org/aaron/pub/msg00511.html

83. 马拉默德于2009年1月27日写给亚伦·斯沃茨的邮件，详见：https://public.resource.org/aaron/pub/msg00513.html

84. 引自同上

85. 《项目》(*Projects*)，2009年8月29日，详见：https://web.archive.org/web/20090829123824/http://contentliberation.com/

第八章

黑客与黑客精神

MIT 是黑客精神的发源地。
校方通过赞美这类的恶作剧来凸显学校的开放风气,告诉大家这里鼓励学生们追求各种各样富有创造力的项目,甚至是打破常规的项目。

The Idealist 理想主义者

JSTOR 是 Journal Storage（"期刊文库"）的缩写，这是一个在线的学术期刊文库，最初的构想萌生于1993年，在1997年1月由安德鲁·W. 梅隆基金会和密歇根大学联合发布。JSTOR 收录各种学术期刊，包括多个学术科目的文章，机构订阅用户可以即时阅览，从各方面来说，都像是无限图书馆这一梦想的现实版本。不过，正是通过它，我们得以看清这个梦想无法真正实现的原因。

罗杰·舍恩菲尔德为 JSTOR 写了一本书介绍其发展历程，名字就叫 JSTOR。其中讲到这一服务的起源：由于存在期刊订阅费居高不下，以及过期期刊对于图书馆所造成的存放空间问题，学术图书馆的馆长们一直在讨论建立一个"中央期刊借阅图书馆"的计划，以解决各图书馆对期刊的存档和订阅需求。梅隆基金会主席威廉·G.伯恩，同时也是一位富有创业精神的经济学家，对非营利机构有过较深入的研究[1]，他在1993年首先提出了数字化中央期刊借阅图书馆的理念。伯恩也许是在做白日梦，但是他有着极丰富的人脉。所以不到一年时间他的计划就有了进展。他梦想中的理念逐渐成形，JSTOR就此诞生了。它既能解决图书馆的期刊订阅费危机，同时还是一个"名副其实的证明，证明建设大规模的数据图书馆是可行的"。[2]

但是，要让那个美梦成真仍然是一个挑战。JSTOR 的官员们使出浑身解数说服学术期刊出版商，征得他们的许可将他们的文档进行数字化，并将文档进行销售。有的出版商担心以当前的条款与 JSTOR 签约，他们将来或许会失去利润更大的档案授权业务。还有一些其他机构，大部分是出版各自相关领域期刊的学术团体，他们害怕学者们一旦能够从中央数据库得到这些在线期刊，就会从这些学术团体中退出。

为了安抚以上种种担忧，JSTOR 的工作人员耐心地向出版商们解释，说他们之间的合作不会有损于他们所掌握的内容的价值。JSTOR 会承担所有的数字化和文档维护的费用，而且这项服务不具独占性，出版商可以随意将自己的文档转作他用。而且，如舍恩菲尔德所说，JSTOR 的官员们向出版商保证"参与这个项目绝对不会令他们有所损失——不论是经济收入或是任何其他方面"。[3]

这些保证起到了作用。JSTOR 在1997年得以发布，从那时起便不断成长壮大，许多渐渐依赖它那强大的数据文档的学生和学者为此而欢欣鼓舞。但是 JSTOR 也成了一个合约义务的产物，为了安抚提供文档授权的期刊出版商们，JSTOR 不得不严格控制其收录的文档存取权限。他们认为，承诺放宽文档内容的存取限制，就等于限制了那些付得起高昂费用的使用者的权限——订阅这些文档的费用每年多达数万美元。舍恩菲尔德写道，很快"JSTOR 开始表现得像个商人一样，对于其需要保护的利益团体，分出了三六九等"。[4] 当需要重点保护的利益受到威胁时，它便会毫不犹豫地进行防卫。

2010年9月25日傍晚，JSTOR 的一名工作人员发现了一些异常：JSTOR 的网站反应迟缓，下载的请求堆积如山，而网页标单并没有进行加载。晚上6：48，一封发给员工的邮件引起了大家的注意，邮件标题为"难过的网站"。[5] 谁也不会喜欢"难过"的网站，特别是那些以维护网站为职责的人。JSTOR 的技术人员对此进行了检查，3分钟后他们确认了原因：有人用不停发出下载请求的方法轰炸了 JSTOR 的服务器。每分钟好几百次的请求正在让系统崩溃。

这个问题用户显然是使用了一个电脑程序，快速地发动下载过程，从 JSTOR 数据库中获得文档，这个过程被叫作"抓取"。[6] 这些行为违反了 JSTOR

The Idealist 理想主义者

的服务条款，而对于那个周六晚上当班的技术人员来说，更为迫在眉睫的问题是，它们威胁到位于密歇根州安阿伯市 JSTOR 服务器的稳定。很快，其他 JSTOR 的工作人员发表了意见。"入侵的 IP 会不会是从波特兰来的？"其中一个工作人员问道。"我们在波特兰州立大学抓到一个家伙。我们找到这人家里，给他脸上狠狠来了一拳，他道歉并承认用3台以上的电脑进行了大批量下载。"（这些邮件来自 JSTOR 的内部邮件储存系统，由 JSTOR 自愿进行公布，所有人名均为化名。如果使用的是真名，那就说明这位发件人的身份我已经单独确认过。）

但是，这个闯入者来自 MIT，而且随着夜幕降临，抓客开始提速了。

JSTOR 的服务器对于这种行为的承受能力有限。就像你试图在自家电脑上同时运行十几个程序的时候很容易死机一样，因为一时间涌入太多请求，服务器很容易停止工作。只有非常强大的电脑才能在这种攻击中生存下来，而 JSTOR 的服务器相对比较弱，至少是缺乏准备。

对于突如其来的问题以及如何应对进行了一番讨论之后，JSTOR 的技术小组有了主意。"封了它。"一个技术人员建议封掉从 MIT 登录系统的这个 IP 地址，"别把公牛惹火了，否则你会尝到牛角的滋味的。"[7]

表面看来，这一招似乎成功了。（"消失时间：晚上8：56。"一位 JSTOR 的员工记录道。[8]）但是到了第二天早上8点，抓客换了一个 IP 地址登录，下载再次开始了。虽然 JSTOR 对用户在每次进程中能够下载的论文数量进行了限制，却没有限制能够发起进程的总数。抓客利用了这个漏洞，而且在活动高峰期，他发起的下载进程每小时超过了20万个——平均每秒钟55.5个新进程。"对于系统而言，这个活动量太频繁了。"一位工作人员写道，于是这个入侵者的 IP 地址再次被禁用了。[9]然而道高一尺，魔高一丈：抓客又用另一个 IP 地址登录，躲开了 JSTOR 的封堵。这一次，JSTOR 的技术人员打算让整个 MIT 尝尝牛角的滋味，便暂时性地封锁了大部分 MIT 校园内的访问请求。下载停止了，JSTOR

的网站渐渐恢复了正常。MIT 和 JSTOR 的员工开始估算损失。

在一封发给在 MIT 图书馆的 JSTOR 联系人亚伦·范尼·迪朗索的邮件中，JSTOR 的客户经理布赖恩·拉森克并未将这次事件视为一次敌意攻击，他说："闯入者一般是用捏造的用户名和密码，可能是某个学生或研究人员，但他并没有意识到自己的行为会产生什么影响，不知道这样获取 PDF 文档已经违反了我们的使用条款和免责声明。"这种类似于"机器收割"的方法不仅绝对不允许，而且根本没有必要。拉森指出，JSTOR 已经习惯于配合那些出于研究目的需要大量资料的学者："在这件事上我们也愿意提供服务，如果对方是出于这个动机的话。"[10]

迪朗索和 MIT 的信息科技部门很快便认定，下载要求来自一台登入了 MIT 无线网络的电脑，使用的是游客账号，这意味着 MIT 无法准确指认闯入者。不过，入侵电脑的 MAC 地址已经被记录下来——每台电脑对应的 MAC 地址都不一样，就像人的指纹一样，可以说是电脑的身份证。迪朗索告诉拉森，禁用了那个 MAC 地址之后，这种下载行为应该不会再发生了。

听到这个消息，拉森很是高兴。他在邮件中强调这一事件不仅是由过分投入的学者引起的典型案例，而且是极少发生的影响 JSTOR 网站表现的"极端案例"。被禁止的 IP 已经停止了下载，拉森希望下载者已经从中获得了一个足够强势的信息："我们点到为止就好。不过，当然了，前提是你有所收敛。不过我很怀疑你还能玩出什么花样来。"[11]

遗憾的是，他的自信是错误的。2010 年 10 月 9 日，一位 JSTOR 的雇员发出了一个不祥的电邮，他通知同事们："MIT 的抓客又回来了。"[12] 跟以前一样，这家伙的方法是首先开始下载一个文件，然后开始下载另一份文件的进程，然后便是无休止的重复。眼看着服务器在超负荷的压力下苦苦坚持，眼看着其他用户的请求被这种行为所影响，JSTOR 终于采取了前所未有

第八章　黑客与黑客精神　　195

的行动。为了保持服务器的稳定性，他们封锁了MIT校园对数据库的所有访问权限，按照JSTOR员工的说法就是，"MIT这是对我们示威吧，那就把他们的IP全封了"。[13]

对JSTOR来说这是迫不得已的，因为这样影响了MIT的所有用户，而不仅仅是那些过于亢奋的家伙。而且他们对整个校园的全面封堵引发了学者们愤怒的评论和回馈，他们不知道这到底是怎么回事，也无法得到当下就要用到的研究资料。数据库权限被停用了好几天，最后在12月12日恢复了。措施虽然极端，但似乎见效了；疯狂的下载停止了。

后来，在经过对两次下载事件的分析后，人们从中发现了让人警觉的信息。10月，抓客发起了8515个进程，下载了8422篇文章；12月，他从562种不同的期刊中，通过1256249个进程下载了453570篇文章。"这个数量太惊人了，比我知道所有记录在案的网络滥用案例都要严重。"拉森说道。[14]

这人要那么多的论文干什么？这种机器收割式的下载方式和数量似乎意味着侵入者带着某种邪恶的意图，显然这不是一个搞黑洞研究的学生或教授所为。JSTOR的工作人员对下载内容进行了分析，结果直接指向一个让人不安的结论。10月的众多进程中下载的第一份文件叫作《误拼的秘密》(The Mystery of Misspelling)，来自1957年的一份《小学杂志》(The Elementary School Journal)，而最后一份文件来自同一份杂志1950年的刊物。大家起初怀疑这是否是一位怀旧的四年级英语老师所为，接着又推翻了这一猜测。就在这时，JSTOR的一位员工说出了一个显然易见的事实："他们显然是想要整个资料库。"[15]

整个资料库就是整个JSTOR数据库：来自1000多家学术期刊的500万篇文章，全都经过法律授权并且由非营利机构精心进行了数字化。MIT 9月时曾经告诉JSTOR，有一个游客账号对第一次事件负责，而且这个问题应该不会再次出现。可是它的确再次出现了，并且引发了MIT似乎不情愿或无法回答的问题：是谁要抽干数据库？目的何在？JSTOR 的工作人员担心这些文件可能遭到了邪恶的外国黑客恶意下载。一位 JSTOR 的员工写道："在 Google 搜索'EZProxy password'，你能看到供登录数百家甚至数千家大学的无数网络账号和密码，而且都是有效信息。"显然，他觉得有理由相信文档是被居心叵测的外国人抓走了。[16]

一位 JSTOR 的高级管理人员开始警觉起来，宣称"这一行为摆明了就是偷窃，应该给大学警卫处打电话，甚至打给当地警局，必须确保我们不仅仅制止了这种行为：比如，来访的学者光是离开还不够，而且要保证他没有带着装满我们数据库的硬盘离开"。[17]另一个 JSTOR 的员工表示同意："文献数量太惊人了——而且，确实就是偷盗(从使用下载软件的行为就能推测出对方是故意使坏)。大学联系了执法部门吗？他们愿意马上这么做吗？"[18]

2010 年 9 月，亚伦·斯沃茨来到 MIT，他带来了一台崭新的宏碁笔记本电脑，打算进行一项长期计划。他要从 JSTOR 下载大量文件，而笔记本电脑就是用来实施计划的工具。他用 Gary Host、G. Host 或是 ghost 这几个昵称登入网络，在与 JSTOR 和 MIT 的技术团队玩了几个月过家家之后，他终于找到一个直连路由进入网络，完全避开无线网络入口限制的方法。

回想起来，虽然斯沃茨的举动令人震惊，但其实早有蛛丝马迹可循。如果说剑桥市打算编撰一本居民年鉴的话，斯沃茨一定会被冠以"最可能黑进 MIT 网络并且试图下载整个 JSTOR 数据库的人"。斯沃茨是一个理想主义者，在过去几年间他不仅大批量下载公众无法得到的大型数据集，而且写过不少文章主张这种行为在道德上的必要性，也多次发表过相关的讲话。黑进 JSTOR 被赫然列在"开放存取游击队"的战术书以及内容解放阵线的任务清单里。

2010 年 9 月末，斯沃茨曾到布达佩斯参加主题为"解放互联网"的会议，在会上他发表了关于"网上言论自由以及公司＆政府的道德与问责"的演讲。[19]《新共和》(The New Republic)杂志的诺姆·施莱伯后来报道说，在那次会议上，和斯沃茨一起用餐的一些社会活动家参加过由乔治·索罗斯赞助的运动，企图说服 JSTOR 的管理者将其文献向公众开放。不过他们开出的价钱高得离谱——要把所有版权拿到手需要数亿美元——而斯沃茨晚餐桌上的同伴们则谴责道："为了让 JSTOR 的数据为公众所用竟然要花这么多钱。"[20] 施莱伯确定这些人并没有提议进行非法下载，或是建议斯沃茨把这事儿揽下来。这次会议在 2010 年 9 月 22 日结束，3 天以后，斯沃茨来到 MIT 工作。

这之间并没有什么绝对的因果关系。斯沃茨从未宣布自己对于 JSTOR 的文献有所计划——至少是没有公开宣称，也许他曾经向朋友或家庭成员提起过，不过他们下定决心要保守秘密。"也许他之所以下载，只是因为他找到了能做成这事儿的方法，然后想看看接下来该干什么，"他的朋友本·威克勒后来猜测，"也许他只是希望不上网也能读到任何感兴趣的期刊。"[21] 谁都可以随自己的心意去查验证据并得出结论——联邦政府当然也可以。

无论斯沃茨是何意图，在 JSTOR 和 PACER 两次下载行动中有着许多相同点。在两次事件中，斯沃茨都利用计算机脚本将公众无法随时获取的数据库快速抽干，其速度和效率远超过这些数据库严格规定的使用条款和免责声明。在两个案子中，数据库提供者的早期反应都是尝试将事件定性为犯罪，这个定性决定了他们后续的行动。在两个案子中，斯沃茨如果放慢进展，不违反数据库的使用条款，本来是可以避免引起注意的。而且，在两次的事件中，他都没有考虑权宜之计，完全不留后路，所以两次都付出了惨重的代价。

在开始下载 JSTOR 文件的时候，斯沃茨已经在剑桥生活了两年多。"剑桥是唯一一个感觉像家一样的地方。"他在自己的博客上写道，当时是 2008 年，他已经离开了旧金山。[22] "这里被哈佛、MIT、塔夫茨和波士顿大学环绕其中，是一个思想之城和书籍之城，适合安静地思考，心平气和地集中注意力。而且这里的天气特别有意思，会真的下雪，四季分明，特别真实，不像旧金山永远都阳光灿烂，搞得仿佛时间都停止了一样。"[23]

斯沃茨在剑桥开始远程为一个政治团体工作，他参与了这个名为"渐进式改变运动委员会"（以下简称PCCC）的团体组建工作。"我们没有钱，没有人手，也还没想好怎么实现这一切。"斯沃茨写道，不过最后这些问题都解决了。[24]这个团体找到了自己的定位，即通过一系列的戏剧性的噱头吸引媒体注意，同时达到吸收新成员的目的。美国全国广播公司财经频道的名嘴吉姆·克莱默号称无所不知，主持风格十分夸张。尽管他自诩对金融有精妙见解，却没有预见到2008年房地产的崩溃，因此斯沃茨和PCCC在网上发起一个呼吁，请克莱默的东家聘用一个——哪个都行——从没在次贷危机上犯过错的人。"我们把呼吁向朋友和其他人的博客传播开去，很快就聚集了将近2万个签名——也就是2万个新成员，当时我们还浑然不觉呢。"斯沃茨回忆道。[25]这个政治团体从此开始渐渐成长起来。

斯沃茨工作和生活都在一栋非常破旧的大楼里，这栋建筑名为"民主中心"，离哈佛广场不远，是那些野心勃勃却资金有限的政治活动家聚集的地方。这栋楼房住起来还不错，就是外表有些残破。从斯沃茨的办公室看下去，是一个破烂的阳台；在他房间的内墙上有个洞，所以他把隔壁办公室里发生的所有事情听个一清二楚。那间办公室里住着一位政治活动家本·威克勒，他是《洋葱新闻》(Onion)报的前撰稿人，现在为一个叫作Avaaz的全球性的民间活动组织工作。斯沃茨和他成了朋友。

"我们第一次共进午餐应该是在2009年7月28日那天。我记得不是很清楚，但我清楚地记得斯沃茨点了一大盘薯条。"威克勒说道。他们都很喜欢读罗伯特·卡罗的《权力掮客》(The Power Broker)，都喜欢城市规划师罗伯特·摩西，因此关系愈加密切起来。而且斯沃茨和威克勒很快意识到，他们还有别的相同之处。"他几乎对什么都感兴趣。他这个人，你用不着事先说好，就可以叫去一起吃饭——你只要说，我们吃饭去吧，然后就一起去了。我们会去看电影，参加黑客或政治募款人的谈话和聚会，"威克勒回忆道，"我们彼此间有种男人间的欣赏，因为我认识所有线上行动和线上组织的相关人士，而斯沃茨认识所有的技术博主。所以我们互相成为进入彼此世界的门票。"

斯沃茨与剑桥技术团队的渊源要回溯到10年前。他的父亲罗伯特·斯沃茨自2000年以来就长期在MIT媒体实验室担任顾问，为实验室提供专利方面的建议。斯沃茨发过不少博客讲述自己十几岁和再大一些后参观父亲媒体实验室办公室的经过。2004年，斯沃茨参与夏季创业者项目后，父亲甚至鼓励他整个夏天都住在MIT——他最后的确接受了这个建议。"'你可以住在会议室里，'罗伯特·斯沃茨半开玩笑地建议，'在大厅尽头有个淋浴室，每天早上都有咖啡。在被老板发现前大概能住一个月。'"[26]

尽管从未被MIT正式录取，可是从更为宽泛的意义上说，斯沃茨等于是这所大学的编外成员。MIT的官员后来回忆道，斯沃茨"一直是我们学校自由文化小组的成员，是MIT学生信息处理公告栏的常客，而且他总是积极参与我们每年一次的国际解谜大赛"。[27]解谜大赛是一种解谜类的寻宝游戏，同时也是门萨俱乐部录取考试的一部分。这项每年一度的盛事吸引了来自世界各地的参赛者，许多都是不属于MIT的成年人。参赛团队将花上一个周末在MIT的校园四处跑动，解决一系列的谜题，有时候甚至会溜进他们理论上不应该进入的房间和校园里的某个角落。

在剑桥，斯沃茨开始把自己的生活当成一个谜题来解决。他进行了各种各样的生活模式实验，用以提高做事的效率，提升幸福感。斯沃茨尝试了自己独创的睡眠计划，结果发现自己变得越来越疲倦，最后不得不停止了实验。2009年春天，他决定整整一个月不碰电脑，不上网。"笔记本电脑总是在诱使我们与朋友保持实时联络，看电视节目看得头脑发晕，邮件回复起来没完没了。它总是让我情绪低沉，"他写道，"我想要重新做回人类，即使需要把自己和其他人隔离开来也在所不惜。"[28]

那个6月他的确没有上网，后来他说这是一段让自己有所醒悟的经历。"我心情不好。我常常觉得自己是个不快乐的人：情绪极端，悲观厌世，暴饮暴食，穿着睡衣在家里走来走去，浪费生命，内向自卑，甚至不敢出门。但是不上网的时候我并不是这样。"斯沃茨写道，他说自从不再随时保持在线的状态，他享受到了简单的生活乐趣，就像刮胡子、锻炼身体，等等。[29] "普通的日子再也不让我感到痛苦了，"他回忆道，"我不再每天生活在忧虑中，恍若重生。离开互联网，我觉得坚强而平静。联网时，我总觉得脑子里塞满了乱七八糟的思绪，即使我拼命叫它往前走，却无法阻止它朝着许多不同的方向狂奔。"斯沃茨发誓已经找到了保持内心平静的方法，而且表示公寓里再也不放计算机了。可是他终究没办法躲开互联网。

2010年，斯沃茨成为哈佛大学埃德蒙·萨夫拉伦理研究中心的一名研究员。[30] 莱西格也已经从帕罗奥多回到了剑桥，斯沃茨便跟着他来到了这儿。莱西格的工作重心从版权问题转向了政治，在萨夫拉中心的一个项目中担任负责人，调查机构腐败及其对公共生活的影响。研究员这个职位特别适合潜心关注机构道德和个人道德问题的斯沃茨。"过着合乎道德的生活"是他多年来的愿望，如今他年龄渐长，对这个问题也越来越有自己的想法。

"道德高尚似乎是个难以达到的标准。有的事做了会造成伤害，有的事没做也会造成伤害。道德是有标准的：不撒谎、不欺骗、不偷盗，这些标准虽然看起来很难，但毕竟仍可以做到。可是过有道德的生活却难于登天。"斯沃茨在2009年8月写道。[31] 在接下来的9月，他将这个想法进行了外推："最终会得到一个无法逃避的结果：我们活着，必须是为了帮助最多的人过上好的生活。

那么就意味着我们应该帮助最需要帮助的人，也就是世界上最穷困的人。"

> 我们的原则就是：尽可能地帮助最穷困的人。倾尽所有还不够，甚至包括触犯法律，只要能够帮助他们就可以。我有一些朋友，他们为了省钱闯进 MIT 的楼里偷食物、喝水、睡觉、冲澡，然后用省下来的钱为公众谋福利。表面上看，他们犯罪了，不是遵纪守法的好公民，但另一方面却也是我们的道德楷模。[32]

这个说法在斯沃茨博客的评论区激起了一场辩论，有人发评论谴责斯沃茨竟然主动原谅那些盗取 MIT 服务的行为。第二天，斯沃茨继续为自己的观点辩护。"总有人说，他们不付钱就拿走这些东西，实际上是把成本转嫁到 MIT 的身上，"斯沃茨写道，实际上可能并没有这么严重，"MIT 从很多有权势的人那儿接受数目惊人的资助，多到他们都不知道该怎么花。"

参与评论的人们还提出了另一个反对观点，即这种不劳而获的行为迫使 MIT 在保卫工作上增加了投入。"我可看不出安保是不是更严了，除非有学生被逮住了，"斯沃茨回应道，"MIT 宽松的安保政策是众所周知的，即使他们真的增加了保安，估计也不会造成太多麻烦。不过 MIT 可能并不会加强安保。"[33] 毕竟，MIT 是黑客精神的发源地。这所大学以默许的态度鼓励学生的恶作剧和探索行为，他们的学生为了各种各样或深奥或轻松的理由闯进教室、爬过通风管道、规避安保措施的事例数不胜数，这些稀奇古怪的事情甚至被分门别类地展示在学校博物馆里，成为咖啡桌上的谈资。校方通过赞美这类的恶作剧来凸显学校的开放风气，告诉大家这里鼓励学生们追求各种各样富有创造力的项目，甚至是打破常规的项目。

MIT 校风开放的美誉早就扩散到校园之外。位于麻州大道上的 MIT 主建筑是巨大辉煌的7号楼，这栋楼的前门从来不上锁。当地的戏剧社团多年来一直在MIT空出的教室里排练。2010年，世界上随便哪个人都可以来到MIT，打开笔记本电脑，连上学校的无线网络，使用整整14天的免费网络，游客甚至可以免费接入校园的图书馆资源。

作为萨夫拉研究中心的一名员工，斯沃茨可以通过哈佛的图书馆连接进入JSTOR的数据库。那么他为什么非要选择在MIT进行下载呢？要知道这所大学并没有正式接纳他成为其中一员。一个可能的理由是，计算机辅助的大批量下载行为违反了JSTOR的服务条款，因此斯沃茨更愿意保持匿名。而MIT似乎不像是会被斯沃茨的行为所困扰的地方，没准校方甚至会鼓励这种行为。只不过，事实并非如此。

虽然人们认为一所顶级大学应该解决这一类的哲学或伦理问题，但这并不是MIT的建校初衷，部分原因在于它并不是而且从来也不是一所大学，它只是一所"学院"。（这并不是咬文嚼字，我们对自身的定义常常会设下一些非常明确的界限，而我们不愿意跨越这些界限。）从1861年建校开始，MIT的宗旨就是培训工程师，以及将现有和新兴的科技转换为实际应用。它是一个应用思想与科技的中心，专注于实用的科技而不是哲学。正如学者乔斯·威恩所说，它是一所"典型的资本主义学院"。[34]

1921年，MIT的管理层批准了一项"技术计划"，意在学院与产业之间建立起亲密合作的纽带。新成立的"工业合作与研究部"作为技术计划的一部分，负责将学校"在科学和工业上的经验，以及创造性的天赋"向有意愿并且有购买能力的公司进行推广。[35]这一项目在经济层面大获成功，学校也从其实施过程中获得了宝贵的经验，并且在美国参加第二次世界大战后，得到管理价值数百万政府合同的机会。

MIT前院长万尼瓦尔·布什在第二次世界大战期间曾担任罗斯福总统的科

学顾问。在他的努力下，前所未有的巨额研究资金被导向大学实验室，用以发展与战争相关的技术。正如万尼瓦尔后来所说，"在人类历史上，第二次世界大战是历史上第一次被战争爆发时还未问世的武器定胜负的战争"，这"要求军方、科学家和产业界各方做到前所未有的合作与团结"。[36]这种合作关系在 MIT 显得特别强大。研究人员在学校的辐射实验室为美国军方研发出雷达科技，而且"实际上 MIT 物理系的所有教授都以某种形式参与了战争"，该系的成员就是这样认为的。[37]学术科学帮助同盟国赢得了战争——而战争帮助同盟国增强了学术科学。

如同 S. S. 施韦伯在文集《大科学》(Big Science)中的一篇短文所指出的："通过参与大量战争事务，学院发生了转型。到1943年，MIT 掌管着价值2500万美元的由政府资助的合同，然而学院本身在1939年的总预算不过30万美元左右。"[38]战后，万尼瓦尔等人认为，学校与政府之间建立的经济联系应该继续保持，他倡导成立一个联邦机构对这种合作进行管理和引导。万尼瓦尔在一篇题为《科学：无尽的前沿》(Science: The Endless Frontier)的报告中，坚持认为政府的大笔拨款能够影响美国的学术科研，并且能够引发一个崭新的纯科研的黄金时代，引发"生产力的进步"。当然，同时还应该制定一些条例以确保科学家与政府之间的独立立场，并鼓励创造一个"远离来自传统、偏见和商业需求所带来的负面压力的"研究环境。有了足够的政府拨款，科学家便不会被迫进行工业研究。受益的将是美国人，而最终会是全世界。

万尼瓦尔这种对美国学术科学未来发展的乐观态度成为 MIT 和美国国内研究性大学的发展契机。政府为科研投入充足的款项，使得科学家们能够进行价格不菲但在短期内看不到实用价值的实验。就像私营企业决定上市以获得更多资金并进行扩张一样，大学也从与政府的合作中获得了直接利益，更多的资金带来了更多的人手、更多新设备和高涨的声誉，不过他们同样出让了一些优先权。约翰·霍普金斯大学的斯图尔特·W. 莱斯利教授在自己的著作《冷战与美国科学》(*The Cold War and American Science*)中说道,军方资助对大学研究的长期影响不应仅仅从经济方面衡量,因为"从另一个方面看,我们的科研单位形成了只会以军事为目标的狭隘观念,领悟和利用这个世界的能力越来越弱了"。[39]

相同的影响也发生在由公司资助的科学团体上。美国社会学家罗伯特·金·默顿在1942年发表的重要文章《科学的规范结构》(*The Normative Structure of Science*)中,列举了被他视为"科学的精神气质"的基本原则,即科学家的荣誉准则,也可以说是在所有有声誉的实验室里,监管一切研究工作和行为的哲学准则,没有它们,便无法进行任何可靠的研究工作。这四条准则是:普遍性、公有性、无私利性和组织化的怀疑精神。

默顿所说的"公有性"指的是一个有争议的观点:科学研究的成功属于全社会,科学家的发现不是以金钱作为回报,而是以同行和社会的"承认和尊重"作为回馈。比如,仅仅因为牛顿是第一个描述"第二运动定律"的人,并不意味着每当一个物体变为或是保持静止状态时,他的子孙后代便能够收取版税。科学发现"是人类的共同财产,做出发现的个人的权益非常有限",默顿写道,"由于科学伦理的存在,科学发现的产权被缩减到极其微小的程度。"

默顿继续指出,科学的公有性原则和"资本经济中'私有财产'的定义"彼此是完全不相容的。可是随着20世纪资本和学术科学日益紧密地结合,这条公有性原则显得岌岌可危了。

如今,MIT的官方网站不无自豪地宣布本校"在工业资助研究和研发项目以及研发资金方面,在非医学相关的大学和学院中名列榜首"。[40]一位名叫沙驰幸弘的MIT博士生,在2002年发表了一篇有趣的论文(*Flux and flexibility*),梳理了MIT与当今企业的合作及其对于学校结构和优先考虑事项的影响。MIT一向乐于与企业进行合作,而在过去的40年里,这种合作关系得到了更大的扩展。沙驰幸弘在论文中指出，投资给 MIT 的工业研究经费从1970年的每年19.94万美元增长到1999年的7440.5万美元。[41]

19世纪80年代，冷战即将结束，美国的许多大学意识到政府的科研拨款竞争将日益激烈，担心冷战结束后政府将缩减科研经费的投入，所以纷纷开始寻求工业合作伙伴。[42]沙驰幸弘指出，在这段时期内，MIT开始有意鼓励公司对其研究实验室进行赞助。许多公司在经济大萧条时期曾经减少了内部研究和开发预算，因此对它们而言，与大学结盟是很有吸引力的。沙驰幸弘写道，为产业界提供咨询成为"几乎所有 MIT 工程学老师们期待的事，一方面是为了增加个人收入，最重要的是为了跟上实践的脚步"。[43]

为了保证公司赞助对特殊研究项目不会产生直接影响，保证研究人员保持学术上的独立性，MIT 设定了一定的界限，这一切在沙驰幸弘的论文中都有详细的描述。这些界限是真真切切的，但是公司的影响同样不容小觑。学院对企业的依赖日渐增强，学校的行政机构该如何对待自由市场，如何对待可能破坏学校与自由市场势力关系的行为，同样也受到了影响。

万尼瓦尔·布什曾经倡导政府进行学术资助，认为如此一来便能解放学术科学家，使他们不必与产业界合作。可实际上，联邦政府的资助最终致使科学家们一头扎进了工业的怀抱。1980年，《拜杜法案》(Bayh-Dole Act) 规定，大学对于联邦政府资助的发明创造成果享有专利申请权和专利权，能够自由地将这些专利授权给产业界并且拥有其产生的相关利润。当时，在美国和日本之间已经出现了可以察觉的技术差距，《拜杜法案》的通过正是为了弥补这一差距，使专利技术能够被迅速转移到工业界进行商业化。

《拜杜法案》通过后，为了使专利授权过程更为顺畅，美国的大学开始创办他们称之为"科技转化办公室"的部门，一方面负责联络研究人员；另一方面联络企业用户。学术研究的成果开始以前所未有的速度被推出和转让，为学校赚取了相当可观的授权费。当知识产权的售卖或租赁对一所大学的预算产生重要影响时，学术研究成果的专有化便自然而然地变成了一个让人日益不安的问题。

对于科学家而言，"免费得到科学成果是很有必要及有意义的"，罗伯特·金·默顿在1942年写道。在某种意义上，黑客精神的存在是一种批判，是对大学里的科研变得越来越实际、越来越迎合企业的需要的批判，是对从默顿所说的普遍性和公有性变为专有性的批判。但是黑客们渐渐离开了MIT，而学校的创新计算机中心也从人工智能实验室转移到了媒体实验室。媒体实验室是一个由各种研究小组构成的组织松散的MIT研究室，这些研究小组专注于各自客户提出的稀奇古怪的课题，研究经费大多来自多家公司的赞助。比如，2008年，美国银行保证每年赞助300万～500万美元给媒体实验室的未来银行中心小组。"我们将富有创意的、跨学科的媒体实验室研究人员和学生、社会中真实的商业经验，以及美国银行从业者的专业知识结合到一起，放在一个高度创新的环境下，进行独创性的探索和研究。"媒体实验室的带头人如是说。[44]在美国可能很难找到比一家大型的连锁银行更加传统的大企业了。

不上锁的校园，爱搞恶作剧的学生，不加限制的计算机网络：这一切开放的姿态不过是做给公众看的，其原因也许是因为MIT过去的确有过这种风格，如今还有一丝残留，也可能是为了转移人们的注意力，好让他们无法得出这所大学其实从未真正开放的结论。2002年，年仅14岁的斯沃茨到MIT做有关语义网的演讲。当时，校园里的无线网络不允许游客接入，所以斯沃茨必须找一台公共电脑终端来上网。不幸的是，他能够找到的唯一一台没有密码保护的终端机却被一扇上锁的门挡住了。"我开玩笑说能从通风管道爬过去，'解放'那台终端，就像MIT过去的黑客一样，"斯沃茨在自己的博客上回忆道，"一位物理学教授听到我的话，说'黑客？我们这儿从来没有什么黑客'！"[45]

The Idealist 理想主义者

2010年12月26日，JSTOR 的工作人员发现那个 MIT 的黑客又回来了。"啊……MIT 的抓客又回来了。"一封 JSTOR 的内部邮件的主题行写道，正文的内容则在猜测黑客们可能正躲在 MIT 的多兰斯楼（也被称为16号楼，MIT 的学术楼一般都用号码来称呼）里忙活。[46] "这次下载了87GB 的 PDF 文件，这可不是小打小闹，必然是有组织的。"一个 JSTOR 的员工写道，"脚本写得倒不算很好，但是这事儿肯定是有组织的，是故意的。"[47]

下载之所以停了一段时间，是因为斯沃茨从这座城市离开了两个来月。2010年10中旬，他赶到迈克尔·哈特的故乡，伊利诺伊州的厄巴纳，打算参加由伊利诺伊大学计算机系学生举办的"思考及预测"大会，并且在会上做了发言。(没有证据显示斯沃茨与哈特认识或是曾经互通过邮件。)他讲话的主题是"计算机科学的社会责任"，他认为电脑程序员有道德责任，应该为了促进公众的福祉而工作。他还谈到实用主义，以及程序员拥有特殊的能力。写一些简单的程序就能够让冗长而枯燥的工作快速地自动执行，在普通情况下只能完成一项任务的时间里完成数百万项任务。"作为程序员，我们有种特殊能力，几乎算是一种魔力，"斯沃茨说道，"但是强大的能力便意味着重大的责任，我们得想想用这神奇的能力干些什么。我们需要从实用的角度去思考，怎样才能以最小的代价获得最大的收益。"[48]

2010年11月初，威克勒和斯沃茨来到华盛顿，在中期选举之前的日子里为民主党全国委员会(以下简称DNC)充当志愿者。斯沃茨被分配到塔伦·斯坦布里克纳–考夫曼手下工作。她是一位政治活动家，担任一个语音电话项目的项目经理，通过这种工具能让志愿者联系到关键州和关键地区的投票者。"没人认识斯沃茨，他就像是突然一下从我的团队里冒出来的一样，而且帮了大忙，"塔伦回忆道，"你在为某个政治科技项目工作，正好缺人手的时候来了个这么好的志愿者，简直是撞了大运。"

在完成语音电话的工作和 DNC 种种杂活的同时,斯沃茨观察了选举科技的工作方式,思考怎样对其加以改善。"我们在一个朋友家里碰到了,然后就聊了聊,聊科技怎样帮人们把事情做大,做得更有力量,而且更有政治影响力,一直聊到早上5点。"威克勒回忆道。选举结束了,威克勒试着说服斯沃茨在华盛顿特区多待些日子,参加完塔伦的生日会再走。但斯沃茨拒绝了,他回到了剑桥,重新开始了他那有力量的、有影响力的、实用的项目。

斯沃茨厌倦了不断被从 MIT 的无线网络踢出来的把戏,便找到一个更加直接的方法接入了学校的网络。2010 年 11 月,他在多兰斯楼的地下机房找到一台交换机柜,然后便把自己的笔记本电脑直接接入了校园网,继续开始下载。斯沃茨的战术手段已经升级了,所以脚本没有触发 JSTOR 的下载阈值(毕竟革命就是一个A/B测试)。这一次的下载一直持续到12月底才被发现。

"他们(指MIT)要是不能赶快把情况控制住,我们就得助他们一臂之力了(指FBI)。"一位被激怒的 JSTOR 员工在12月26日写道。[49] 当时,MIT 的图书馆已经关闭,馆长们休假去了,直到1月3日才能回来,所以在那之前什么也做不了。于是,MIT 的亚伦·范尼·迪朗索在1月4日之前再没有收到从 JSTOR 发来的言辞激烈的邮件。1月4日那天,她说 MIT 恐怕无法确认肇事者。"我真希望自己能说别的,"她写道,"因为我知道 JSTOR 的人可能想得到更多的信息,想要我们追踪下载的源头。"[50]

不过就在迪朗索给 JSTOR 的工作人员发出这条坏消息时,MIT 的一位网络工程师已经由下载活动追踪到一台位于多兰斯楼的网络交换机柜。工程师打开那个柜子,马上发现了一个奇怪的东西。MIT 的网线都是蓝色的,但眼下却有一条不同颜色的线被插入交换机柜中,然后延伸出来,连接到一个被硬卡纸盒挡住的东西上。他拿起盒子,看见了斯沃茨的笔记本电脑。他叫来了自己的一位同事,然后给MIT的校警打了电话。[51]

第八章 黑客与黑客精神 209

几小时后，交换机柜子上就装好了一台与校园安保网络相连的动态感应相机，以及能够记录那台电脑的下载活动，并且一旦电脑从网络上断开便会发出警报的设备。[52] 1月4日下午3点26分，相机捕捉到斯沃茨进入柜子检查电脑，然后换出硬盘的连续画面。警察看见了他的脸，现在他们只需查到他的名字就可以了。

"事情有了变化，"1月5日，迪朗索写给她在JSTOR的联络人，[53] "调查已经超出了MIT的控制范围，被移交给了执法机构，包括联邦执法人员。那名涉事者很可能会被认出来。"一位MIT的官员已经打电话给地区计算机犯罪的特遣小组请求帮助，执行这项任务的是联邦秘密外勤局的特工，后来他参加了大量相关的调查工作。

"如果您有时间，能够看一眼我们昨天注意到的新进展，我将不胜感激。"2011年1月5日，这位特工发了一封电子邮件给远在波士顿的联邦检察官办公室，报告特遣小组发现MIT的一台笔记本电脑在下载珍贵的技术期刊，而那台笔记本电脑很像几天前在MIT学生中心被盗的电脑。"我想知道您的意见，这个案子中嫌犯可能被控何种罪责，以及什么证据最能支持这项起诉。"[54]（对方回应："感谢提供的所有细节——非常有用。我和史蒂夫会加以讨论，晚上之前回复你。"）

第二天早上，史蒂夫，也就是助理检察官史蒂芬·海曼，检察官办公室的计算机犯罪专家，回复给特工一封空白邮件，邮件主题非常简洁："请致电史蒂夫。"[55] 同一天上午，当局计划从交换机柜中取走斯沃茨的笔记本电脑，取指纹，并且收缴硬盘。[56] 但是他们还没来得及动手，斯沃茨便来了。他在1月6日中午再次去了那间地下室一趟，但很快就离开了，不过这一次，他戴着一顶自行车头盔挡住了脸，似乎他已经意识到那里装上了相机。不到两分钟，他就切断了电脑的连接，拿走了它，并且在MIT的警务人员到达现场之前离开了。[57] "他走了，离开了——我的人在找他。"一位MIT官员在晚上12：55分写道。[58]

从那时起，事情急转直下。几小时后，一位MIT的警备队长发现斯沃茨骑着自行车正准备离开MIT，沿麻州大道去往中央广场。[59]当这位校警赶到时，斯沃茨告诉他自己不与陌生人说话。他给斯沃茨看了自己的胸章，斯沃茨并未放在心上，反驳说："MIT的校警又不是真的警察。"[60]然后他便扔下自行车跑了。

校警紧追不舍，但是没能赶上，于是便开车跟着斯沃茨。另一位MIT校警随后也加入了追捕，同时他还带着一位特勤局特工，之前他们一同查看了那个柜子的安全录像。警察们在李街赶上斯沃茨的时候，他离自己的公寓还有两个街区的距离。他们将斯沃茨包围在一个停车场里，在车辆间穿梭追捕，最后抓住了他，铐上手铐带去了警局。斯沃茨起初拒绝告诉警察自己的身份。[61]

他打电话给奎恩·诺顿，后者再打给斯沃茨的律师，而律师帮他办理了保释。

"被捕那天我见过他，"据本·威克勒回忆，"他真的是完完全全被吓坏了。脸色惨白。"那天早上，斯沃茨在Twitter上发了一句哲学家威拉德·奥曼·奎因的名言："'Ouch'（哎哟）是个一词句，人们会时不时地用它来对当下的情况进行简短的评论。"[62]

很明显，就算斯沃茨没有触犯法律，他也违反了JSTOR的使用要求。根据JSTOR当时的使用条款和免责声明，非大学机构的个人访客，如果预先获得了大学的授权，也可以访问JSTOR。[63]斯沃茨利用程序进行下载，但并未能得到MIT的明确授权。而且，JSTOR使用条款和免责声明明确规定，用户不允许使用抓取或"蜘蛛"软件等任何可能导致JSTOR服务器超负荷运转的软件。同时，不允许用户全卷或全期下载期刊，除非是为了明确而具体的特殊研究目的。[64]

斯沃茨起初被控以非法入侵罪，但是当局马上想方设法地多给他加了几项罪名。1997年，史蒂芬·海曼在《哈佛法制杂志》(*Harvard Journal on legislation*)

发表了一篇文章，名为"计算机犯罪立法"，其中提出国会需要采取行动以解决网络违法所带来的独特挑战。"普通人做一件坏事的时间里，计算机能将这件事做上百万次，所以带来的伤害也会随之急剧上升。"海曼写道。[65]斯沃茨在厄巴纳演讲时提到的像"魔力"一样的技能，在政府部门这里成了邪恶的咒语。

海曼有一件强有力的武器，足以对付这些网络魔法师，即《计算机欺诈与滥用法》(以下简称CFAA)。CFAA于1984年经国会审议通过，是为了阻止恶意的天才和爱惹事的青少年闯入银行和政府的计算机而专门制定的，这种情况在电影《战争游戏》(*War Games*)里有所呈现。(在这项法案通过前的委员会听证会上，《战争游戏》的名字被反复提起过。经过数轮的修改，法案最终规定任何被发现未经授权访问受保护计算机的行为都要被处以刑事处罚，这里所称的"受保护计算机"指的是任何涉及跨州贸易和跨州联系的计算机。)

今天，任何一台连入互联网的计算机都在进行洲际沟通；同样的，大部分机构的网站都提供"服务条款"协议，访客登录网页时便视为主动且默认接受，违反这些服务条款将被视为"未经授权访问一台受保护的计算机"。可是一个十几岁的孩子随意在百威网站进行点击并不会遭到联邦指控。CFAA中存在的歧义给了检察官很大的自由裁量空间，使得他们在某些并不适用的情况下提出重罪控诉。

2005年，斯沃茨前往剑桥向保罗·格雷厄姆推销自己的 Infogami 项目，与格雷厄姆的会面结束后，他参观了父亲在媒体实验室的办公室。"我们就 MIT 的优点发生了争辩，父亲打出了乔姆斯基这张牌。"斯沃茨写道。顺理成章，他们两人当即便出发去寻找乔姆斯基的办公室。(他们认为自己找到了，但实际上并不完全正确。[66])

不论斯沃茨能不能理解，虽然 MIT 聘请了乔姆斯基，但并不意味着校方同意乔姆斯基的观点，也不意味着 MIT 就不是乔姆斯基在他的书中剖析的那种专制机构。如果你有兴趣理解力量，你就必须理解力量试图如何让自己万世长存，如何像使用棍棒一样行使权利，制裁那些不听话的人，直到他们投降或是一命呜呼。

在1997年的那篇文章中，海曼将 CFAA 奉为立法模范，称其为"最纯净的反计算机犯罪法"。如今，他在寻找一个机会使其对斯沃茨施加压力。2011年2月16日，海曼给自己在 JSTOR 的联络人发去邮件，询问"你有空的时候，能否给我打个电话评估一下损失"？[67]——别把公牛惹火了，否则你将尝到牛角的滋味。

1. 舍恩菲尔德（Schonfeld），JSTOR，3

2. 引自同上，13

3. 引自同上，33

4. 引自同上，229

5. 《JSTOR掌握的亚伦·斯沃茨案的证据》（*JSTOR Evidence in United States vs. Aaron Swartz*）》，详见：http://docs.jstor.org/zips/JSTOR-Swartz-Evidence-All-Docs.pdf，19.（以下简称JSTOR文档）

6. JSTOR文档，130

7. 引自同上，53

8. 引自同上，45

9. 引自同上，77

10. 引自同上，130

11. 引自同上，134

12. 引自同上，167

13. 引自同上，220

14. 引自同上，365

15. 引自同上，320—321

16. 引自同上，228

17. 引自同上，174

18. 引自同上，379

19. 解放互联网会议（Internet At Liberty Conference）记录，详见：https://www.events-google.com/google/frontend/reg/tOtherPage.csp? pageID=18711&eventID=79&eventID=79

20. 诺姆·施莱伯（Noam Scheiber），《亚伦·斯沃茨闯入MIT网络和JSTOR内情》（*The Inside Story of Why Aaron Swartz Broke Into MIT and JSTOR*），《新共和》（*The New Republic*），2013年2月13日刊，详见：http://www.newrepublic.com/article/112418/aaron-swartz-suicide-why-he-broke-jstor-and-mit

21. 2013年1月对本·威克勒的采访。

22. 亚伦·斯沃茨，《最后的道别》（*Last Goodbyes*），2008年6月19日，详见：http://www.aaronsw.com/weblog/lastgoodbyes

23. 亚伦·斯沃茨，《继续前进》（*Moving On*），2008年6月16日，详见：http://www.aaronsw.com/weblog/movingon

24. 亚伦·斯沃茨，《一个起步中的政治团体》（*A Political Startup*），2009年9月8日，详见：http://www.aaronsw.com/weblog/pcccstory

25. 引自同上

26. 亚伦·斯沃茨，《夏季创业者项目：来见见我们吧》，2005年4月16日，详见：http://www.aaronsw.com/weblog/001679

27. 阿贝尔森（Abelson）等，《麻省理工学院报告》（*MIT Report*），30

28. 亚伦·斯沃茨，《不在线的生活》（*A Life Offline*），2009年5月18日，详见：http://www.aaronsw.com/weblog/offline

29. 亚伦·斯沃茨，《我的不在线生活》（*My Life Offline*），2009年7月24日，详见：http://www.aaronsw.com/weblog/offline2

30. 埃德蒙·萨夫拉伦理研究中心（Edmond J. Safra Center for Ethics），《亚伦·斯沃茨》，详见：http://ethics.harvard.edu/people/aaron-swartz

31. 亚伦·斯沃茨，《在世风日下的世界里：活着的道德标准》（*Life in a World of Pervasive Immorality: The Ethics of Being Alive*），2009年8月2日，详见：http://www.aaronsw.com/weblog/immoral

32. 亚伦·斯沃茨，《道德的速成班》（*A Short Course in Ethics*），2009年9月14日，详见：http://www.aaronsw.com/weblog/ethics

33. 亚伦·斯沃茨，《诚实的偷盗》（*Honest Theft*），2009年9月15日，详见：http://www.aaronsw.com/weblog/honesttheft

34. 乔斯·威恩（Joss Winn），《大学黑客：参与学术劳动的价值肯定》（*Hacking in the University: Contesting the Valorisation of Academic Labour*），tripleC，第11卷，第2期，2013年，487.

35. S.S. 施韦伯（S.S. Schweber），《语境中的大科学：康奈尔大学和麻省理工学院》（*Big Science in Context: Cornell and MIT*），编者彼得·伽里森（Peter Galison）、布鲁斯·赫弗利（Bruce Hevly）等，《大科学：大型研究项目的增长》（*Big Science: The Growth of Large-Scale Research*），151

36. 施韦伯在《语境中的大科学：康奈尔大学和麻省理工学院》中加以引用过，156

37. 见丹尼尔·J. 凯维勒斯（Daniel J. Kevles）的书《物理学家》（*The Physicists*）

38. 施韦伯，《语境中的大科学：康奈尔大学和麻省理工学院》，152

39. 莱斯利（Leslie），《冷战与美国科学》（*The Cold War and American Science*），9

40. 详见：http://web.mit.edu/facts/industry.html，于2015年3月19日存入

41. 沙驰幸弘（Hatakenaka），《变动与调整》（*Flux and flexibility*），100

42. 引自同上，59

43. 引自同上，131

44. 《麻省理工学院媒体实验室与美国银行宣布成立未来银行中心》（*MIT Media Lab and Bank of America*

announce Center for Future Banking》,《麻省理工学院新闻》(MIT News),新闻发布稿,2008年3月31日,详见:http://newsoffice.mit.edu/2008/banking-0331

45. 亚伦·斯沃茨,《波士顿之旅》(Boston Trip Story),2002年4月25日,详见:http://www.aaronsw.com/weblog/000233

46. JSTOR文档,1301

47. 引自同上,1302

48. 详见:https://www.youtube.com/watch?v=SDetZalKmPI

49. JSTOR文档,1299

50. 引自同上,-3089

51.《运用自由信息法(FOIA)获得的亚伦·斯沃茨的信息发布》,特勤局文件(Secret Service Documents),880—1(以下简称为斯沃茨FOIA)

52. 斯沃茨FOIA,594;斯沃茨FOIA,639;斯沃茨FOIA,883

53. JSTOR文档,3093

54. 斯沃茨FOIA,2526

55. 引自同上,2505

56. 引自同上,2507

57. 引自同上,703

58. 引自同上,2492

59. 阿贝尔森等,《麻省理工学院报告》

60. 引自同上,25

51. 斯沃茨FOIA,2634

62. 亚伦·斯沃茨2011年1月6日发表于(推特)Twitter的文章,详见:https://twitter.com/aaronsw/status/23052253082423297

63. JSTOR文档,3105

64. 引自同上,3107

65. 史蒂芬·海曼(Stephen Heymann),《给计算机犯罪立法》(Legislating Computer Crime),《哈佛法制杂志》(Harvard Journal on Legislation),第34卷,特刊:计算机立法(1997年):378

66. 亚伦·斯沃茨,《夏季创业者项目:来见见我们吧》,2002年4月16日,详见:http://www.aaronsw.com/weblog/001679

67. JSTOR文档,3249

第九章

网络属于你们

互联网具有分散化、去中介化,以及与生俱来的辩证性,所以它成为鼓励并且迅速进行思想传播的工具,互联网是属于所有用户的。

The Idealist 理 想 主 义 者

每当新年伊始，亚伦·斯沃茨都会把自己在前12个月里读过的书单贴在博客里，而且为每本书都加上了注释。[1]2011年的书单里包括了70本书，其中12本他认为"太伟大了，以至于现在向你们推荐的时候我的心还狂跳不已"。[2]每一本书都是他生活中某个方面的反映，从书单中就能看出他涉猎的深度和广度。其中，有查尔斯·佩措尔德的《编码的奥秘》(*CODE: The Hidden language of Computer Hardware and Software*，"直到读了这本书，我才感觉自己真正理解了计算机")、埃里克·莱斯的《精实创业》(*The lean Startup*，"带着开放的心态去读，让自己随之改变，才能理解这本书有多么强大的变革效果")，以及大卫·福斯特·华莱士未完成的小说《苍白的国王》(*The Pale King*)，这也是斯沃茨最喜欢的小说("可能比其本身以为的完成度要高一些")。

这份书单中还包括了卡夫卡的《审判》(*The Trial*)，讲的是主人公被一个巨大的审判官僚机构钳制，他要应付的是对自己的指控以及一个蔑视逻辑解释的法律体系。这个被告人对所有相关的案情一无所知，随着时间的流逝，他的处境也变得越来越荒诞。将他困住的这个体系感兴趣的是如何将目标人物毁灭，而不是对其进行审判。"我读了这本书，觉得它写得真是太精到了——每个小细节都跟我的亲身经历一模一样。"斯沃茨写道，"这不是小说，这简直是纪实文学。"

1月，斯沃茨的被捕已经叫人吃惊了，接下来发生的事更是叫人震惊。"我们谁也没能想到会这么严重。"他当时的女友奎恩·诺顿后来写道。[3]斯沃茨和他的支持者认为，从 JSTOR 下载大量文档，就等于从一个图书馆里一下拿出太多的书。政府为什么如此大动干戈？斯沃茨当时正面临着两起非法入侵的重罪指控，他已经被禁止踏入 MIT 校园，可是现在联邦检察官又打算继续提出指控。从斯沃茨的笔记本里可以看到这样的记录：他有一天走路去吃早饭，半路上感觉胸部疼痛，然后被救护车紧急送往了贝斯以色列医院。"好了，可能是压力引起的，"他在本子上转述医生的话，"你还太年轻，不可能是心脏有问题。"[4]

被捕不久后，斯沃茨试图与 JSTOR 取得联系，他也许认为道歉和解释能够让事情出现转机。"如果你认识某个在 JSTOR（或是 ITHAKA）工作的人，请发邮件给我：me@aaronsw.com。感激不尽。"1月10日，斯沃茨在自己的 Twitter 账户上发出了这则消息，当时距离他被捕仅仅过了4天。[5] "你认识凯文·格思里吗？"斯沃茨在2月6日询问卡尔·马拉默德。（格思里是 JSTOR 的上级组织 ITHAKA 公司的总裁。）"不认识，不过我是阿尔洛和伍迪的铁粉。"马拉默德回复道。[6]

就在斯沃茨努力寻求与 JSTOR 的沟通时，美国检察官办公室已经开始与 JSTOR 的内部人士携手合作了。1月10日，史蒂芬·海曼与 JSTOR 的人员举行了电话会议，按照特勤局的说法是"就 JSTOR 被盗资料一案进行商讨"。[7] 海曼继续收集对斯沃茨不利的证据，他认为斯沃茨应该负责赔偿从 JSTOR 下载文档造成的收入损失，以及修复由他导致崩溃的 JSTOR 服务器的费用。（"从图书馆里拿走太多书是一回事，出去的路上推倒了书架则是另外一回事了。"）警察已经没收了斯沃茨用来登入 MIT 网络的计算机以及一个拇指碟，里面存有斯沃茨使用的下载程序。"我们正争分夺秒地展开调查，不会放过任何细节，"一位特勤局特工在2011年1月20日的日志中写道，"案件向前推进，有很多事需要跟进。"[8]

2009年，FBI 最终还是停止了对斯沃茨 PACER 下载案的调查，但是 JSTOR 案以这种方式结束的可能性极小。与斯沃茨从 PACER 吸走的司法卷宗档案不同，JSTOR 的文献都是作为私有财产而享受版权保护的。政府部门那些看不惯斯沃茨的人对他在网络上的光辉事迹毫不关心，更不想因为他的年轻和聪慧就对他从轻发落。"我搜过他的名字，他好像是个很牛的黑客。"MIT 的一位校警对斯沃茨的被捕发表了自己的看法。[9]不是 Reddit 的联合创始人，不是开放图书馆的参与者，不是电脑神童、实用社会学家、哈佛员工，或是他履历表上任何其他的头衔，而是"很牛的黑客"。读一读斯沃茨写的那些提倡自由文化的煽动性文章，生性多疑的人很可能认为他心怀恶意。

弄清斯沃茨的动机是案件的关键。检察官知道他曾经从 JSTOR 上下载过文件，但是他们不知道他为什么这么做，而斯沃茨也下定决心对此保持沉默。被捕后，他的博客数个月没有任何更新，也许是因为担心自己的无心之言被检察官拿去当作把柄，推断出对自己不利的结果。2月1日，马拉默德问斯沃茨是否可以将他最近通过《信息自由法》(以下简称FOIA)索要的司法部文件发给他。"我找个时间把那些文件扫描一下，不过我现在正要躺下。"斯沃茨回答。[10]他几乎没有把自己被捕的消息告诉任何人。

2011年2月9日，政府批准了对斯沃茨位于剑桥市麻州大道950号的单人公寓进行搜查。一位剑桥的警官当晚受命去进行监视，却发现那间公寓空无一人："房间里没有生活迹象。窗帘完全拉开，灯从头到尾都没亮过一次。"实施监视的警察写道。[11]第二天早上，也许是担心斯沃茨已经逃跑，特勤局发出了一份"紧急要求"，请求对斯沃茨可能预订的航班进行查询。但是，最后斯沃茨回来了，特勤局便在2月11日早上执行了搜查。他们从他的房间搜出来一台调制解调器、一个硬盘以及一些可重写光盘，还有他的电话、笔记本，及一些其他杂物。

在搜查过程中，斯沃茨表现得很镇定，还询问警察怎么花了那么长时间才得到搜查的批准令。但是特工的出现叫他心烦意乱，最终他实在没能撑下去。警方的报告详细记录了在搜查进行到一半时，一位特工"发现斯沃茨离开了大楼，走到街上，然后拔腿就跑"。[12]

斯沃茨急匆匆地向哈佛大学埃德蒙·萨夫拉伦理研究中心赶去，特工跟上了他，并且通知剑桥的警员守在斯沃茨的办公室附近。他们没收了斯沃茨的工作电脑、一个便携式硬盘，以及电游"摇滚乐队"的控制器，最后把他一个人留在那儿，一无所有，尊严尽失。[13]后来哈佛大学暂停了斯沃茨在萨夫拉研究中心的工作，禁止他踏足校园。[14]斯沃茨变得越发孤立无援了。

特勤局得到搜查令的同一天，斯沃茨在萨夫拉研究中心的讨论会上提交了三份论文。获得最多支持的那一份标题为"国会是如何工作的"，相当于一份国会的"机构志"。在这份论文中，斯沃茨指出国会的议事日程是听凭那些富有的成员安排的，而且"甚至是最新加入的国会议员身边也会围上一群人，他们是与议员所代表的选民们利益相悖的一群人，而且还喋喋不休地发表意见"，萨夫拉研究中心的一份重点概述中这样写道。[15]

国会将私利置于公众利益之上的做法对斯沃茨而言不仅仅是他学术上的兴趣点。2010年，作为为"进步改变运动委员会"工作的一部分，亚伦·斯沃茨见到了年轻的罗得岛州代表戴维·西格尔，他当时正参加美国国会的选举。西格尔承诺如果当选，自己一定会是一名开明的议员，也是对互联网持友好态度的议员。但是他的竞选资金不足，有时完全是自己家人帮助操办的，比如，他有一次打出的竞选广告是一些做工粗糙的木偶，其寓意是西格尔不会成为受人操纵的傀儡。西格尔在初选中便早早被淘汰出局了。

在那之后不久，斯沃茨离开了PCCC，与西格尔一起创建了一个名为"求进会"的组织。这个政治行动团体意在解决与民权、社会公义及网络相关的一系列问题。他们希望能为网络用户提供一条表达意见的新渠道，能够在互联网的普通用户和管理者之间架起一座桥梁，并且敦促立法者对种种过去不常听到的意见进行处理。

这个组织最重要的策略就是在线请愿。假如说华盛顿政客们的游说技巧是一种武器，那么在线情愿就仅仅相当于一把玩具气枪或者是一个小石子儿。但是，只要瞄得够准，石头子儿一样可以将巨人打倒。求进会希望通过团队负责人的社交网络和高超的技术能力，获得人们的签名，就算于事无补，至少能引起华盛顿的注意。2010年11月，美国参议院司法委员会在考虑起草一个叫作《打击网络侵权及假冒法案》的议案（以下简称COICA），这便使得求进会有了第一次大展身手的好机会。

这个法案是由佛蒙特州参议员帕特里克·莱希和犹他州参议员奥林·哈奇提出来的，这两位都是资深的强硬派知识产权的支持者。COICA意在通过起诉提供盗版内容的国内外网站而打击侵权行为，比如，非法上传电影、音乐或类似文件等。COICA授权司法部对这些网站进行查封，并且通过一个叫作网络域名系统封锁的技术强制下线。这项法案还规定政府部门应当寻求法庭支持，阻止其他网站与这些网站进行交易。"保护知识产权不是民主党或共和党优先考虑的事——而是两党都要优先考虑的事。"莱希发表了对于这一法案的态度[16]，法案的8名联合发起人都表示赞同。

尽管COICA据称主要是为了遏制像Megaupload网站这样的"文件加密工具"及该网站的创始人（他是一个臃肿而花哨的家伙，自称为"金·多特康姆"），以及有"海盗湾"之称的所谓违禁电影天堂，但是很多人担心它会对整个互联网造成更大的影响。"它给了政府监控互联网的新权利，"斯沃茨后来说道，"司法部长用不着证明某个网站犯了罪或是触犯了法律，只要上一趟法庭，就能让那个网站关闭，取缔它，让整个网站完全消失。"[17]

阻止COICA议案的通过成为求进会的第一场战役。2010年9月，这个团体发起了一次请愿，反对被他们称为"互联网最黑暗议案"的COICA，而且活动在进行中获得了巨大成功。"我曾经参加过世界上最大规模的团体组织的在线请愿，"斯沃茨表示，"可是从来没见过这样的。我们几乎从0开始，先是争取到1万个签名，然后是10万个，20万个，30万个。"[18]

不过，请愿并未直接影响到草案的审议程序。COICA在参议院司法委员会获得全体通过，似乎注定要进入参议院审议的环节了。不过这时候参议员魏登对议案行使了"保留"权利，因此延误了它被通过的时间。（译者注：美国参议院规定，进行议事必须得到全体参议员的一致同意方可进行，任何一位参议员都可以通过"保留"，即以拒绝同意议事的方式对法案的通过造成延误甚至封杀。）2011年3月，国会将要换届选举，COICA也就随之过期了。这只是一次意外的小胜利，斯沃茨和西格尔知道，与COICA类似的议案很快就会卷土重来。就像恐怖电影里面的僵尸一般，苛刻的版权法会不停地出现，他们无法阻止，只能尽量减缓它们的速度，或是跑在它们前面。

3月，检察官们在提起诉讼前给斯沃茨提供了一份认罪协议，其中包括在联邦监狱服刑3～13个月，然后再进行一段时间的监外看管。斯沃茨经过慎重考虑，认为自己在监狱里一天也待不下去，也不愿意留下重罪判决记录，所以他拒绝了认罪协议。于是政府继续收集证据。

斯沃茨被捕后，参与案件调查的一位特勤局特工在笔记本上写下了"确认合谋者"几个字。[19]2011年3月，检察官传唤了奎恩·诺顿，她是斯沃茨最亲近的人之一，他们希望从她这里获得一些关于斯沃茨的行为和意图的解释。检察官认为诺顿可能了解斯沃茨行为的一些内情，这是情有可原的，毕竟他们两人已经交往了数年。但身处旧金山的诺顿被特勤局的人找到时，她说JSTOR黑客案的细节是斯沃茨保留的众多秘密之一。

"我对斯沃茨的JSTOR下载案一无所知，这一点让我感到很生气，"她后来写道，"为什么他一点儿消息都不告诉我？为什么要让我成为局外人？"[20]

The Idealist 理 想 主 义 者

在起初与送达传票的特勤局特工进行面谈中，诺顿说虽然最近与斯沃茨联系不多，但是也听说过斯沃茨已经被禁止踏足 MIT 的事，而且他为此感到很烦恼，因为无法参加 MIT 2011 年的解谜游戏。诺顿告诉特工，她甚至不知道 JSTOR 是什么。[21]

诺顿被传唤在大陪审团审理时出现，但是检察官问她是否愿意提前与检察官聊聊。他们给她提供了"一日女王"交易，也就是说无论她在与检察官面谈中说了什么，开庭时都不会加以公布。诺顿是一个记者，负责与互联网文化和计算机黑客有关的报道，她担心如果自己不愿意配合，检察官可能会收缴她的电脑，而电脑里有很多线人的资料。斯沃茨不想让诺顿去见海曼。"亚伦告诉我他的律师也很生气，说我是个傻瓜，"诺顿写道，"他大声地质问我，问我到底是站在哪边的。"[22] 她不情愿地在 2011 年 4 月 13 日与检察官们进行了面谈。

政府部门对这次面谈的记录显示，诺顿向检察官们讲述了斯沃茨的生活和工作，回忆了他被捕那天发生的事情。她告诉他们，斯沃茨性格孤僻，有心理问题。她提到他在开放图书馆、求进会的工作。她解释说，学者们瞧不起学术出版系统，斯沃茨同样也很不喜欢。[23] 两年后，诺顿在为《大西洋月刊》(The Atlantic) 撰写的一篇文章中讲述了这次会面的经过，她说自己当时在服用镇痛的维柯丁，并且法院的环境让她感到很紧张。在诺顿的描述中，检察官利用她状态虚弱和对于刑事司法系统不甚了解的弱势，很是咄咄逼人。检察官不相信斯沃茨会将 JSTOR 下载案守口如瓶，他们非要她说些什么，任何能够解释或是让人理解斯沃茨行为的内容都可以。于是，诺顿提到了《开放存取游击队宣言》，这恰好是检察官们不知道的。

这份宣言是一份公开文件，大约写于两年前，可是它似乎与 JSTOR 下载案有着直接的联系。"无论信息被存储在何处，我们需要得到它们，进行复制并且和全世界分享,"斯沃茨写道,"我们要下载科学期刊,再上传到点对点文件共享网站上。"在检察官看来,斯沃茨已经完成了前者,这就意味着他打算要做到后者。这篇文章已足够给他的案子定性了。

诺顿几乎是立刻反应过来,自己提供这条信息是大错特错了。她等于给出了斯沃茨的动机。"我为他们的残忍行径开辟了新的战线,"诺顿后来写道,"调查了4个月,他们终于为自己的行为找到了借口。那些检察官宣称,这份宣言说明亚伦具有将 JSTOR 档案进行广泛传播的意图。而这一切都是我告诉他们的。"[24]

斯沃茨勃然大怒。"亚伦告诉我,海曼拿到这份宣言后,在他的律师面前表露出幸灾乐祸的态度,"诺顿写道,"他说亚伦之前拒绝了条件那么好的认罪协议,以后再也不会有这样的机会了,因为检方已经掌握了证据。"[25] 对检方透露《开放存取游击队宣言》的事成为一种背叛,使得斯沃茨和诺顿之间产生了隔阂。他们的关系也走到了尽头。

这个案子已经拖了很长时间。这时候已经是2011年4月中旬了,斯沃茨被捕后的第三个月,联邦政府仍旧没有提起诉讼。斯沃茨竭力保持着正常的生活,他开始写博客,虽然没有以前那样频繁,还参与了重新推出《阻击者》(The Baffler)杂志的工作,包括其他一些暂时被搁置的事情。他在麻州大道950号租用的公寓5月底就该到期了,他没有在剑桥长住的打算,所以希望以月为单位续租一段时间。

斯沃茨变得越来越多疑,他担心自己会在毫无征兆的情况下被抓起来带走。那年5月,仍处在检方监视下的斯沃茨打电话给《连线》的编辑莱恩·辛格,告诉他因为自己批量下载过一些文件,所以"联邦调查局的人可能很快就会来敲门",可是他不愿意对此透露任何细节。"我从前曾经采访过亚伦,这一次他变得特别的谨慎,说起话来吞吞吐吐闪烁其词,令人很不舒服。""我希望这种事不会发生。"斯沃茨补充了一句，他指的是警方的突袭。[26]

可是检察官并不急于提起起诉。那个春天，他们忙着确认斯沃茨在实施犯罪的过程中是否使用了他在哈佛大学的工作电脑。（他们似乎怀疑斯沃茨利用哈佛的电脑对 JSTOR 的下载程序进行远程控制。）同时，他们也在调查斯沃茨是否抓取过其他专有数据库的资料。（"！！——类似的行为"一个特勤局特工在笔记本上潦草地写道。[27]）而且那份《开放存取游击队宣言》仍然是他们最倚重的筹码。

2011年5月9日，斯沃茨的一个熟人，名叫约书亚·盖伊的自由软件基金会员工被传唤到大陪审团前，回答一些关于"开放存取游击队"的问题。（特勤局总是把 guerilla，即游击队的英文单词拼错了。）盖伊曾经为开放存取游击队创建过一个脸书（以下简称 Facebook）主页，而检察官想从他嘴里掏出些有价值的消息。[28] "自由软件"和"开放存取"，这些表达争取正义行为的词汇，却被检方与犯罪挂上了钩。

3天后，参议员帕特里克·莱希提出一个新的议案，叫作《2011年防止实时线上对经济创新能力的威胁和对知识产权的盗窃的法案》，简称PIPA。这项议案有31位发起人，内容和COICA差不多，只是换了个更长的名字而已。不过 COICA 关注的是美国和国外网站违法提供受版权保护内容的行为，而 PIPA 将其关注的目标缩小为仅针对国外的网站。这项新议案中还增加了一个条款，强迫 Google 这样的搜索引擎把搜索结果中的违法网址加以屏蔽；并且允许个人版权持有者对违规网站进行查封。

斯沃茨与求进会，以及其他像电子前线基金会、公共知识组织类似的团体一致努力反对 PIPA 的通过。"COICA 就够糟的了，可是 PIPA 更糟。"求进会的博客上这样写道，"我们的抗争自从议案被提出的那一天起就开始了，如今我们比任何时候都更需要你的帮助。请仔细阅读 PIPA 议案的全文，然后在我们的请愿书上签名吧，让我们携手为保持网络的中立和开放而努力。"[29]可是他们的努力并未产生效果。2011年5月26日，PIPA在参议院司法委员会获得全票通过，甚至都没有举行听证会。"这项法案为执法部门和版权方保护美国知识产权的行动提供了更强大的保障，"参议员莱希针对法案的通过发表讲话时说，"这对美国消费者、商业界和就业率都有益处。"[30]

可是，对于斯沃茨和他的盟友们而言，与通过该议案后对网上自由言论产生的影响相比，莱希议员所吹嘘的经济利益根本不值一提。参议院计划对PIPA议案进行商议的那天，参议员魏登对该法案行使了保留权。[31]但是这一届立法会会期才刚刚开始，而保留权只能维持一段时间。由于近乎1/3的参议员都是议案的发起者，议案通过似乎是不可避免的结果。"求进会资金严重不足，单打独斗没有胜算，也无法与坚持组织民众反COICA和PIPA的小型同盟继续合作，"戴维·西格尔后来写道，"我们只能暂时避开议案支持者的锋芒，直到组建起更加强大的同盟，或是老天开眼。"[32]

虽然老天爷没有为斯沃茨开眼，但斯沃茨的律师们还是希望能说服JSTOR的人员，代表他们的客户说上几句。斯沃茨被捕的几个月后，JSTOR的人对这起案子的热情逐渐减退了。一位特勤局的特工写道："JSTOR的人对下面两件事不胜其烦：1.怎么要回被拿走的东西；2.为那个坏小子忧心。"[33]如果斯沃茨能够满足他们第一项愿望，那么JSTOR也许愿意讨论讨论怎样避免第二项。

2011年6月，斯沃茨的律师谈好了私了方案，按照其中部分要求，斯沃茨将下载的文献归还给JSTOR，也就是把保存了下载文献唯一拷贝的光盘交给他们，而且同意付给对方2.65万美元作为损失赔偿和律师诉讼费用。[34]作为交换条件，JSTOR的律师们打电话给美国检察官办公室，说自己不希望看到斯沃茨被起诉。[35]首席检察官史蒂芬·海曼礼貌地接听了电话。

MIT就没有这么合作了。学院不需要斯沃茨做任何赔偿，也没有兴趣寻

第九章 网络属于你们　　　　　　　　　　　　　　　　　　　　　227

求任何私了方案。自从斯沃茨被捕开始，他们就一直对外保持沉默。6月中旬，JSTOR 的人联系 MIT 图书馆馆长，商讨是否对斯沃茨的案子发表某种形式的联合声明，图书馆方面回应称，学校的律师"认为总的来说，MIT 说得越少越好。我们无法对正在进行中的犯罪调查细节和可能提起的诉讼进行讨论，也不希望干扰检察官办公室办案过程，那是他们的职责所在"。[36]

斯沃茨的支持者们尽了最大努力，希望 MIT 能重新考虑这一决定。他们认为一份充满同情心的公开声明或许能够说服检察官放弃提起诉讼。至少，有这样一份声明，检察官在法庭上便无法声称斯沃茨给涉事的机构带来了巨大的伤害。

2011年6月13日，斯沃茨的父亲联系了 MIT 媒体实验室新上任的主管伊藤穰一，问他是否愿意代表亚伦与 MIT 的管理人员进行交涉。伊藤穰一愿意帮忙。"MIT 是否可以想办法把这件事当成'内部问题'来处理，是否可以帮助他们将惩罚力度减小，至少不让亚伦以重罪之身入狱。"伊藤穰一在给学校法律顾问办公室的信中写道，"当然这么做很傻，但是以我个人来看，最后的判决似乎会很重。"[37]

可是 MIT 决意要保持中立，他们指出斯沃茨并不是 MIT 的员工，而且从他胆大包天的行为来看，对学校的计算机资源和学校与其他机构之间的关系也没有任何尊重之情，所以学校觉得没有任何理由插手干预。[38] 尽管罗伯特·斯沃茨多番恳求，他极力恳请学校看到"这个事件中人性化的一面"[39]，但是 MIT 坚持立场，毫不动摇。

2011年6月16日，奎恩·诺顿在波士顿接受了大陪审团的质询。[40] 虽然早前她已经与联邦检察官进行了面谈，但是这次她公开地表达了对抗情绪。"我承认对斯沃茨的被捕丝毫不感到惊讶的时候，他们问我为什么，"她后来写道，"我告诉他们，因为警察本来就喜欢过分干预技术团体，他们总是把正常的计算机使用者和研究者设想成罪犯。"[41]诺顿直白的挑衅没有起到任何作用，检方最终还是提起了诉讼。

与诺顿的情侣关系终结后，斯沃茨开始与塔伦·斯坦布里克纳-考夫曼约会。她住在华盛顿特区，是一个政治活动家，高个子，皮肤白皙，喜欢露齿微笑，有着深厚的技术背景。"从小到大，我都是个宁愿看国际科学展也不去参加舞会的孩子。"塔伦在博客上这样描述自己。上了3年高中后她选择了退学，因为觉得学校很无趣。

斯沃茨曾经在2010年11月见过塔伦，当时他和本·威克勒在中期选举期间为DNC当志愿者。"夏威夷的计票结束后，大家都开始放松下来，我问本，亚伦是不是在和我调情？"塔伦回忆道，"而他说不知道，但如果是的话那可是件好事。而我说'是啊，也许吧'。"

在接下来的几个月中，他们的生活轨迹有过好几次交集，彼此之间渐渐产生了好感。2月，两人都去威斯康星州的麦迪逊参加公会组织的反对威斯康星州州长政策的活动。"我使出浑身解数想跟他眉来眼去一番，但是大部分努力都以失败告终。"塔伦说道，"不过现在想起来，那时候他刚刚被捕，经历了很多不愉快的事，所以也难怪有些心不在焉。"那年6月，塔伦因为工作需要来到波士顿，她决定直接向斯沃茨提出约会，而斯沃茨回答说"好"。

"我们去了剑桥麻州大道上的中国餐厅，那里离中央广场不远。他告诉我他忙得不可开交，有很多事情同时进行，不过我其实不太清楚都是些什么事，"她说，"斯沃茨说他可能接下来的6个星期都会见不到我，因为他的日程安排得非常紧凑。我呢，嗯，有点儿不太高兴。"

进入7月之后，斯沃茨考虑到自己有罪在身，所以辞去了求进会执行官的职位，同时也正式结束了与奎恩·诺顿的关系。斯沃茨原本打算把自己的钱捐献给一个叫作"行善"的慈善组织，但现在他改了主意。"他解释说想要用自己的钱尽可能多地做善事。这意味着只要他还活着，就要把钱花在自己的项目上，"行善的创始人霍顿·卡诺夫斯基后来写道，"不过万一发生了意外，他希望这些钱可以用在第二顺位的项目上。"

斯沃茨一直很谨慎，他对塔伦说起自己法律上的麻烦时，只说是"糟糕的事"。他们刚刚确立关系没多久，两人有一天要去波士顿，他们沿着麻州大道走到了 MIT 校园附近。"我去上卫生间。但是我跑到咖啡厅去的时候，不知道他为什么不跟我一起进入，却只是站在外面的步道上等我。"塔伦后来写道，"我当时没想太多。"[42] 她并不知道斯沃茨被禁止踏足 MIT 校园。

不过斯沃茨的细心审慎终于到了尽头。7月18日，斯沃茨打电话给塔伦，说第二天的新闻里会报道一件大事情。塔伦后来在博客上记录下了这段对话："他说'我会因为下载太多学术期刊文章遭到起诉，他们想要拿我的案子威慑其他人'。我说'这事好像没那么严重吧'。他停顿了一下，想了一想说'是啊，没有得癌症那么严重'。"[43] 哪怕是在遭受了7个月的折磨之后，斯沃茨有时候还是难以相信，有人居然会如此严肃地对待此事。

第二天，位于波士顿的美国检察官办公室宣布斯沃茨被联邦法院以四项重罪提起诉讼。斯沃茨来到位于波士顿海滨的美国联邦法院，在那里他被美国警察逮捕、拍照、取指纹，然后交了10万美元保释金后获得保释。在警局的登记照里，他穿着一件灰色的带领衬衣，翘起嘴唇，露出一个令人难以捉摸的微笑，笑容中一半是不屑，另一半仿佛在说"我永远也不告诉你"。[44]

斯沃茨被指控进行电信欺诈——因为他下载 JSTOR 的文献是"通过虚假和欺骗的手段"；电脑诈骗——因为他"在没有得到授权和超过访问权限的情况下"访问 MIT 和 JSTOR "受保护的计算机"；电脑窃取信息罪——因为他获取了价值超过5000美元的资料；以及肆意破坏计算机罪——因为他给 MIT 和 JSTOR 带来了损失："总计价值至少5000美元，而且至少对10台受保护的计算机造成了损害。"后面这三项罪名均来自《计算机欺诈与滥用法》。

起诉书中详细列出了斯沃茨从JSTOR下载的文件，并且公开了前所未有的细节。2010年11—12月间，斯沃茨下载了超过200万份JSTOR文献："比同时期内MIT的合法JSTOR用户下载量的总和的100倍还要多。"斯沃茨用了一个叫作"keepgrabbing.py"（译者注：即不停抓取的意思）的软件对文献进行抓取。1月6日，他从网络交换机柜里取走了电脑，带着它来到MIT学生活动中心，用一个新的IP地址重新连上了无线网络。起诉书直言不讳地指出："斯沃茨意图将数据期刊文献中的大部分内容上传到一个或多个文件共享地址。"

如果数罪并罚，斯沃茨将面临最高达35年监禁和100万美元的罚款。大家都觉得他不会被判刑，哪怕是判处最低年限的监禁可能性也很低。但是最高判罚的阴影始终在斯沃茨的心头萦绕，那是令人恐惧的象征，昭示着绝对权威的存在。"偷就是偷，不论是你用计算机命令还是撬棍，也不论你是拿走文件、数据还是钱。"检察官卡门·奥提兹在一份声明中说道，"对于受害者而言，不论你将偷来的东西卖掉或是送人，都造成了一样的伤害。"[45]

斯沃茨的盟友强烈反对这一论调。"联邦政府因为求进会前执行官下载过量期刊文献而提出控告"，那天下午求进会在博客上以此为标题发表了一篇文章，戴维·西格尔在文章中将斯沃茨所受的控告比作"试图阻止一个人将太多书带出图书馆，就把他押入牢房"。[46]

这篇博文鼓励人们在请愿书上签名，表明他们"支持亚伦·斯沃茨以及他终身为之奋斗的公共和学术道德操守"。[47]几小时之内，有1.5万名网民在请愿书上签了名。求进会又发布了另外一篇文章详细为斯沃茨的案子进行辩护："下载数据并且放到网上并不是'偷'。他只是复制了这些文件。他没有'拿走'它们，JSTOR仍然拥有这些文件。"[48]

The Idealist 理想主义者

在那个周末，共有4.5万人签署了支持亚伦·斯沃茨的请愿书，而他遭到起诉的消息也见诸报端，包括《纽约时报》《美国展望》（The American Prospect）、《波士顿环球》（The Boston Globe）及许多其他媒体。《纽约时报》称斯沃茨为"互联网平民英雄"；一位当地的版权律师接受《波士顿环球》采访时这样说，在斯沃茨身上扣上如此多的罪名简直相当于"用大锤敲图钉"。[49] "随着案件的进行，我们仍旧希望亚伦能够被还以清白，"西格尔说，"而且过去的24小时已经证明，人们对案情了解越深入，便对亚伦的遭遇愈感同情。"[50]

斯沃茨虽然赢得了公众和媒体的同情，但波士顿的美国检察官办公室却丝毫不为所动。发出起诉书后，海曼没有派警察上门逮捕斯沃茨，而是允许他前来法院自首。现在，斯沃茨却如此回报他的仁慈。海曼后来将这些请愿称为"疯狂的网络运动"。[51] 跟对待COICA和PIPA一样，斯沃茨和朋友们能够尽其所能地发起请愿，但这并不意味着权力部门必须要倾听他们的声音。《纽约时报》也称亚伦·斯沃茨为平民英雄，但是从联邦政府的角度来看，斯沃茨只是一个惹事的黑客。

对斯沃茨的起诉与万维网20周年纪念日恰好处于同一时期。万维网是在1991年8月6日被公之于众的。蒂姆·伯纳斯－李没有将这一发明据为己有，而是将其控制权向公众拱手让出，而公众如今已经成为网络力量的源泉。现在的互联网包罗万象，既有学术作家在网上为争取开放存取发言而进行游说，也有色情文学写手在家炮制淫秽的文字并且上传到YouPorn网站。网络是由古登堡计划、埃里克网上出版社、数百万充满尖酸谣言的博客和数千万无知的网络评论组成的。在所谓的"阿拉伯之春"（译者注：爆发于2010年年末的阿拉伯世界的一次革命浪潮）中，突尼斯人和埃及人利用Twitter配合发出抗议；突尼斯人和埃及人在工作时间也会浏览Facebook来打发时间。

互联网具有分散化、去中介化，以及与生俱来的辩证性，所以它成为鼓励并且迅速进行思想传播的工具，包括所有好的、坏的和不好不坏的思想。大部分人只利用网络开无恶意的玩笑和发泄一时的不满情绪，这并不是网络的缺点；这种媒介的散漫性正是其蕴含力量的信号。互联网中不需要审裁官来引导大家的争论方向或是让大家保持彬彬有礼。互联网是属于所有用户的。

不过，自从网络问世那一刻起，政府和产业界就动作不断，仿佛把互联网当作一个能够加以控制和镇压的层级体系，仿佛其中散布的各种离经叛道的观点能够被彻底清除。COICA 和 PIPA 就是这种保守心态的产物，也是这种心态催生了《禁止电子盗窃法案》(The NET Act)、《数字千年版权法案》(The Digital Millennium Copyright Act)、《计算机欺诈与滥用法》(The Computer Fraud and Abuse Act)等许多类似的法案；抱着这种心态的人，会条件反射式地对任何自己无法理解或是认识的事物加以禁止。"就我个人而言，我不认为这个世界是真心诚意地想把文学和教育带给第三世界国家，尽管所有人都在唱着高调。"2011年7月，迈克尔·哈特郁郁不乐地在给朋友的信中写道。[52] 两个月后，他因心脏病过世，享年64岁，而数十年前他所预料的电子文艺复兴似乎已近在咫尺，却又仿佛远在天边。

随着网络诞生20周年纪念日的临近，政府和产业界对它的态度显示出了细微的变化。2010年12月，《科学美国人》上一篇题为"互联网万岁"的文章中，伯纳斯－李发出警告，互联网已经"演进为一个强大的、普遍存在的工具，因为它完全建立在平等主义的原则上"，恶势力正在极力试图侵蚀这些原则，"大型社交网站正在将他们用户发出的信息进行隔离，无线网络提供者试图减慢通向没有与他们达成生意的网站的速度。监察者在监视人们的线上表现，将我们最重要的权利置于岌岌可危之地。"伯纳斯－李写道，"为什么要在乎这些呢？因为互联网是属于你们的。"[53]

2011年10月26日，来自得克萨斯州的议员拉马尔·史密斯向众议院提出

The Idealist 理 想 主 义 者

一个名为《反网络盗版法案》的议案(以下简称SOPA)。实际上，这跟PIPA没有本质上的区别。尽管SOPA被称为用以控制海外盗版的工具，但它的涵盖范围很广，理论上说，甚至可以打着版权保护的名义禁止所有在线活动。"SOPA将会毁掉互联网世界的精华，迫使那些依靠用户生成内容的网站对上线之前的内容进行监管。"戴维·西格尔后来写道，"国外网站将不得不阻止一些内容的上传，否则按照美国法律的规定就要被屏蔽。国内网站也将被迫净化所有这类被屏蔽网站的链接。"[54]

对斯沃茨和志同道合者而言，这项议案很可怕，但它同样很可能会被通过。2011年11月，SOPA和PIPA赢得了许多团体的支持：美国电影协会、美国商会、里德－爱思唯尔出版公司，几个主要的公会，等等。这期间没有发生任何大型的舆论抗议或是来自国会的反对。尽管有一些技术公司，其中最著名的是Google，开始花钱进行反SOPA法的游说，但是他们加入战局的时间太迟了。在《数据版权的战斗》(The fight over Digital Rights)一书中，作者比尔·D.赫尔曼写道，到了2011年11月中旬，SOPA和PIPA的支持者与反对者的比例成了6：1。[55]

2011年11月16日，众议院司法委员会举行SOPA的听证会，有6位听证代表参加。第一位是版权登记官玛丽亚·帕兰特。"国会在过去200年中曾多次修改版权法案，包括其执行条例，但是众所周知，这项工作仍未完成。今天的侵权者变得更加狡猾而猖狂了，"帕兰特说道，"这个问题我们无法忍受。"[56]

其他代表都一致表示同意，但只有一个例外，就是来自Google的凯瑟琳·欧亚马。她提醒大家，如果SOPA成为法律，"那么数不胜数的各类型的网站，不论是商业的、社交的，还是个人的，都会被关闭或是无法继续操作，因为会产生各种有效或无效的指控，而随之而来的对法律不确定性的担心将会威胁到新的投资、创业和创意的产生。"[57]

委员会杀气腾腾地向欧亚马提出了一连串的问题，暗示他们对于网络侵权问题的泛滥，以及 Google 似乎不愿对这一问题加以阻止的态度非常恼火。"在你们的网站上一搜，便出来一页又一页免费的'格林奇'（译者注：格林奇是苏斯博士系列作品中的一个人物）。"得克萨斯州的议员泰德·普伊说道，他认为在 Google 搜索苏斯博士作品后呈现出这样的结果是一个严重的错误。[58]他说网络侵权已经不单单是"不好的行为，而是偷窃，而这项议案就是为了制止这种偷窃行为的"。这番话说出了会场上许多人的心声。[59]

在萨夫拉研究中心发表的那篇关于国会的论文中，斯沃茨已经指出，国会议员们逐渐与选民的兴趣与意见背道而驰，专家和说客也成为挡在立法者和民意之间的绝缘板。SOPA 以及接下来的 PIPA 的到来，已经充分证明政府依旧没有倾听民意。斯沃茨的同盟们需要尝试不同的战略。

2011 年上半年，斯沃茨的老朋友蒂芬妮·程和霍姆斯·威尔逊成立了一个叫作"为未来而战"的组织，试图号召人们起来反对 SOPA 和 PIPA。他们想出一个叫作"网络审查日"的点子，而日子就定在众议院司法委员会举行听证会的那一天。到了那天，网络管理员们会对自己的网站进行"审查"，具体做法是将网站的 Logo 或主页换成一个写着"停止审查"字样的横幅，或是一个大大的，显示着不吉利的"此网站被封禁"字样的图标。

"遵照 H.R.3261（SOPA）规定，本网站已对美国人屏蔽，"后面的图案上还写道，"可怕吧？今天，国会针对一项可能催生美国第一个网络审查系统的法案举行了听证会。"[60]这两个图案都导向同一个表单，网民可以通过那个表单联系到国会，请他们的代表"拒绝互联网史上最黑暗的法案"。

斯沃茨帮"为未来而战"开发了这个联系国会的工具，而且帮助他们把网络审查日的消息传开去。这个工具在 11 月 16 日发布，有数百家网站——包括最受欢迎的 Reddit、4Chan、Tumblr 等网站——自行黑屏，并且鼓励无法登录的网民联系国会进行投诉。据"为未来而战"的估计，11月16日这天，斯沃茨开发的那个窗口向国会发送了将近上百万封邮件。那一天，立法部门的电话也响个不停。不过，最终，只有几位立法者改变了对 SOPA 和 PIPA 的立场。"互联网，你太棒了！"程和威尔逊在美国审查日网站上写道，"但是SOPA 还活着。准备第二轮战斗。"[61]

这个时候，斯沃茨已经搬到了纽约，并且加入了全球运动组织 Avaaz。他要帮助本·威克勒开发一个新的关于全球政治活动的播客，名字为"燃烧的正义之剑"。"他刚搬到纽约时很讨厌这里。"塔伦回忆道。那年 11 月她也在纽约，和斯沃茨合住在位于上西区的一间公寓里。他们分租了一个月，想尝试看看住在一起是什么感觉。

"我想可能是因为他觉得起诉的事很烦，需要清静一下。他想离开剑桥。"她说。逃跑是不可能的。保释条款要求他每两个星期必须到波士顿的法院去当面报告一次，所以每隔一个星期的周一，斯沃茨就得搭乘一大早的公交到马萨诸塞去，表明自己并没有逃跑。

斯沃茨尽量继续参加反 SOPA 联盟的工作，并且努力吸引新的盟友加入这项事业。"就在那段时间里，我组织了一次纽约创业者聚会，鼓动他们每个人都参加进来，尽自己的一分力量。"斯沃茨后来说，"我听说比尔·克林顿在成立他的'克林顿全球倡议'（CGI）时用过一个小花招儿，我也试着用了一下。我轮流对着房间里的每一位创业者单独说'你打算做些什么'？他们每个人都不想落后于人。"[62]

继网络审查日取得小小的成功后，程和威尔逊决定趁热打铁，在 2012 年 1 月 18 日进行一场更大规模的互联网黑屏抗议活动，这个日子距离国会计划为 SOPA 和 PIPA 投票的日期还有 6 天。和从前一样，参与行动的网站会用一条反对 SOPA 的信息代替他们的 Logo 和主页，并且提供一个能够让访问者与国会取得联系的工具。

这一次，有许多美国大热的网站都参加了自我审查日的抗议活动。Wikipedia、Wordpress、Craigslist 和 Reddit 的网站完全黑屏；Pinterest、Google、Amazon 和 Ebay 等网站全部关闭。据"为未来而战"统计，其余还有将近1.15万家网站参与了这次的活动，成功地展示了 SOPA 和 PIPA 可能会对互联网整体带来的"黑暗效果"。布鲁斯特·卡勒认为，"我们要阻止美国建立自己的黑名单系统。"古登堡计划的 Facebook 页面这样写道："如果你对我们所做的事情有兴趣，就来反对 SOPA 和 PIPA。"

很多人意外地发现自己最喜欢的网站竟然无法登录——其中也包括很多国会成员——于是，他们可能第一次注意到了 SOPA 和 PIPA 所带来的不好影响。那一天，有上百万美国人通过邮件或是电话的方式，向国会表达了自己对这两项议案的看法，而立法者们也赶忙向选民们表示他们的担忧已经引起了注意。"我知道你在担心什么，我在努力工作，以确保对 PIPA 议案做出重要的更改。"新泽西州参议员梅南德斯发推文表示。[63] "感谢所有的电话、邮件和推文。我会反对 SOPA 和 PIPA，我们不能置开放的互联网于危机之中。"俄勒冈州参议员杰夫·梅尔克利发表推文说道。[64] "言论自由是不可剥夺的权利，它是赋予每个美国人的权利，而互联网是我们行使这项权利的最重要的工具。"伊利诺伊州参议员柯克在一次新闻发布会上说道，"这一极端措施剥夺了《第一修正案》(First Amendment Right)所赋予的权利，扼杀了网络创新。我与那些支持自由和反对当前版本 PIPA 的人站在同一战线。"[65]

两天后，也就是1月20日，这两项议案被国会搁置了。"我很高兴听到这个消息，因为那些议案真的管得过头了。"参议员坡伊在那天写道。[66]（并非每一个曾经的支持者都转变了立场，在一次新闻发布会上，参议员帕特里克·莱希就发出警告说："总有一天，那些迫使这一变化发生的参议员回头再看时，会意识到他们今天对于一个意义重大问题的决定是不经大脑便做出的反应。"[67]）自从高级法院在埃尔德雷德告阿什克罗夫特案中做出不利于埃尔德雷德的判决已经9年了。"如果我们无法在法庭上推翻它，就应该在立法的时候推翻它。"16岁的斯沃茨当时写下了这样的话。虽然10年后，《版权期限延长法案》(*The Copyright Term Extension Act*)依旧是一项美国法律，但是SOPA和PIPA不会成为法律。立法机关再一次做出了改变。

几天后，斯沃茨出现在本·威克勒的播客"燃烧的正义之剑"中。他谈起那天发生的事情。"真是不可思议，激动人心，"斯沃茨对威克勒说，"人们总是想，'没错，我在这些请愿上签名了，但是能管用吗？真有人会听我们的想法吗？'这一次的答案再清楚不过了。真的有人在听，而且我们异口同声喊出来的时候，能够完全改变那个议题。我们改变了全局。"

也许这样的感受有些言过其实，但斯沃茨和盟友们的工作的确值得骄傲。他们不仅组织了黑屏活动和抗议，鼓励公众提出对议案的反对意见，他们还鼓励普通的网络用户思考将这种媒介应用在政治上的前景。正如霍姆斯·威尔逊后来所说："求进会第一个发起了将议案与旁观者联系起来的运动，很多人关心技术政策，仅仅是因为他们对互联网依赖很深，而不是信奉网络自由的理想。"

斯沃茨与威克勒在播客中也做了类似的说明，他试图指出SOPA和PIPA抗议运动具有更广泛的意义。"你知道，美国电影协会的克里斯多夫·杜德在接受《纽约时报》采访时说得很好。他们就是想在引起人们注意之前让议案偷偷获得通过，多么邪恶的计划。他说他气坏了，'管闲事的小屁孩，他们阻止了我们！这种事不应该发生！'"斯沃茨说，"他还说'我在参议院40年了，还从没见过这样的事。这简直就像是阿拉伯之春跑到网上来了'。我觉得他说得没错。这些人被吓坏了，我们需要继续战斗。"[68]

那年的春天，塔伦和斯沃茨搬到了一起，他们在布鲁克林区的皇冠高地租了一个单人的小公寓。斯沃茨不再为SOPA和PIPA操心,他开始尝试各种各样感兴趣的事情。他和摄影师塔林·西蒙一起发起了一个叫作"像图"的艺术项目,也就是搜索最普通的词语,比如"爱"或是"自由"等,然后把全世界57个国家的互联网上所能搜到的位置最靠前的图像整理出来,并列显示。这个项目的结果最终展示在纽约新美术馆的网站上。他开始为大卫·福斯特·华莱士那出了名的笔调繁复的小说《无穷的玩笑》(Infinite Jest)写简介。"他几乎整个周末都在给《无穷的玩笑》写剧情简介。"塔伦回忆说,"他喜欢从复杂的叙事中提炼出精华来。"

2012年5月,斯沃茨来到华盛顿特区,在一年一度的"自由连接"大会上发表讲话。他将反SOPA运动的复杂叙述提炼为一段朴素而令人信服的发言。斯沃茨提醒民主活动家们,现在开始庆祝还为时过早,因为类似的立法将来仍会出现。

> 当然,它会用另外一个名字,也许借着不同的理由,或是用不同的方式带来伤害。但是不要搞错了:自由连接的敌人没有消失。那些政客眼里的火焰还没有熄灭。有许多人,许多大权在握的人,想要在互联网上施加压力。老实说,没有掌握特权的人在保护互联网免受其害。[69]

在博客中发表卡夫卡的小说《审判》(The Trial)时,没有提到《审判》的结局。两个苍白而沉默的身着黑色西服的男士抓住了K的胳膊,拉着他大步走出家门,穿过城镇,来到一个偏僻的采石场。"仅仅是他一个人吗?"K想着,"还是整个人类?马上就会有人来帮忙吗?是不是以前被忽略的有利于他的观点又马上被提出来了?"然后两个政府特工扼住K的喉咙,掏出一把刀来,朝他的心脏捅去。

第九章 网络属于你们

1. 这一段落最初发表于 Slate 上，经过杂志方允许后，被用在此处，深表感谢。

2. 亚伦·斯沃茨，《2011年阅读回顾》(The 2011 Review of Books)，2012年4月19日，详见：http://www.aaronsw.com/weblog/books2011

3. 奎恩·诺顿，《亚伦·斯沃茨调查案的内情》

4. 斯沃茨FOIA，528—592

5. 引自同上

6. 卡尔·马拉默德于2011年2月6日写给亚伦·斯沃茨的邮件，详见：https://public.resource.org/aaron/pub/msg00825.html

7. 斯沃茨FOIA，731

8. 引自同上，728

9. 引自同上，2469

10. 亚伦·斯沃茨于2011年2月1日写给斯蒂芬·舒尔茨的邮件，详见：https://public.resource.org/aaron/pub/msg00818.html

11. 斯沃茨FOIA，2469

12. 引自同上，458

13. 引自同上，97

14. 阿贝尔森等，《麻省理工学院报告》，31

15. 埃德蒙·萨夫拉伦理研究中心，《亚伦·斯沃茨——〈国会是如何工作的〉》(Aaron Swartz – How Congress Works)详见：http://ethics.harvard.edu/aaron-swartz-%C2%A0%E2%80%94%C2%A0-how-congress-works

16. 《两党议员们共同提出议案以打击网络侵权行为》，2010年9月20日的新闻发布稿，详见：http://www.leahy.senate.gov/press/senators-introduce-bipartisan-bill-to-combat-online-infringement

17. 《燃烧的正义之剑》(The Flaming Sword of Justice)，详见：http://www.flamingswordofjustice.com/episodes/2-2011-1968

18. 穆恩(Moon)等著，《黑客政治》(Hacking Politics)，22

19. 斯沃茨FOIA，667

20. 奎恩·诺顿，《亚伦·斯沃茨调查案的内情》

21. 斯沃茨FOIA，25

22. 奎恩·诺顿，《亚伦·斯沃茨调查案的内情》

23. 斯沃茨FOIA，25，以及斯沃茨FOIA，13和14合并的临时版本，856—862

24. 奎恩·诺顿，《亚伦·斯沃茨调查案的内情》

25. 引自同上

26. 莱恩·辛格（Ryan Singel），《亚伦·斯沃茨与权力的两面》（*Aaron Swartz and the Two Faces of Power*），《连线》，2013年1月18日刊

27. 斯沃茨FOIA，863

28. 引自同上，796—799；以及868—872

29. 《遭到两次惨败的打击网络侵权及假冒法案定会卷土重来》，2011年5月11日，详见：https：//web.archive.org/web/20120609221325/http：//blog.demandprogress.org/2011/05/coica-twice-defeated-has-offspring-bent-on-revenge/

30. 帕特里克·莱希（Patrick Leahy），《参议院司法委员会全体通过两党共同提出的打击流氓网站的议案》（*Senate Judiciary Committee Unanimously Approves Bipartisan Bill To Crack Down On Rogue Websites*），新闻发布稿，2011年5月26日，详见：http：//www.leahy.senate.gov/press/senate-judiciary-committee-unanimously-approves-bipartisan-bill-to-crack-down-on-rogue-websites

31. 《魏登对保护知识产权法案行使保留权》（*Wyden Places Hold on Protect IP Act*），新闻发布稿，2011年5月26日，详见：http：//www.wyden.senate.gov/news/press-releases/wyden-places-hold-on-protect-ip-act

32. 穆恩等著，《黑客政治》，81

33. 斯沃茨FOIA，886，以及斯沃茨FOIA，13和14合并的临时版本，84

34. 阿贝尔森等，《麻省理工学院报告》，42

35. 引自同上

36. 引自同上，58

37. 引自同上，59—60

38. 引自同上，52—54

39. 引自同上，59

40. 亚历克西斯·C. 马德里格尔（Alexis C. Madrigal），《奎恩·诺顿撰写的"亚伦·斯沃茨调查案的内情"的编者注》，《大西洋月刊》，2013年3月3日刊，详见：http：//www.theatlantic.com/technology/archive/2013/03/editors-note-to-quinn-nortons-account-of-the-aaron-swartz-investigation/273666/

41. 奎恩·诺顿，《亚伦·斯沃茨调查案的内情》

42. 塔伦·斯坦布里克纳-考夫曼，《麻省理工学院追思会》（*MIT Memorial Service*），2013年3月13日，详见：http：//tarensk.tumblr.com/post/45281114505/mit-memorial-service

43. 引自同上

44. 丝内贾娜·法尔别罗夫（Snejana Farberov）、海伦·勃（Helen Pow）和詹姆斯·奈（James Nye）的文章，《摧毁Reddit联合创建人亚伦·斯沃茨的监控摄像头》，《每日邮报》（*Daily Mail*），2013年1月13日刊，

详见：http：//www.dailymail.co.uk/news/article-2261840/Aaron-Swartz-MIT-surveillance-shot-ruined-tragic-Reddit-founders-life.htm

45. 马萨诸塞州美国联邦检察官办公室新闻发布稿，《黑客涉嫌通过 MIT 校园网络盗取超过400万份文档》，2011年7月19日，详见：http：//www.justice.gov/archive/usao/ma/news/2011/July/SwartzAaronPR.html

46. 《联邦政府因为求进会前执行官下载过量期刊文献而提出控告》(Federal Government Indicts Former Demand Progress Executive Director For Downloading Too Many Journal Articles)，2011年7月19日，详见：https：//web.archive.org/web/20110721132939/http：//blog.demandprogress.org/2011/07/federal-government-indicts-former-demand-progress-executive-director-for-downloading-too-many-journal-articles/

47. 《请支持亚伦》(Show Your Support for Aaron)，2011年7月22日，详见：https：//web.archive.org/web/20110722104427/http：//act.demandprogress.org/sign/support_aaron

48. 《最新消息：超过1.5万人在支持亚伦·斯沃茨的请愿书上签名》(UPDATE: More Than 15,000 People Sign Petition In Support Of Aaron Swartz)，2011年7月19日，详见：https：//web.archive.org/web/20110723205147/http：//blog.demandprogress.org/2011/07/update-more-than-15000-people-sign-petition-in-support-of-aaron-swartz/

49. 米尔顿·J. 巴伦西亚（Milton J. Valencia），《社会活动家因黑客行为被控告》(Activist charged with hacking)，《波士顿环球报》，2011年7月20日刊，详见：http：//www.boston.com/news/education/higher/articles/2011/07/20/activist_charged_with_hacking_mit_network_to_download_files/

50. 《感谢你的支持》(Thank You For Your Support)，2011年7月22日，详见：https：//web.archive.org/web/20110723070958/http：//blog.demandprogress.org/

51. 阿贝尔森等，《麻省理工学院报告》，68

52. 布鲁斯特·卡勒（Brewster Kahle），《古登堡计划创始人迈克尔·哈特去世》(Michael Hart of Project Gutenberg Passes)，2011年9月7日，详见：http：//brewster.kahle.org/2011/09/07/michael-hart-of-project-gutenberg-passes/

53. 伯纳斯 – 李，《互联网万岁：保持互联网开放和中立的呼声》(Long Live the Web: A Call for Continued Open Standards and Neutrality)，《科学美国人》，2010年12月刊，80 — 85

54. 穆恩等著，《黑客政治》，103

55. 赫尔曼（Herman），《数据版权的战斗》(The Fight over Digital Rights)，196

56.《第120届国会众议院司法委员，反网络盗版法听证会，3261号决议》(Stop Online Piracy Act, Hearing before the Committee on the Judiciary, House of Representatives, One Hundred Twelfth Congress, First Session, on H.R. 3261)，序列号112—154，2011年11月16日，47

57. 引自同上，99—100

58. 引自同上，246

59. 引自同上，245

60. 详见：https://web.archive.org/web/20111117023831/http://americancensorship.org/

61. 详见：https://web.archive.org/web/20111118014748/http://americancensorship.org/

62. 穆恩等著，《黑客政治》，117

63. 详见：https://twitter.com/SenatorMenendez/statuses/159414017763442688

64. 详见：https://twitter.com/SenJeffMerkley/status/159678431406202881

65. 详见：http://kirk-press.enews.senate.gov/mail/util.cfm?gpiv=2100082649.679.318&gen=1

66. 详见：http://projects.propublica.org/sopa/P000592.html

67. 议员帕特里克·莱希，《议员帕特里克·莱希对于保护知识产权法案结束辩论投票延期的评论》(Comment Of Senator Patrick Leahy On Postponement Of The Vote On Cloture On The Motion To Proceed To The PROTECT IP Act)，新闻发布稿，2012年1月20日，详见：http://www.leahy.senate.gov/press/comment-of-senator-patrick-leahy-on-postponement-of-the-vote-on-cloture-on-the-motion-to-proceed-to-the-protect-ip-act

68. "Episode #2: 2011 = 1968"网站，《燃烧的正义之剑》，详见：http://www.flamingswordofjustice.com/episodes/2-2011—1968

69. 亚伦·斯沃茨在"自由连接大会"(Freedom to Connect Conference)上的发言，2012年5月，详见：http://www.democracynow.org/2013/1/14/freedom_to_connect_aaron_swartz_1986#transcript

第十章

如何拯救世界

我们应该着力于创建这样的系统：它开放而不会破碎，能忍受异常而不会崩溃，它会将新鲜事物视作机会，而不是当成威胁。

The Idealist 理 想 主 义 者

　　2011年7月28日,被起诉一个半星期后,亚伦·斯沃茨在自己的网站上发布了一份工作草案,很谦虚地将其命名为《如何拯救世界（第1部分）》。[1]他只与几位朋友分享了这份文件。斯沃茨在文章里综合性地阐述了关于互联网如何被用于组织和促进社会变革的见解。总的来说,他的态度很乐观。尽管对于如何通过网络运动拯救世界发表了不少见解,但是亚伦·斯沃茨并没有第一手的证据表明其可行性。他把《开放存取游击队宣言》传到网上,让那些虽然倡导开放存取,却依旧恪守传统的人感到害怕;他竭尽全力召集人们反对PIPA,但这项议案还是获得参议院司法委员会的全票通过,而且似乎很快就会正式立法;在2010年的中期选举中,他努力地帮助进步的民主党,结果民主党却失去了对众议院的控制。

　　不过变革就是非A即B的实验,也许不止这两个选项,还有C、D和E。斯沃茨在草案中提出了一种新的运动体系设想。以往的做法是组成一个专注于单个事件或策略的行动小组,但斯沃茨提议,应该将特定的相关学科的人才聚在一起——调查员、活动家、律师、说客、政策专家、政治战略家、记者和推广人员,等等——如此一来,他们便能各展其能,从而有效地为各种社会议题发声,不论议题大小。斯沃茨构想着一个灵活多变的、智慧的、多面手型的倡议委员会,它能够从自身的错误中吸取教训,并且相应地进行策略改良;渐渐地,这组专家在面对任何问题时便都能处理得游刃有余了。说穿了，斯沃茨是按照自己所具备的特长策划了整个系统。

抗议 SOPA 和 PIPA 取得的成功基本上让斯沃茨确认自己的多元化活动委员会想法是正确的。在某种程度上，那次的成功正好为他的理念提供了证明。2012年的春天和夏天，斯沃茨依旧背负着联邦政府对自己的指控，开始考虑怎样进一步将自己的想法进行优化，也就是说，怎样建立一个不会剥夺自己成员权利的组织。

也许世界上已经有这样的组织存在，只是斯沃茨从未见过。他人生中遭遇的许多大型组织都让他想逃。他从高中和大学退学，从 Reddit 辞职，将许多进行到一半的项目和昙花一现的合作抛在脑后。自从搬到纽约后，他在 Avaaz 工作过很短的一段时间，在激进团体 Change.org（一家创立于2007年的社会公益请愿网站）待过更短的一段时间，最近又在为 ThoughtWorks（全球IT咨询公司）工作，似乎还挺享受这里的工作——但是接下来的事谁知道呢？他无休止地折腾为自己赢得了一个名声。"他总是飞快地从一件事转到另一件事上，这种做法产生了一些负面影响，很多人都不敢和他一起做一个大项目，因为他们担心他不会坚持到底。"本·威克勒说道，"这种担心不是没有道理的。"[2]

不过，就像采纳逃脱大师的建议可以将监狱造得更加牢固一样，斯沃茨对大型组织的逃避使得他深刻领悟到它们运转不灵的原因。只是虽然他善于发现组织的缺点，却不太肯定该怎样进行改善——至少是不知道怎样用可持续性的方法进行改善。斯沃茨到处寻找高明的方法。"他阅读了各种管理书籍，"威克勒说，"他读山姆·沃尔顿的自传，以及所有这些一手打造了大型组织的人的自传。他经常和人讨论有关管理和如何让团队工作顺畅的话题。"

斯沃茨想要找出一些管理得当的组织。"哪些组织有要做到最好的使命？迄今为止我知道的有 Avaaz、Change 和 GiveWell，还有别的吗？"2012年6月1日他在 Twitter 上发问。[3]也是在这个月，斯沃茨在博客上给了霍利斯特公司高度评价,他称赞这家服装连锁店成功创造了独一无二的零售经验,并且成功在每家分店进行了完美复制。每家霍利斯特门店都具备"完美的音乐""完美的气味"和"一张贴在墙上的完美照片"这三个特点。斯沃茨写道,霍利斯特打造了"500家完美分店"。(你可能不喜欢他们所谓的完美,但那不是我的重点。重点是他们有一个想法,然后便坚持执行了下去。)"到底是怎么做到的?"[4]销售平价服装和拯救世界,这两件事情中都需要的是:一个想法、一个组织以及将前者有效传递给后者的能力。

2012年的春天和夏天,斯沃茨在描画着自己理想中完美、高效的组织结构,同时还继续深陷于司法和学术官僚机构的束缚当中。斯沃茨面临的法律形势有几分像M. C. 埃舍尔的视错觉的画作(译者注:一位荷兰版画家,因其绘画中的数学性而闻名),无限的重复伴随着渐进的幻觉。"我定期向他打听案子的情况,"塔伦回忆道,"在很长一段时间里,我得到的答案都是'没什么进展,因为政府不会推翻他们应该推翻的东西'。"MIT和检察官一样没什么反应。5—8月期间,斯沃茨的律师与学院的律师足足沟通了13次,要求与MIT的官员安排一次面谈。他们希望能够说服校方发布一份公开声明,这也许能对斯沃茨有些帮助。但是MIT的官员并未给予回应。[5]

官方沟通渠道被堵塞,斯沃茨的父亲决定再次尝试与MIT的高层进行非正式协商。在媒体实验室负责人伊藤穰一的帮助下,罗伯特·斯沃茨于2012年8月10日给MIT的校长和校监发去了一封信。"还有一些法律上的或是和法律无关的问题,校方可能还没有意识到的,所以我非常急迫地请求进行面谈,"他写道,"之所以如此急迫,是因为检察院给出的最后期限就在周三(8月15日),届时关于这个案子是否进行开庭审判将有最终结果。而我们将在周一与刑事庭负责人面谈,到时需要做出一个艰难的决定。"[6]

这封信简直是下跪恳求,可是,尽管MIT校长在拿到信后不久就读了信,学校却在一个月后才与罗伯特·斯沃茨进行面谈。斯沃茨不得不面对8月15日的最后期限，而且没有任何外援。

随着8月15日的临近，斯沃茨却表现得相当平静。他在Twitter上谈了谈美国总统大选以及他最喜欢的播客收听工具，并且在博客上指出"科学方法"的缺陷：导致人们产生偏见，将科学方法看作是唯一有效的方法。"如果你正为一个决定而纠结，会有人教导你，要用'科学的'方法来解决。也就是说，系统地列出优点和缺点，并试着评估和平衡各方，"斯沃茨在8月10日写道，"不过，研究已经表明，用这种步骤清晰的方法得到的决定常常不如跟随内心想法来得好。"[7]

实际上斯沃茨在努力思考着一个问题：到底应该接受认罪协议，还是该为上法庭做准备？在必须做出决定的前一天，斯沃茨躲在自己的公寓里，并且让塔伦那一晚上不要回来。他需要谨慎考虑，所以想独自一个人待着。"我不知道协议的细节，也不知道来龙去脉。我不知道他身上到底发生了什么事，很难过。"塔伦回忆道，"我知道有那么个认罪协议，但是他不让我多加了解。"

第二天早上，她给斯沃茨打电话，没有人接听。"我吓坏了。"塔伦说道。她赶忙回到斯沃茨的公寓楼，发现自己的男朋友毫发无损，但他仍然没能做出决定。"他不愿意让我上楼，说如果我在场他的头脑就会不清醒，"她回忆当时的情景时说道，"所以我就坐在大厅里，等着他决定到底要不要接受认罪协议。"

斯沃茨最后决定拒绝认罪协议。后来，因为拒绝沟通的态度，他和塔伦还吵了一架。"我说：'你不能把我撇开，因为这事对我来说太重要了。'"塔伦回忆道。她是对的——斯沃茨也知道这一点。随着年龄渐长，日渐成熟的斯沃茨开始意识到"亚伦独自扛着"并不是最好的生活策略，那样做只会给他和他所

The Idealist 理 想 主 义 者

爱的人带来隔阂和痛苦。在效率低下的系统中，坏习惯永远改不了，低效成为一种常态，斯沃茨厌恶这样的系统，用不着过这样的生活。他可以优化自己的策略，从错误中吸取教训。他可以选择努力向上，即使身边的环境总是试图把他往下拉。他能够把自己的生活当成一个系统那样加以控制。

8月15日，最后期限过后的3天，斯沃茨发表了名为"裸露的神经"的系列博客。这个系列主要围绕一个主题展开，那就是生活以及怎样改善生活。"在每天的工作中，我总是想法设法学习和成长——阅读相关领域的最新书籍和文章，跟同行们聊天，听听他们的经验之谈，"斯沃茨在第一篇文章里写道，"对待生活，我同样可以如此。"[8]

斯沃茨一直在努力改善生活的策略，比如，15岁的他曾经写过这样的博客："今天早上我有点儿空闲时间，所以我打算提高一下视力。"[9] "裸露的神经"便是一个大胆的尝试，他要把相关的想法进行表达和梳理。这一系列博客主要是从大量的社会学研究成果中提炼出简单的人生道理，这些博文与著名作家马尔科姆·格拉德威尔的一些作品互相印证，而且其中一篇博客关于倚赖的研究结果恰好也被格拉德威尔在2008年的作品《异类》(*Outliers*)中用作理论基础。尽管这些人生道理很简单，但有一个基本的理由使得它们超出了浅显的大众科学之列：很明显，斯沃茨写作的这些大道理主要是给他自己看的。

相信自己会改变，是斯沃茨制定的自我提升策略之一：人不是一成不变的，不要让你的过去决定你的将来。[10] 斯沃茨一直是个笨拙、内向而独来独往的人，但不要以为这些特质是永远不变的。他渐渐向塔伦敞开了心怀，并且在考虑问题时不再把她排除在外。

下一条是退一步：以更开阔的视角去看待生活，而不是关注日常的琐碎细节。退一步，视野会更开阔，前进的动力也会更强大。"我觉得自己更能够掌控自己的人生，能够面对自己的问题。我在描绘自己的人生轨迹，而不是走别人的老路。"他写道,"我觉得自己真的长大成人了。"[11]

面对痛苦也是"裸露的神经"的策略之一:遇到困难、不喜欢的任务和情境时不要退缩。[12]2012年夏末,斯沃茨开始尝试做一件自己一直都很害怕的事:向别人求助。他为了打官司花光了自己所有的积蓄。一个叫贝蒂纳·纽芬德的朋友——劳伦斯·莱西格的妻子,也是一位律师——成立了一个法律辩护基金,由斯沃茨本人向比较富裕的朋友和熟人募款。那年的8月,在剑桥经营哈佛书店的店主梅尔索恩收到一封有关斯沃茨募款的邮件,梅尔索恩答应向这个基金捐款,而且答应帮他举行更多的募捐活动。斯沃茨接受了梅尔索恩的捐款,但是拒绝了他所说的后续帮助。"向你提这样的一个要求对我来说已经很不容易了。"他回复道。[13]

寻求外界的帮助仍旧是一件很折磨人的事,但是斯沃茨已经敢于直面恐惧,而不是逃之夭夭,对于他这样容易受到惊吓的人来说这已经是巨大的进步了。当然了,我们不能一口气吃成个胖子,习惯要一点点地改。微小的改变积少成多,毛病最后总会改掉的。"下一次如果你又有了那种感觉,从内心深处升腾起痛苦的感觉叫你躲开某件事情——别理它就好。"[14]我们可能无法令伤害停止,但是却可以提高自己承受痛苦的能力。

2012年9月12日,位于波士顿的联邦检察官办公室对亚伦·斯沃茨提出了新的诉讼。美国的刑事起诉书一经提出便不能再修改,所以如果检察官想要增加新的罪状,就必须提交一份替换起诉书。之所以要提交替换起诉书,一般是因为出现了与案件相关的新线索或新进展。但是自从第一份起诉书被提交后,斯沃茨唯一的变化就是进行了积极的申诉。

这份替换起诉书就像许多续篇一样,将前一版本的"精华之处"变本加厉地强调了一下。它将对斯沃茨提出的重罪从4项增加到了13项,最高量刑从35年增加到了50年。斯沃茨的熟人凡克尔斯廷在自己的博客上写道:"就像我之前所说的，他们不喜欢他，真的很不喜欢他。"[15]如果说在检方提交替换起诉书之前这一点还不算很清楚，现在可真是再清楚不过了。

在第一份起诉书中，斯沃茨被控告犯下一项电信诈骗罪、一项电脑诈骗罪、一项自电脑窃取信息罪，以及一项肆意破坏计算机罪，但是在替换起诉书中，他被指控的是一项肆意破坏计算机罪、两项电信诈骗、五项电脑诈骗，以及五项电脑窃取信息罪。在共计13项控诉中，有11项是因为违反CFAA而受到的指控。起诉书之所以提出这么多新的罪项，是因为他们将9月、10月、11月、12月和1月的下载都看作是孤立的行为，并给它们单列出了罪名——这看似毫无来由的检方策略实际上等于告诉斯沃茨："你不是想打官司吗？好啊，那就法庭上见。"

司法部建议联邦检察官办公室不要对被告提出不必要的指控。"提起不必要的指控不仅仅会令审判变得更为复杂，耗时更长，而且是一种过度使用公权的行为，这是不公平的。"联邦检察官曼纽尔建议检察官们专注于正确的做法。就我所知，位于波士顿的美国检察官办公室并未就提起这些新控诉的理由做出公开解释。在替换起诉书被提交的第二天，斯沃茨在自己的网站上引用哲学家罗素的话，隐晦解释了检方这一举动的原因："既然对人行使权力体现在迫使他们做不情愿的事情，被权欲驱使的人就更倾向于制造痛苦而不是允许人们得到快乐。"[16]

那份替换起诉书被提交的同一天，斯沃茨的父亲终于见到了MIT的校监和法律总顾问，此时距他那次面谈请求已经一个月了。可是这次会面丝毫没能减轻他的忧虑与烦恼。"首先，他希望MIT能够发布一个公开声明。校监和法律总顾问说这一点MIT是不可能答应的。"一份关于罗伯特·斯沃茨面谈的报告中写道。[17]"面对现实"是斯沃茨制定的"裸露的神经"系列生活策略中的一项，但是他当时官司缠身，需要面对的客观事实就是：所有这些策略全部失效。联邦政府仍然一门心思地要把他关进监狱；MIT仍然对他不闻不问。斯沃茨第一次遭到起诉时，他的反应是发起一次在线请愿，而这一次，按照A/B测试法，他给自己换了一位律师。

2012年10月底，斯沃茨辞掉了马丁·温伯格，聘请艾略特·彼得斯为自己的首席律师，这位律师与旧金山一家名为柯克&文·内丝特的律师事务所有合作关系。彼得斯在为受滥权严重困扰的客户辩护方面经验丰富。他曾经是深陷联邦反兴奋剂调查案的著名车手兰斯·阿姆斯特朗的代理律师，那起案件最终以不提出任何指控而告终。斯沃茨不是赛车手——尽管他的确有一辆自行车——但是自阿姆斯特朗案中得到的经验在他身上一样适用。虽然这个世界要把你定义为一个恶棍，但你有不接受这种定义的自由。

随着案件耗费的时间越来越长，斯沃茨停止了更新博客。自从9月25日完成了整个"裸露的神经"系列之后，直到年底，他只更新了两篇博客。一篇发布于10月8日，是有关电影《环形使者》(Looper)的一篇短文；另一篇则是发布于11月1日的关于《黑暗骑士》(The Dark Knight)的影评。[18]《黑暗骑士》是一部关于超级英雄的电影，讲述了蝙蝠侠、小丑和检察长哈维丹特为高谭市的灵魂而斗争的故事。这座城市黑帮肆虐，贪腐横行，为了改变这种现状，他们三人各有自己的一套策略。蝙蝠侠喜欢戴着面具在城市巡逻，哈维丹特逮捕每一个可能背负罪名的人。"小丑的计划是最有趣的，"斯沃茨写道，"他希望将堕落者全部干掉，然后取代他们的位置，让整个城市的犯罪分子'更有格调'。"

在这篇评论中，斯沃茨表示自己非常支持小丑的施政纲领。尽管小丑向世界展示的是一个相当变态和暴虐的形象，可是斯沃茨断定他实际上是一个"经济人"，一个相当理性的角色，是最理解高谭市所面临的问题，也是最懂得解决之道的角色。蝙蝠侠可能表现得比较正面，哈维丹特也许能获得公众的同情，但是小丑懂得游戏原理，这是最好的武器。

The Idealist 理想主义者

  小丑的方法也许很有争议——大部分时间他不是把一堆堆的钱付之一炬，就是搞大规模的谋杀，让高谭市民心惊肉跳——但这种行为背后的逻辑却非常深刻。"最疯狂的是，他的逻辑竟然管用！"斯沃茨激动地写道。最后小丑不仅让黑帮犯罪从城市里彻底消失，而且也使得全体居民开始重新审视自己的城市和自己在其中扮演的角色。"电影的结局强调蝙蝠侠必须成为恶人，"斯沃茨写道，"但是和平常一样，并没有说明小丑才是真正的英雄。"[19]

  艾略特·彼得斯的到来改变了斯沃茨的法律策略。从前的代理律师马丁·温伯格一直集中于提出检方拿走斯沃茨的数据包侵犯了他的隐私权，试图禁止对方使用通过违法手段所获得的证据。彼得斯沿用了这一策略，但是检方表现出极大的不屑。检方于2012年11月写道："斯沃茨把自己的电脑和硬盘藏在MIT一个上了锁的交换机柜里，为了不被辨认出来以及躲避检查，他用假名将自己的电脑用硬接线的方式连入MIT的网络，肆意下载受版权保护的JSTOR文献。为了避免被MIT和JSTOR封锁权限而不得不重新配置电脑地址，并且将这一证据搬到了MIT的学生中心。现在他却说MIT和执法机关侵犯了他的隐私权，这难道不是开玩笑吗？"

  但是，彼得斯辩论说"未授权访问"的罪状是一种滥用。斯沃茨聘请了一位专家，一位名为亚历克斯·斯塔摩斯的电脑安全顾问，他指出MIT的计算机网络非常开放，所以斯沃茨连入网络不能被推断为是"未经授权"的行为。斯塔摩斯在后来的一篇博客中指出，"在我12年的职业生涯中，还从没见过这么开放的网络"，而且JSTOR的网站"甚至对他们所谓的'侵权行为'缺少最基本的防护"。[20]斯塔摩斯宣称MIT如果要限制游客访问JSTOR的权限是非常简单的，而他们却在发觉斯沃茨的下载行为后依旧没有采取安保措施，这只能被看作是心照不宣地默许。[21]

  几个星期后，彼得斯对于限制检方使用斯沃茨遭逮捕时被警察拿走的笔记本电脑和拇指碟里的证据越来越乐观了。12月14日，彼得斯、海曼与纳撒尼尔·M.戈顿法官回顾了斯沃茨的辩护团队提出的非法证据的申诉。戈顿法官同意为彼得斯提出的要求召开一次听证会，并且将日期定在2013年1月25日。这是个好消息。"如果我们的诉求能成功，对方的搜查结果就会被视为无效。他们打算在审理过程中使用的很多证据就都失效了。"彼得斯回忆道。后来，就在法庭上，塔伦走到斯沃茨身边想要给他一个拥抱，可是被拒绝了。"别当着史蒂芬·海曼的面，"斯沃茨对她说，"我不想让他看见这一幕。"[22]

也许是受到彼得斯的鼓舞，斯沃茨开始为自己的案子寻找更多的支持者。12月，梅尔索恩从斯沃茨那儿又收到一封邮件，询问他是否愿意去见一个叫作查理·弗曼的人。斯沃茨聘请查理·弗曼帮助自己筹集打官司需要的费用。"他这么做我真的大受鼓舞，我想：'很好，看来亚伦真的开始要好好应付官司了。'"梅尔索恩说道。[23]

不过斯沃茨对此却并未感到开心。虽然他决定要面对痛苦，但是这并不意味着伤痛就会停止。斯沃茨讨厌向别人要钱，讨厌将自己案子的细节公布出来。"我想，人们越是谈他的案子，而不对他说那些激动人心的技术理念，或是如何改变世界的想法之类的，斯沃茨就越是难过。"塔伦说道。

斯沃茨花在案子上的时间越多，用来处理自己项目的时间就越少。他负责的项目还真不少。尽管法律纠纷影响了工作效率，但斯沃茨还是尽量让自己忙碌起来。在2012年接近尾声时，他计划着要让watchdog.net重新上线，为药品政策的改革做了大量的研究，同时，斯沃茨还在ThoughtWorks领导着一个团队，为政治活动研发新的电子工具，以及迎接人事管理方面的挑战。在芝加哥举行的一次公司聚会上，他发表了关于丰田公司精益生产方式的讲话。回家后，他难以抑制激动之情，又给塔伦表演了一次。

虽然斯沃茨之前不愿意当着海曼的面表露情绪，但是在家里，他对此已经越来越自在了。据塔伦回忆道，2012年的11月和12月是他们关系最融洽的时候。"和你在一起的感觉越来越好了。"斯沃茨有一次这样对她说。

为了庆祝新年，他们前往佛蒙特州的伯灵顿度假，同去的还有奎恩·诺顿的小女儿艾达。好不容易能暂时不去想自己的案子，倒霉的斯沃茨却得了流感，一路上的大部分时间都只能待在房间里，直到返回纽约还没彻底恢复过来。"那个星期他问了我足足10多次，'我是不是永远只能这样了？'语气有点儿夸张又有点儿油腔滑调的，反正当时我是觉得他就是那种语气。"塔伦说，"而且我当时以为他说的是流感。"

等斯沃茨恢复得差不多了，便于1月9日（那是一个周三）与塔伦一起来到纽约的霍姆斯，参加一次来自世界各地的商讨多重议题的政治活动家会议。斯沃茨的朋友萨姆·麦克林，来自澳大利亚的一位政治组织者也参加了这次会议，两个人离开了聚集的人群，单独交谈起来。他们讨论如何打破牢固的企业和党派利益，建立起让普通民众变得更有力量的思维体系。"他认为类似SOPA那样的法案会层出不穷，我们需要不懈地斗争。所以我们需要一个计算机程序，能够鼓励许许多多的人认同这些斗争并且加入进来。"麦克林在2014年接受《悉尼晨锋报》(*Sydney Morning Herald*)采访时说，"我们手上掌握着工具，要交给他们。"[24]

斯沃茨与ThoughtWorks的同事们一起努力工作了好几个月，的确开发出了这样一款程序。他管它叫作Victory Kit，有点像MoveOn（译者注：MoveOn.org是美国的一家非营利组织，一个亲民主党的团体）使用的那种昂贵社会运动组织软件，但这是一个开源版本。Victory Kit合并了贝式统计学的方法（一种分析方法，越是不停地将新的信息进行整合，并在新信息的基础上对原始估算进行修改，分析就变得越灵敏），用以提高活动家打造和组织基础力量的能力。"说到底，这个软件主要的功能是对宣传信息做复杂的A/B测试。"斯沃茨的朋友内森·伍德哈尔说。[25]

斯沃茨原本计划要在霍姆斯的聚会上向大家公布Victory Kit，但是在最后一刻他改变了主意。"现在想起来，他在那次聚会上是有点儿古怪，但是当时我还以为他天生就是这样。"伍德哈尔说。显然，在斯沃茨发言前，有人向他承诺过一起将软件的代码公开，但是他无法及时确定承诺是否有效，所以做出了不发言的决定。

在开车回纽约的路上，斯沃茨对大部分非营利组织的低效率发表了一番滔滔不绝的评论，批评这些组织部署策略时甚至不事先测评一下那些策略是否真的有效。伍德哈尔后来指出，斯沃茨当时"满脑子只有一个想法，就是所有这些组织都觉得自己做得很好，但实际上客观来说做得都很不好，或者说还可以好得多"。可以这么说，有很多非营利组织就像是蝙蝠侠和哈维丹特：他们的策略乍一看叫人热血沸腾，可实际上根本不管用。相反，他们需要效仿小丑的做法。如果你的方法中排除了所有的情绪和假设，用理性的分析法去解决问题——从错误中吸取教训，并相应地对策略做出改良——就很可能制定出最优方案，不论你面对的问题是什么，也不论那个方案看起来有多疯狂。

同样也在那个下午，彼得斯打电话给海曼，对即将到来的证据无效申诉听证会进行讨论。"到了最后，"彼得斯回忆道，"'难道就不能取消这个案子吗？'我记得自己这么对他们说，'没有必要为这么个案子毁掉亚伦的生活。'"[26]海曼还是那句老生常谈：一天牢都不坐的认罪协议，政府是不会接受的。如果斯沃茨被定罪，那么他们会根据量刑指南判他至少7年的监禁。你不是想打官司吗？好啊，那就法庭上见。

斯沃茨在周三回到了纽约，但塔伦留在聚会上过夜，周四晚上才回到布鲁克林。她惊讶地发现斯沃茨在家里的沙发上坐着，一反常态地想要呼朋唤友一番。"惊喜吧？"他说道，而且不顾塔伦旅途劳顿，非要去曼哈顿下东区一个叫作斯皮策的酒吧见见朋友。他们都很饿，所以一到那儿就点了两份斯沃茨最喜欢的食物，烤乳酪和乳酪通心粉。他们一致同意这一家的烤乳酪是他们吃过的最好吃的烤乳酪。

第二天早上醒来时，斯沃茨显得乏力而沮丧。"我没办法让他起床。他的情绪真的很糟糕。对案子没有信心，担心各种各样的事情。"塔伦回忆道。在准备要出门上班的时候，她用了各种方法想让他振作起来——开窗户，放音乐，挠痒痒，等等。最后，他起来穿好了衣服，穿了条灯芯绒的裤子和黑T恤，"我当时马上要走，有个会就要赶不上了，他说他不想跟我一起走，他要留在家里休息。我问他那为什么还穿得整整齐齐的，他没有回答。"[27]

塔伦上班的时候发现本·威克勒在线，便告诉他自己很担心斯沃茨。威克勒一开始建议下午让斯沃茨到他家来。他的妻子最近刚生了宝宝，一个男孩，威克勒觉得和小宝宝在一起可能会让斯沃茨心情好一点儿。最后，他们还是决定晚上大家一起吃饭。他们试着给斯沃茨打电话，可他的手机关机了——"这对他来说不是什么特别奇怪的事儿。"威克勒回忆道。[28]那一天就那样过去了，大家都觉得到了晚上可能一切就正常了。

那天下午，艾略特·彼得斯在自己位于加利福尼亚的办公室里查看检方于12月末移交的一些证据。越读越觉得在即将到来的听证会上斯沃茨的胜算很大，这叫他激动不已。"我跑到大厅里，说：'快看！快看！'"彼得斯回忆道。[29]

他把新证据装进公文包，上了自己的车。行车途中，他的电话响了。是罗伯特·斯沃茨打来的。对方告诉他一个坏消息：亚伦自杀了。

塔伦在1月11日，也就是星期五下午7点左右见到了斯沃茨，当时他自缢在公寓的窗户上，还穿着早上那身衣服，脖子上套着自己的皮带，身体已经冰凉。塔伦大声尖叫起来，紧急救援接线员一开始根本听不清她在说什么。然后她马上打电话给威克勒，告诉他这个突如其来的噩耗。他是在7点过5分接到的打电话。"那一刻全世界都震惊了。"威克勒说道。在接下来的日子里，斯沃茨的朋友和亲人们都不得不承受这种令人心碎的痛苦。

斯沃茨自杀的消息以惊人的速度传遍了整个美国，特别是与他在世时案子所受到的微小关注度相比。全世界都开始哀悼斯沃茨的离去。他的朋友们很快就创建了一个"记住亚伦·斯沃茨"的纪念网站，来自世界各地的人在这里发送信息，表达悼念和慰问。"我见过亚伦两次，每一次都会为他的洞察力，为他那不可思议的超越常人的远大目光而感到惊讶。"加拿大学者吉恩·克劳德·古登写道，他曾经在2008年和斯沃茨一同参加过 EIFL 在库普拉蒙塔纳举办的会议。电子前线基金会的布拉德·坦普尔顿写道，他认识很多愿意支持他们核心信仰的人，"他们大部分人内心都很强大，性格比较外向，即使面对攻击也毫不退缩。对于内向的人而言，承担这一切需要更多的勇气，受到的伤害也会更大。"[30]斯沃茨朋友和同事的声音很快就被来自陌生人的声音盖过了。"我从没见过他，我很难过。"来自巴西的雷纳尔多写道，"希望老天保佑他和他的家人。"[31]

2013年1月15日的早晨，天气晴朗而舒适，在位于伊利诺伊州海兰帕克市中央大道的犹太教堂里，成百上千的悼念者鱼贯从亚伦·斯沃茨的棺木前走过。外面的街道上有等着采访的电视新闻采访车。朋友、亲人和仰慕者将整个教堂挤得满满当当。他们都是斯沃茨人生各个阶段的代表，来到这里既是为他送别，也是为了从彼此的身上汲取力量，似乎只有聚集在一起，他们才能面对这个突如其来的噩耗。

在教堂里，最了解斯沃茨的几个人一一发言：劳伦斯·莱西格、本·威克勒和塔伦·斯坦布里克纳-考夫曼。他们的话语中都透出一种愤怒、哀伤和对于斯沃茨短暂的一生毫无必要地突然结束的震惊。斯沃茨一直喜欢向人们做出解释，可是这一次他没有留下只言片语解释自杀的原因，这让人觉得有几分讶异。有的人后来认定他是受情绪波动所累，认为他的自杀是未经确诊的精神疾病所带来的后果。斯沃茨的父亲宣读了悼词，这位胡子拉碴、形容憔悴的父亲忍着眼泪，给出了另一个解释："亚伦不是自杀身亡，"他哑着嗓子说，"他是被政府杀害的，而MIT背叛了自己所有的基本信条。"

亚伦·斯沃茨去世后的数个星期，乃至数月间，这成为最普遍的论点：政府迫使斯沃茨终结了生命，而MIT袖手旁观，任由这一切发生。自杀事件发生两天后，黑客们攻击了MIT的网站为斯沃茨报仇，因为学校在自杀事件中扮演了帮凶的角色。连着好几个星期，学校官员们不断地收到大量怒气冲冲的谴责信。"名声再好也无济于事，因为你们的手上沾着一位天才的血，"有人写道，"你们的罪恶永远也洗刷不掉。"[32]

位于波士顿的联邦检察官办公室也同样受到公众的指责。"作为马萨诸塞州人，我们一定会努力将盯着亚伦不放的那几个检察官扳倒。"霍姆斯·威尔逊在博客上写道。[33]一个或数个宣称属于计算机黑客群体的人匿名地把海曼的家庭住址和电话号码放在了网上，同时还附有他的家庭成员和朋友的名字。"成为国家敌人的感觉怎么样？"这些信息被公布后不久，一个没有署名的人发来邮件质问海曼，"给你个建议，不妨考虑改个名字从这个国家滚出去……"[34]还有人按照网上公布的海曼的家庭住址给他寄去一张明信片，上面印着他在断头台被斩首的画面。斯沃茨自杀后的第二天，艾略特·彼得斯接受《波士顿环球报》的采访时说，史蒂芬·海曼给他打过电话，并且留言表示慰问。"我没办法给他回电话，"彼得斯告诉记者，"我要么就是说些不该说的话，要么就是接受他的安慰，这两件事我都不想做。所以唯一能做的就是不给他回电话。"[35]

检察官以强欺弱和滥用权力等不公现象同样也引发了人们的怒气。斯沃茨葬礼过后的那个周末，纽约市举行了一场追思会。平面设计师爱德华·塔夫特上台讲述了一件往事。20世纪60年代，还是一名大学生的他曾经因为黑进电话系统而被抓。塔夫特和一个朋友当时造了一个"蓝盒子"，是一种能够免费打长途电话的设备，然后用它打了他们当时认为是跨越距离最长的一个电话：从帕罗奥多途经夏威夷打到纽约。6个月后，一名来自美国电话电报公司的警卫人员道奇打电话给塔夫特，告诉他公司一直在关注他。虽然蓝盒子从技术上说是犯罪，但是道奇知道塔夫特不是罪犯，把他当成罪犯对待谁也得不到好处。

于是，塔夫特和美国电话电报公司私下达成了协议，塔夫特和他的朋友同意"不售卖蓝盒子……也不会继续制造它，我们会把设备交给美国电话电报公司。于是他们就有了可以拨打长途电话的整套真空振荡器"，塔夫特说，"但是我很感谢道奇，而且我得说，甚至是感谢美国电话电报公司，因为他们没有打算毁掉我的人生。"

美国电话电报公司没有那么做。提出一项诉讼本来就是权衡利弊之后的决定，并不是什么非做不可的事。政府本可以放斯沃茨一条生路，MIT可以替他发一份声明，斯沃茨未来还可以大有作为。"他还有很多的事要做，"罗伯特·斯沃茨发表悼词时说，"可是现在，他死了。"

而且没有任何人对此事负责。在2013年3月的参议院司法委员会常规会议期间，得克萨斯州共和党议员约翰·康宁就检察官的行为和对斯沃茨指控的理由向司法部长霍德提出质问，他认为，"企图因为在斯沃茨看来微不足道的小事而胁迫他认罪"是很不妥当的。霍德却表达了对史蒂芬·海曼和卡门·奥提兹，以及联邦检察官办公室的支持。在写这篇文章的时候，还没有任何一位参与斯沃茨案件的检察官因为此案而受到公开处罚。不过说到底，这没什么好奇怪的。美国检察官办公室就是为了对违法者提起诉讼而设立的，不论被处罚者触犯的法律是关乎逻辑还是关乎正义。尽管史蒂芬·海曼的确对斯沃茨有过不满，但是说到底，这个案子不是私人恩怨。他只是遵照自己所服务的体制所制定的法规和传统，做了自己分内的事。

斯沃茨去世后不久，公众对于在整个事件当中保持沉默和保守的 MIT 的声讨声音逐渐高涨，最终 MIT 成立了一个独立委员会，对校方在斯沃茨事件中的表现进行调查。2013 年年中，独立委员会发布了一份可称之为免责声明的报告，断定 MIT 在斯沃茨案中并没有过分疏忽和冷漠的行为，并且指出，校方采取了负责任的做法，"尊重其与许可人之间达成的合同义务"以及"保持校园网络的完整性"。这份报告同时还指出 MIT 对于公众激烈的反应毫无准备，特别是考虑到在斯沃茨生前，此案引起的关注和媒体报道都相当有限。"亚伦·斯沃茨的自杀将 MIT 推上了网络舆论的风口浪尖，这是校方始料不及的，因此对于如何应对这一不知应该属于法律、政策，还是社会现象的事件毫无准备。"[36]

斯沃茨的陨落与其说是私人恩怨和阴谋论的产物，不如说是系统缺陷所导致的恶果。而且，有意思的是，也许就连斯沃茨本人也会觉得整件事很离奇。不完美的机构只能产生不完美的结果。错误之所以出现，是因为系统被设置成了产生错误的模式。斯沃茨的第 7 篇也是最后一篇"裸露的神经"系列博文便讲到了这个话题。这个故事与深受斯沃茨推崇的丰田公司的精益生产管理法有关。1982 年，德国大众关闭了位于加利福尼亚弗里蒙特市的一间工厂，这家工厂以生产力低下、员工爱发牢骚而闻名。一年后，丰田来了，重新开了厂，并且聘用了之前的那批工人——于是，斯沃茨写道："管理史上最神奇的实验开始了。"

丰田的新员工们被送上飞机，前往日本参观丰田的工厂，学习他们从未接触过的丰田管理哲学。"3 个月后，他们回到美国，工厂重新开始运作，但是一切都变了。"斯沃茨写道，"弗里蒙特这家曾经是美国最差劲的工厂，一跃成为最佳工厂。他们生产的汽车质量近乎完美，而且成本也越来越低。这说明出问题的并不是工人，而是系统。"[37]

优化系统便是解决问题的方法。"一旦出了问题，不要朝齿轮发火——而是应该修理机器。"斯沃茨写道。但是有的机器不愿意被修理。

2001年12月，当时15岁的斯沃茨在网上记下了一个非同寻常的梦。"昨天晚上我做了个梦，梦见我想要的那种生活，"他写道，"我不确定别人会不会受到吸引，反正我是很喜欢。"他发现自己处于一栋"现代化风格的阁楼里"，周围都是网上认识的朋友，包括所有曾经欢迎这个早熟少年到来的黑客、程序员和网络爱好者。"我们协力为一个大家都认可的、可以改变世界的项目工作，"他写道，"我们都很投入，团队运作良好。我们在工作任务上互相帮助，也会在精神上彼此鼓励。"斯沃茨没有解释这个项目具体是什么，但是与他们为实现这个项目而工作的态度比起来，项目本身似乎并不太重要。"我们时刻都在学习，"他继续写道，"不断地学会需要掌握的技能，而且还教给身边的伙伴。虽然我们知道要做的事还有很多，但是都专注于这一个项目，一心一意地投入热情，解决一切问题，只为完成这个项目。"

当他醒来时，虽然仍身处海兰帕克，仍是一个孤独的少年。但是这个梦一直深深地印在他的脑海里。"如果有人想给我钱，让这个梦实现，请告诉我，"他最后写道，"梦里的那些人我是认识的，项目我也知道。问题是我们分别身处好几个州，那种合作关系在网上没办法实现。"[38]

斯沃茨错了。他所描述的那种理想的、井然有序的合作状态更容易存在于数字世界，而不是现实世界。将个体的才能用于追求共同目标，这种富有凝聚力的合作正是数字乌托邦的核心。它是黑客伦理的灵魂，推动自由软件基金会发展的精神气质。当斯沃茨长大后，互联网给他提供了人和项目。从语义网在线留言板的用户群到知识共享团队，从开放图书馆到PACER再到共进会，所有这些斯沃茨参加过的试图改变世界的项目都是发端于网络。互联网既是传播理想主义的导体，也是实现它的工具。阻碍它实现的反而是现实世界。

纵观斯沃茨的一生，大部分失败和挫折都来自无法将这种动力转化到现实世界中来。他之所以逃避组织，之所以要走捷径，都是由于现实与网络的差异性造成的。高中和大学层级太分明，所以他离开了。可是硅谷也好不到哪儿去。这些本该赋予成员力量的机构却令人元气尽失。现实的组织并没有不断进行学习和调整，它们只是预设了一个观点，然后便紧紧抓住不放。现实中的系统不关注结果，而是关注系统本身。

斯沃茨从未停止追寻这个梦想，而且也不断因为无法实现这个梦想而沮丧难过。虽然他遇到的所有组织最后都让他失望了，但这并不能说明组织本身一定有毛病。"我必须建立自己的系统，不然只能被别人的系统所奴役。"迈克尔·哈特在厄巴纳家中的墙上贴着这样的句子。可以说，斯沃茨一生都在为建立自己的系统而奋斗，而互联网则是他的工具。

斯沃茨不是技术控。对他而言，互联网没什么神奇的地方，网络技术也没有善恶之分。在苹果公司的联合创始人乔布斯于2011年10月去世后，斯沃茨写了一篇文章，将苹果称为一个蔑视劳工标准的"残忍的独裁组织"；乔布斯本人是个要求严格的人，他坚持要把用户体验的方方面面加以控制。他的狂妄自大体现在苹果可携式播放器上：一个乏味的白色小方块，终端用户既不能打开也无法对其进行改进。"乔布斯无法忍受人们把机器打开，"斯沃茨写道，"他坚持认为，'那样他们会把事情搞得一团糟'。"

斯沃茨对此不敢苟同。允许人们打开，这才是让世界变得更好的唯一方式。

我们的世界拒绝被拯救，系统拒绝被修理，向来如此，将来依旧如此，不论你有多聪明，或是为提高它花费了多少心血。相反，我们应该着力于创建这样的系统：它开放而不会破碎，能忍受异常而不会崩溃，它会将新鲜事物视作机会，而不是当成威胁。因为斯沃茨式的热诚永远存在，网络也将永远存在。斯沃茨的故事，曾经发生过，将来一定还会继续。

住在马萨诸塞的时候，斯沃茨喜欢参加 MIT 组织的解谜比赛，每年一届，每届持续一周的解谜马拉松。斯沃茨去世恰好一星期后，2013 年的解谜比赛拉开了帷幕。为了纪念斯沃茨，他所属的队伍组织了一次冰淇淋联谊。一个巨大的横幅摊开在桌上，他的朋友们和仰慕者将有关他的事情一件件列在上面，写了长长的一大串：有趣的回忆，哀悼的句子，等等。夜晚降临时，一个身着浅色运动衫的瘦削男孩走到桌前，他看起来太过年轻，似乎不应该出现在这里。他取下一支马克笔的笔帽，简单地写下了一句话："我们会继续。"

1. 亚伦·斯沃茨，《如何拯救世界（第1部分）》，2011年7月28日，详见：http://www.aaronsw.com/weblog/save1

2. 对威克勒的采访

3. 详见：https://twitter.com/aaronsw/status/208617505374212096

4. 亚伦·斯沃茨，《完美的机构》(Perfect Institutions)，2012年6月8日，详见：http://www.aaronsw.com/weblog/perfectinstitutions

5. 阿贝尔森等，《麻省理工学院报告》，65

6. 引自同上，66

7. 亚伦·斯沃茨，《我是否过于相信科学了？》(Do I have too much faith in science?)，2012年8月10日，详见：http://www.aaronsw.com/weblog/sciencefaith

8. 亚伦·斯沃茨，《退一步》(Take a step back)，2012年8月18日，详见：http://www.aaronsw.com/weblog/stepback

9. 亚伦·斯沃茨，《近视的一种疗法？》(A cure for nearsightedness?)，2002年7月20日，详见：http://www.aaronsw.com/weblog/000432

10. 亚伦·斯沃茨，《相信你能改变》(Believe you can change)，2012年8月18日，详见：http://www.aaronsw.com/weblog/dweck

11. 亚伦·斯沃茨，《退一步》

12. 亚伦·斯沃茨，《面对痛苦》(Lean into the pain)，2012年9月1日，详见：http://www.aaronsw.com/weblog/dalio

13. 2013年1月对杰弗里·梅尔索恩（Jeffrey Mayersohn）的采访

14. 亚伦·斯沃茨，《面对痛苦》

15. 赛斯·凡克尔斯廷（Seth Finkelstein），《亚伦·斯沃茨 JSTOR 案起诉书被修改，罪名增加》("Aaron Swartz 'JSTOR' case indictment revised/expandea")，2012年9月14日发表，详见：http://sethf.com/infothought/blog/archives/001476.html

16. 亚伦·斯沃茨，"既然对人行使的权力体现于……"（Since power over human beings is shown…），2012年9月13日，详见：http://qblog.aaronsw.com/post/31460484751/since-power-over-human-beings-is-shown-in-making

17. 阿贝尔森等，《麻省理工学院报告》，69

18. 亚伦·斯沃茨，《电影〈黑暗骑士〉中发生的事》(What Happens in The Dark Knight)，2012年11月1日，详见：http://www.aaronsw.com/weblog/tdk

19. 引自同上

20. 亚历克斯·斯塔摩斯（Alex Stamos），《亚伦·斯沃茨罪行的真相》(The Truth about Aaron Swartz's

Crime》，未被处理的异常（Unhandled Exception），2013年12月，详见：http://unhandled.com/2013/01/12/the-truth-about-aaron-swartzs-crime/

21. 斯沃茨FOIA，738 — 748

22. 塔伦·斯坦布里克纳-考夫曼，《亚伦·斯沃茨纽约追思会》，详见：http://mretc.net/~cris/swartz-transcripts/taren-transcript.txt

23. 对梅尔索恩的采访

24. 保罗·麦戈（Paul McGeough），《亚伦·斯沃茨：美丽的心灵》（*Aaron Swartz: a beautiful mind*），《悉尼晨锋报》（*Sydney Morning Herald*），2014年2月1日刊，详见：http://www.smh.com.au/technology/technology-news/aaron-swartz-a-beautiful-mind-20140131-31hjr.html

25. 对伍德哈尔的采访

26. 2013年2月对艾略特·彼得斯（Elliot Peters）的采访

27. 对塔伦·斯坦布里克纳-考夫曼的采访

28. 对威克勒的采访

29. 对彼得斯的采访

30. 拉德·坦普尔顿（Brad Templeton），《何谓英雄？》（*What is a Hero?*），"RememberAaron Swartz"网站，2013年1月18日，详见：http://www.rememberaaronsw.com/memories/What-is-a-hero%3F.html

31. 雷纳尔多·吉马良斯（Reynaldo Guimaraes），《上帝保佑他》（*God Bless Him*），"RememberAaron Swartz"网站，2013年1月14日，详见：http://www.rememberaaronsw.com/memories/God-Bless-Him.html

32. 麻省理工学院收到的邮件

33. 霍姆斯·威尔逊（Holmes Wilson），《亚伦·斯沃茨是我的朋友，我们周二去参加他的葬礼》，projectbrainsaver网站，2013年1月18日，详见：https://projectbrainsaver.wordpress.com/2013/01/18/holmes-wilson-fight-for-the-future-aaron-swartz-was-a-friend-and-we-went-to-his-funeral-tuesday/

34. 《杰克·R. 皮罗佐洛支持美国对于被告修改保护令要求的反应》（*Declaration of Jack R. Pirozzolo in Support of the United States' Response to the Defendant's Motion to Modify Protective Order*），2013年3月29日，4

35. 凯文·库伦（Kevin Cullen），《亚伦·斯沃茨案，一次极不仁慈的失败》（*On humanity, a big failure in Aaron Swartz case*），《波士顿全球杂志》，2013年1月15日刊，详见：http://www.bostonglobe.com/metro/2013/01/15/humanity-deficit/bj8oThPDwzgxBSHQt3tyKl/story.html

36. 阿贝尔森等，《麻省理工学院报告》，93

37. 亚伦·斯沃茨，《修理机器，而不是换人》（*Fix the machine, not the person*），2012年9月25日，详见：http://www.aaronsw.com/weblog/nummi

38. 亚伦·斯沃茨，《报到》，2001年12月23日，详见：http://web.archive.org/web/20020205111032/http://swartzfam.com/aaron/school/.

第十章　如何拯救世界

致谢

我要感谢乔希·莱文、戴维·普洛兹、茱莉亚·特纳、纳森·L.费舍尔、约翰·斯旺斯伯格,以及《连线》杂志无尽的耐心和支持。感谢保罗·惠特拉齐读了这本书,感谢布朗特·朗布尔的建议,以及科林·哈里森的帮助。感谢我的作品经纪人托德·夏斯特和他的同事们,谢谢他们的宝贵意见和投入。感谢迈克·霍伊特、布伦特·坎宁安和所有我在《哥伦比亚新闻评论》的前同事们,书中有许多观点来自与他们的热烈讨论。谢谢来自达美公司(Delta)的迪恩,因为我承诺过要在此处对他致谢,真遗憾没有问到他的姓氏。在写作过程中,许多朋友和同事给予了我物质和精神上的支持,在这里要特别感谢汤姆·阿克罗波利斯、凯利·巴特摩尔、菲尔·坎贝尔、萨姆·艾弗林、杰夫·格雷格、丹尼尔·卢塞恩和约书亚·杨。还要感谢我的父亲、母亲和姐姐。最重要的是,我要感谢爱丽莎·米尔斯,相信她会明白这一切的。

Simplified Chinese Translation copyright© 2018 by BEIJING ALPHA BOOKS CO., INC.
THE IDEALIST: AARON SWARTZ AND THE RISE OF FREE CULTURE ON THE INTERNET
Original English Language edition Copyright © 2016 by Justin Peters
All Rights Reserved.
Published by arrangement with the original publisher, SCRIBNER, A DIVISION OF Simon & Schuster,Inc.

版贸核渝字（2016）第031号

图书在版编目（CIP）数据

理想主义者 /（美）贾斯汀·彼得斯著；程静，柳筠译. -- 重庆：重庆出版社，2018.5

书名原文：The Idealist：Aaron Swartz and the Rise of Free Culture on the Internet

ISBN 978-7-229-12108-2

Ⅰ.①理… Ⅱ.①贾… ②程… ③柳… Ⅲ.①亚伦·斯沃茨（1987-2013）—传记②著作权法—法制史—研究—美国 Ⅳ.①K837.126.01②D971.234

中国版本图书馆CIP数据核字（2017）第064942号

理想主义者
LIXIANG ZHUYI ZHE

［美］贾斯汀·彼得斯 著
程 静 柳 筠 译

策　　　划：	华章同人
出版监制：	徐宪江　伍　志
责任编辑：	何彦彦
营销编辑：	张　宁　胡　刚
责任印制：	杨　宁
封面设计：	红杉林文化
封面图片：	高品图像

重庆出版集团
重庆出版社 出版

（重庆市南岸区南滨路162号1幢）

投稿邮箱：bjhztr@vip.163.com
三河市九洲财鑫印刷有限公司　印刷
重庆出版集团图书发行有限公司　发行
邮购电话：010-85869375/76/77转810
重庆出版社天猫旗舰店
cqcbs.tmall.com
全国新华书店经销

开本：787mm×1092mm　1/16　印张：18.75　字数：240千
2018年5月第1版　2018年5月第1次印刷
定价：49.80元

如有印装质量问题，请致电023-61520678

版权所有，侵权必究